조선의 문화공간

조선시대 문인의 땅과 삶에 대한 문화사

조선의 문화공간

조선시대 문인의 땅과 삶에 대한 문화사 —— 이종묵 지음

humanist

조선시대 문인의
땅과 삶에 대한 문화사

1

조선 후기의 위항시인 장혼(張混)은 「옥계아집첩의 서문(玉溪雅集帖序)」에서 "아름다움은 절로 아름다운 것이 아니라 사람으로 인하여 드러난다(美不自美 因人而彰)"라 하였다. 아무리 아름다운 산과 물도 그 자체로는 의미가 없다. 뛰어난 인물을 만나고 또 그들이 남긴 글이 있어야 세상에 이름을 알릴 수 있다. 조선 중기의 문인 소세양(蘇世讓)은 송순(宋純)의 아름다운 정자 면앙정(俛仰亭)의 현판에서 이렇게 반문하였다. "산과 물은 천지간의 무정한 물건이므로 반드시 사람을 만나 드러나게 된다. 산음(山陰)의 난정(蘭亭)이나 황주(黃州)의 적벽(赤壁)도 왕희지(王羲之)와 소동파(蘇東坡)의 붓이 없었더라면 한산하고 적막한 물가에 지나지 않았을 것이니, 어찌 후세에 이름을 드리울 수 있었겠는가?" 과연 그러하다. 왕희지의 「난정서(蘭亭序)」나 소동파의 「적벽부(赤壁賦)」가 있기에 사람들은 중국을 여행할 때 소흥(紹興)에 가서 난정을 찾고 호북(胡北)의 양자강 강안에서 적벽을 물어본다. 그렇지만 그곳에 가본들 무엇이 있겠는가? 난정이 있던 곳이나 양자강의 적벽은 현대식 공원으로 존재할 뿐이다. 이러한 사실을 모르는 것은 아니지만 역사의 유적지를 찾지 않을 수 없으니, 이것이 바로 글의 힘이다.

땅은 아름다운 사람의 아름다운 글이 있어야 그 아름다움을 떨친다. 옛사람들은 아름다운 글로 아름다운 땅의 주인이 되었다. 누가 무어라 해도 난정과 적벽의 주인은 왕희지와 소동파다. 소동파가 「적벽부」에서 만물은 주인이 있지만 맑은 바람과 밝은 달은 주인이 없어 취하는 자가 주인이라 하였거니와, 옛사람들은 풍월주인(風月主人)이 되고자 하였다. 옛사람들은 풍월의 주인이 되기 위하여 이름 없는 산과 물에 이름을 붙이고 그 산과 물에 대한 아름다운 글을 지었다. 아름다운 글이 있어 땅은 아름다운 이름을 후세에 전하게 된다.

2

글은 사람을, 그리고 과거를 기억하게 한다. 근대라는 괴물의 힘에 밀려 아름다운 우리의 산하가 많이 손상을 입기는 하였지만, 그러한 땅에도 아름다운 옛사람의 자취가 서려 있다. 장혼이 아름다움은 사람으로 인하여 드러난다고 선언한 곳은 인왕산의 옥류동(玉流洞)이다. 지금 옥류동은 주택가로 변해 그곳에 옥 같은 맑은 물이 흐르던 개울이 있었다는 사실조차 알 수 없지만, 옥류동은 아름다운 장혼의 글로 인하여 길이 사람들의 기억에서 사라지지 않을 수 있다. 기억에서 사라지지 않으면 언젠가 그 기억을 복원할 수 있다. 아름다운 청계천에 대한 기억이 있었기 때문에 청계천이 되살아날 수 있었던 것과 같다.

글은 기억의 끈을 놓지 않게 하는 중요한 수단이다. 옛사람들은 와유(臥遊)라는 말을 좋아하였다. 와유는 방 안에 산수화를 걸어놓고 상상으로 산수 유람을 즐기는 것을 이른다. 왜 이렇게 하는가? 조선 후기의 큰 학자 이익(李瀷)은, 마음은 불빛처럼 순식간에 만 리를 가므로 사물에 기대지 않아도 될 것 같지만 기억의 단서가 없으면 이것이 불가능하다 하였다. 그러면서 본 것이 없는 선천적인 맹인은 꿈을 꾸지 않는다고 하였다. 사진첩을 보고 지난날을 기억하듯이 산수를 그린 그림을 보거나 산수에 대한 글을 읽어야 기억을 놓치지 않을 수 있다.

3

이 책은 아름다운 우리 땅에 대한 기억의 끈을 놓지 않기 위해 10여 년 작업한 결실이다. 이언적(李彦迪)의 독락당(獨樂堂)처럼 당시의 모습을 간직하고 있는 곳도 있다. 이황(李滉)이 우리집 산이라 한 청량산은 변함없이 서 있다. 그러나 인왕산 옥류동처럼 지금은 흔적조차 찾을 수 없는 곳이 더욱 많다.

이 책은 관광(觀光)을 위한 것이다. 관광은 빛을 본다는 뜻이다. 빛은 문명이다. 문명을 보기 위해 눈과 다리만 가서는 되지 않는다. 마음이 따라가야 한다. 마음은 글에 있다. 옛사람이 사랑한 땅에 대한 글을 읽으면서 마음으로 그 빛을 보아야 한다. 흔적조차 없는 인왕산 아래의 주택가에서 인왕산에 대한 장혼의 글을 읽고, 압구정동 현대아파트에서 압구정(狎鷗亭)에 대한 글을 읽으면서 마음으로 옛사람이 남긴 빛을 보기 바란다. 아름다운 산수를 그린 글을 읽으면 그곳에 가서 놀고 싶은 마음이 들고, 지금 이미 사라진 곳이라면 다시 살려보고 싶은 마음이 들 것이다. 또 그처럼 살고 싶은 마음에 상상의 정원을 꾸밀 수 있을 것이다. 그럼으로써 우리 조상들이 사랑한 땅과 삶에 대한 기억의 끈을 현대인들이 놓지 않기를 바란다.

조선 초기부터 조선 말기까지 수백 종에 달하는 문집을 섭렵하면서 기억의 끈이 될 만한 자료를 뽑았다. 그리고 틈틈이 나의 글로 엮고 보니 80편 남짓 되었다. 이러한 작업을 하는 도중에 참으로 안타까운 일이 있었으니, 사람이 아름답고 그가 살던 땅 역시 아름답지만 이를 글로 풍성하게 남기지 않은 경우가 그러하였다. 또 글이 남아 있지만 그곳이 어디인지 확인할 수 없을 때도 있었다. 땅은 그 자체로 아름다운 것이 아니라 사람이 있어야 드러난다는 장혼의 말이 여기에서도 확인된다. 필력으로 없는 자료를 채워 기억의 끈을 잇는 일은 내가 잘할 수 있는 일이 아니라 여겨 부득이 빠뜨린 대상이 적지 않다. 물론 자료는 풍성하지만 다루지 않은 것도 많다. 옛글이 내 마음을 끌지 못하면 다루지 않았고 내가 아니라도 이미 세상에 널리 알려져 있으면 그 또한 일부러 뺐다.

4

이 책은 문화유적지에 대한 현장답사를 위한 것이 아니다. 마음으로 옛글을 통하여 옛사람이 사랑한 땅과 삶에 대한 기억의 끈을 이어주기 위한 것이다. 그래서 답사에 편하게 지역에 따라 분류하는 방식을 택하지 않았다. 옛사람은 처한 환경에 따라 시대에 따라 사랑한 땅과 그곳에서 살아간 삶의 방식이 다르다. 이를 보이기 위하여 이 책에서는 시대에 따라 권을 나누고, 처지에 따라 다시 장을 나누었다.

먼저 1책에서는 조선 개국 후 태평을 구가하던 시절에서부터 사화(士禍)로 인하여 사림이 유배를 떠나는 시기까지를 다루었다. 대략 명종 무렵까지에 해당한다. 2책에서는 선조대에서 광해군대까지 우리 문화사에서 중요한 인물과 관련한 공간을 다루었다. 사림정치가 본격화되는 시기로 자의와 타의에 의한 귀거래, 그리고 그곳에서 수양에 힘쓰거나 풍류를 즐기는 사람들의 이야기가 중심을 이룬다. 3책은 광해군과 인조대에 영욕의 세월을 산 문인과 이후 17세기 사상계와 문화계를 호령한 명인들이 살던 땅을 다루었다. 4책은 조선 후기에 해당하는 18~19세기 문학과 학문, 예술을 빛낸 문인들의 이야기다. 이렇게 나눈 것은 역사학계에서의 일반적인 시대구분과 다르지만, 무슨 거창한 뜻이 있어 그러한 것은 아니다. 시대에 따라 처지에 따라 그들이 사랑한 삶의 모습이 좀더 쉽게 전해지기를 바랄 따름이다.

5

이 책은 내가 좋아서 쓴 글을 엮은 것이다. 10여 년 전에 마음에 맞는 벗들과 문헌과해석이라는 모임을 만들었다. 좋아서 공부하고 좋아서 글을 써서 『문헌과해석』에 연재를 하였다. 이를 수정하고 훨씬 많은 글을 더하여 이렇게 세상에 내놓게 되었다. 내가 좋아서 쓴 글이라 애초부터 학술의 냄새를 풍기지 않으려 했기에, 선배들과 후학들의 업적을 크게 참조하였지만 글마다 자세히 밝히지 않고 참고문헌으로 대체하였다. 널리 헤아려주실 것으로 믿는다.

내가 좋아서 쓴 글이지만 남이 좋아할지는 알 수 없다. 그럼에도 서툰 글을 아름다운 책으로 만들어준 휴머니스트의 여러 분들에게 깊이 감사를 드린다. 재주가 부족하여 글이 딱딱한데도 꼼꼼하게 읽고 내 뜻을 사진으로 표현해 준 권태균 선생에게도 경의를 표한다. 내가 가르쳤지만 늘 내 모자람을 채워주는 장유승 군이 꼼꼼하게 교정을 보아주어 참으로 고맙다. 아울러 내 글이 이분들에게 누가 되지 않기를 바란다.

2006년 7월 어느 날

관악산 아래 남쪽 창가에서 이종묵이 쓰다. 🈳

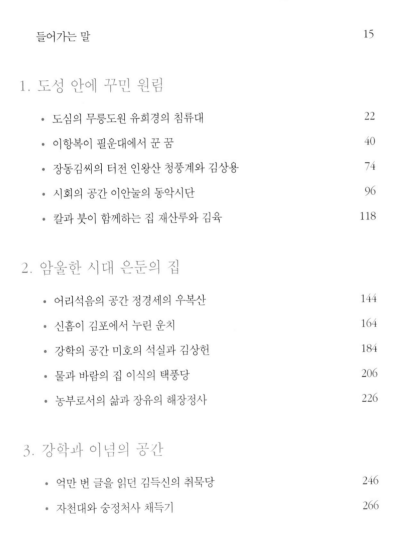

3책 차례

조선 중기

나아감과 물러남

1책   조선 초기 | 태평성세와 그 균열

2책   조선 중기 | 귀거래와 안분

4책   조선 후기 | 내가 좋아 사는 삶

나아감과 물러남

임진왜란이 일어나자 광해군은 선조로부터 조정을 나누어 받아 의병을 모으고 민심을 안정시키느라 동분서주하였다. 광해군은 선조의 사랑을 받지 못하였지만 그 공을 인정받아 왕위에 올랐다. 광해군은 정인홍(鄭仁弘) 등 대북파(大北派)를 기용하여 명이 망하고 청이 일어나는 혼란한 시기를 지혜롭게 극복하고자 하였다. 그러나 선조의 적자(嫡子)로 왕위를 위협했던 영창대군(永昌大君)을 죽이고 그를 낳은 인목대비(仁穆大妃)를 서궁(西宮)에 유폐시키는 등의 일로 정치가 어수선하였다.

정치는 어수선하였지만 한양은 빠르게 안정을 찾아나갔다. 도성 안에 명가들의 집이 속속 들어섰다. 이항복(李恒福)은 장인 권율(權慄)의 도움으로 아름다운 인왕산 필운대(弼雲臺)에 집을 꾸몄으며, 김상용(金尙容)은 그 곁 청풍계(靑楓溪)에 저택을 마련하였다. 이안눌(李安

訥)은 외가의 재산을 바탕으로 남산 아래 대저택을 소유하였으며, 김육(金堉)도 스스로 재력을 갖추어 남산 밑에 큰 집을 지었다. 천민 출신의 유희경(劉希慶) 역시 천한 일을 해서 번 돈으로 창덕궁 옆에 운치 있는 집을 짓고 살았다.

그러나 도성에 아름다운 집이 있다 해서 모두가 그곳에서 행복한 세월을 보낸 것은 아니었다. 대북파가 정권을 잡은 광해군 시절 서인의 핵심적인 인물들은 암흑의 세월을 보내야 했다. 이항복은 도성에서 쫓겨나 교외에 살다 북청으로 유배가서 죽었고, 김상용은 지방관으로 떠돌았다. 정경세(鄭經世)는 고향땅 상주로 내려가 바보처럼 살고자 하였고, 신흠(申欽)은 김포로 방축되어 가현산(歌絃山) 아래 집을 짓고 살면서 맑은 운치를 즐겼다. 김상헌(金尙憲)은 양주의 미호(渼湖)로 물러나 석실(石室)을 강학의 공간으로 삼아 학문에 힘을 쏟았고, 이식(李植)은 지평으로 가서 은둔의 집 택풍당(澤風堂)을 짓고 살았다. 장유(張維)는 안산의 고향집에서 농사를 지으면서 세월을 보내었다.

권력에서 소외된 서인은 인목대비에 대한 패륜과 명에 대한 의리를 내세워 광해군을 권좌에서 몰아내고 정권을 잡았다. 살아남은 사람들은 도성의 대저택으로 돌아왔다. 그러나 세상은 더욱 혼란해졌다. 정묘호란에 이어 병자호란이 일어났다. 서인들이 숭상했던 명은 망하고 오랑캐라 욕하던 청이 들어섰다. 명분을 중시하는 학자들은 어수선한 세상을 등지고 심신을 수양하고 강학에 몰두함으로써 절개를 지키고자 하였다. 명에 대한 의리를 강조하여 숭정처사(崇禎處士)로 불린 채득기(蔡得沂)는 자천대(自天臺)에서 은거하였고, 송준길(宋浚

吉)은 벼슬을 사양하고 회덕(懷德)의 송촌(宋村)에서 살면서 세상사의 번잡함을 잊고자 하였다. 조선 후기 사상계를 호령한 송시열(宋時烈)은 화양동(華陽洞)에 머물면서 이념을 실천하고자 하였고 제자 권상하(權尙夏)는 황강(黃江)에 한수재(寒水齋)를 짓고 살면서 스승의 유업을 받들었다. 김득신(金得臣)은 괴산의 취묵당(醉墨堂)에서 어수선한 세상에 대해 입을 다물고 억만 번 책을 읽었다.

스스로 서울을 떠난 사람도 있지만, 후손을 위해 도성에서 멀지 않은 땅을 장만하여 조선 후기 명문가로 성장한 예도 있다. 허목(許穆)은 도성에서 그리 멀지 않은 선영 아래로 물러났다. 이정구(李廷龜)의 아들은 양주의 영지동(靈芝洞)을 골라 대를 이어 살 터전을 마련하였고, 남용익(南龍翼)과 박세당(朴世堂)은 수락산을 동서로 나누어 차지하였다. 남구만(南九萬)은 용인의 비파담(琵琶潭)에 집을 장만하여 후손들에게 물려주었으며 김수증(金壽增)은 화천의 곡운(谷雲)을 발견하였다. 물론 그들은 후손들이 이 땅을 영원히 지킬 것이라 믿었고 또 그 바람대로 후손들이 벌열로 성장한 예도 있지만, 근대화의 과정에서 조상이 물려준 땅은 후손들의 손에서 떠났다. 그렇지만 물려준 땅에 대한 아름다운 글이 있으니 옛 모습을 그려볼 수 있다. 🔲

1. 도성 안에 꾸민 원림

창덕궁의 금천교

도심의 무릉도원
유희경의 침류대

아이야 해 저문다 알리지 말게나

달 뜰 때 돌아가도 그 또한 좋으리니

요금문 요금문과 경추문 사이 개울가에 침류대가 있었으나 대궐에
편입되어 사라졌다.

개울을 베고 자리한 침류대

유희경(劉希慶, 1545~1636)은 임진왜란 이후 풍월향도(風月香徒)를 함께 결성하였던 백대붕(白大鵬)이 죽자 실의에 빠져 있다가, 바위계곡에서 맑은 샘물 한줄기가 흘러나오는 곳에 땅을 사서 살았다. 유희경이 침류대(枕流臺)를 만든 것은 선조 34년(1601)이다. 유몽인(柳夢寅)의 전(傳)에 의하면, 유희경은 이곳에 복숭아나무와 살구꽃 4~5그루를 심고 돌을 쌓아 작은 대를 만들고 매일 그 위에 앉거나 누워 있었다고 한다.

침류(枕流)는 개울물을 베고 눕는다는 뜻으로 한적한 생활을 이른다. 같은 위항인이었던 홍세태(洪世泰)가 지은 묘지명(墓誌銘)에는 유희경이 복숭아나무와 버드나무 10여 그루를 심고 매번 봄이 와 붉고 푸른 빛이 시내에 비치면 당시(唐詩) 한 권을 들고 종일 읊조렸다고 적고 있다. 유희경은 촌은(村隱)이라는 호를 썼지만, 시은(市隱)이라는 호도 썼다. 시은은 도시에 숨는다는 뜻이다. 도성에 침류대를 경영하고 살았기에 이러한 이름을 취한 것이리라.

정확한 위치를 알 수 없지만 여러 기록을 종합해 보면 침류대는 창덕궁의 경추문(景秋門) 안쪽 개울가에 있었던 듯하다. 유희경의 시 「침류대(枕流臺)」에서는 "창덕궁 서쪽 경복궁 동쪽, 그 사이 계곡으로 물이 넘실거린다(昌德宮西景福東 中間一壑水溶溶)"고 하였는데 경추문 안쪽의 개울을 이른 것이다. 원래 이곳은 그다지 아름다운 곳이 아니었던 것 같다. 조우인(曹友仁)의 「유침류대서(遊枕流臺序)」에 따르면 궁궐 담을 따라 개울이 흘러내리기에 오가는 마소와 수레로 물이 오염되어 있었는데, 유희경이 부서진 기와조각을 치우고 더러운 찌꺼기를 씻어 맑은 물이 흐르도록 하였다고 한다. 유희경이 침류대를 경영하면서 이곳이 도성의 아름다운 공간으로 자리하게 된 것이다. 이수광(李晬光)의 「침류대기(枕流臺記)」에 따르면, 어느 날 금천교(錦川橋)를 지나다 마침 물이 불어난 개울에 붉은 꽃잎이 무수히 떠내려오는 것을 보고 혹시 도화원(桃花源)이 아닌가 의심하였는데 바로 그곳이 침류대였다고 한다. 유희경의 노력으로 오수(汚水)가 도화원이 된 것이다.

침류대에서는 스무 가지 아름다운 경치가 바라다보였다. 북악의 단풍(北岳丹楓), 남산의 푸른 안개(南山翠靄), 차계의 빨래터(叉溪浣紗), 휴암의 나무하는 모습(鵂巖採樵), 정업원의 저녁 종소리(尼院暮鍾), 천단의 새벽 경쇠소리(天壇曉磬), 삼각산의 저녁비(三山暮雨), 만호의 집에서 피어오르는 밥짓는 연기(萬井炊烟), 상림원의 달구경(上林玩月), 어원의 꽃구경(御苑賞花), 꽃계단에서 춤추는 나비(花階蝶舞), 버들 늘어진 거리의 꾀꼬리 노랫소리(柳市鶯歌), 오래된 우물의 가을 반딧불이(古井秋螢), 신풍주점의 깃발(新豊酒旗), 성령의 낙락장송(星嶺長松), 굽은 성의 저녁햇살(曲城殘照), 필운대의 갠 눈빛(弼峯晴雪), 대궐 도랑의 단풍잎(御溝紅葉), 성균관 서쪽의 갓끈을 씻는 맑은 개울(西泮濯纓), 동쪽 개울 봄나물 뜯는 모습(東澗採春) 등으로, 유희경은 이를 「침류대이십영(枕流臺二十詠)」으로 노래하였다.

동궐도 대궐의 담장을 따라 개울이 흐른다. 경추문 근처 개울가에 침류대가 있었다.

오수를 도화원으로 만든 유희경

오수를 도화원으로 만든 유희경의 신분은 오수처럼 천하였다. 그러나 스스로의 노력에 의해 꽃 같은 존재가 되었다. 선대부터 미천한 출신이었던 유희경은 같은 위항인 출신의 서기(徐起)에게 예학(禮學)을 배워 일가를 이루었으며, 박순(朴淳)에게 시를 배워 당시(唐詩)로 이름을 날렸다.

유희경은 젊어서부터 시명이 높았다. 그 때문에 젊은 시절 부안에 갔다가 시기(詩妓) 매창(梅窓)을 만나 곧바로 깊은 정을 나눌 수 있었다. 시로 이름 높은 매창을 처음 보았을 때, 유희경의 눈에 비친 그녀는 하늘에서 하강한 선녀였다. 서로의 시가 워낙 뛰어났기에 이들은 바로 정인(情人)이 되었다.「계랑에게 주다(贈癸娘)」에서 "나에게 선약(仙藥)이 있으니 찌푸린 고운 얼굴을 고칠 수 있다네. 깊이깊이 비단 보자기에 감추어두었다가 그리운 임에게 주고 싶어라(我有一仙藥 能醫玉頰嚬 深藏錦囊裏 欲與有情人)"라 한 것으로 보아 유희경은 매창과 매우 깊은 정을 나눈 것으로 보인다. 시름에 겨운 매창을 낫게 할 수 있는 선약이란 서로 정을 나누는 것이리라.

유희경은 매창에 대한 그리움에 여러 편의 시를 지었다. 늦가을 오동잎에 비가 떨어지는 소리를 들으며 그녀를 만나지 못해 애간장을 태우기도 하였고, 꽃피는 봄철에는 그녀의 베개가 외로울 것이라 여겨 함께 운우지락(雲雨之樂)을 즐길 수 있기를 꿈길에서 기원하기도 하였다.

시와 풍류에 뛰어났던 유희경이지만, 그의 또 다른 장처는 예학에 있었다. 스스로를 낮추어 사족들의 금강산 유람에 기꺼이 길잡이가 되었고 또 그들의 상복(喪服)을 만드는 일을 도맡아 하였기 때문에 양반 사족들이 그와의 교유를 마다하지 않았다. 목릉성세(穆陵盛世)의 이름난 재상 오리(梧里) 이원익(李元翼)의 집이 바로 침류대 곁에 있었는데 자주 미복(微服) 차림으로 유희경을 찾아와 바둑을 두곤 하였다 하니, 당시 지체 높은 사족들도 그와 허물없이 어울렸음을 알 수 있다.

유희경은 예학과 시학을 통하여 당대 이름난 문인들과 널리 교유하고, 이를 통하여 도성의 새로운 도화원 침류대를 빛낼 시문을 널리 구하였다. 유희경이 침류대의 기문을 가장 먼저 부탁한 사람은 임숙영(任叔英)이다. 임숙영은 유희경이 사귄 문사들 가운데 가장 절친했던 사람으로, 임숙영이 세상을 떠났을 때 염할 옷이 없자 유희경이 입고 있던 옷을 벗어주었을 정도로 가까운 사이였다. 임숙영 외에 유희경과 특히 친하게 지냈던 사람으로는 손곡(蓀谷) 이달(李達), 석주(石洲) 권필(權韠) 등이 있었다. 이식(李植)은 시에서 이렇게 노래하였다.

녹음방초가 우거진 신선 사는 침류대에
그저 오월의 석류꽃만 피어 있구나.
손곡과 석주는 가고 없으니
이 노인의 시벗 중에 누가 다시 오리오?
綠陰芳草滿仙臺　只見榴花五月開
蓀谷石洲零落盡　此翁詩伴更誰來

이식, 「집구시에 차운하다(次集句韻)」, 『촌은집(村隱集)』

이달이나 권필 모두 풍류객이니, 유희경과 잘 어울렸을 것이다. 유희경은 이들 외에도 많은 사대부들과 널리 교유하여 그들로부터 침류대를 빛낼 기문을 받았다. 1612년 8월 이수광으로부터「침류대기」를 받았으며, 비슷한 시기 조우인에게서도「침류대기」를 받았다. 또 1613년엔 7월에 성여학(成汝學)으로부터「침류대기」를 받았으며, 김현성(金玄成)으로부터「침류대 주인에게 주는 서문(贈枕流主人序)」을, 조우인으로부터「유침류대서」를, 누군지 알 수 없는 사람으로부터 「침류대기 뒤에 쓰다(題枕流臺記後)」를 받았다. 집 하나를 두고 같은 시대에 이렇게 많은 글을 받은 사례는 찾기 어렵다. 후세에 이름을 드리우고자 한 위항인의 의지를 읽을 수 있거니와, 이 글들로 인해 침류대는 17세기 대표적인 문화공간이 될 수 있었다.

유희경은 당대 최고의 문사들로부터 따로 시를 받아 시첩을 만들었다. 이들 시첩은 지금 유희경의 문집에 편집되어 원모습을 볼 수 없는 것이 안타깝지만, 『촌은집』에 실린 침류대 관련 시문들이 여러 권의 시첩에서 옮겨진 것으로 추정된다. 시첩이 만들어지기 시작한 것은 1612년경부터다. 이수광의 기문이 1612년 8월 제작되었고 임숙영의 「수창시서(酬唱詩序)」가 1612년 가을에 제작되었으니, 아마 이 무렵 시회(詩會)가 있었고 이를 시첩으로 만들어 서문과 기문을 구한 것으로 보아야 할 것이다. 그런데 호를 율원(栗園)이라고 하는 사람의「후서(後序)」와 이식의「후서」가 모두 1617년 5월에 제작된 것으로 미루어, 1612년부터 이 무렵까지 여러 차례 시회가 지속적으로 이루어진 것으로 추정된다. 유희경은 이식의「후서」를 포함한 시축(詩軸)을 들

고 가서 이준(李埈)에게 다시「후서」를 부탁하여 1625년 여름 또 다른
「후서」를 받았다.

침류대의 시회

1612년부터 1617년까지 열린 시회에는 임숙영, 차천로(車天輅), 이
수광, 신흠(申欽), 이달, 홍경신(洪慶臣), 김현성, 유영길(柳永吉), 조우
인, 정백창(鄭百昌), 성여학, 이안눌(李安訥), 이춘원(李春元), 권득기
(權得己), 신익성(申翊聖), 신응시(辛應時), 양경우(梁慶遇), 이식, 이민
구(李敏求), 권필, 이정구(李廷龜), 이준, 김시국(金蓍國), 유중룡(柳仲
龍), 이윤우(李潤雨) 등 17세기를 대표하는 시인들이 망라되었다. 그
밖에 북촌(北村), 파음(坡陰), 경호(鏡湖), 시잠(市潛), 반환(盤桓), 어적
(漁適) 등의 호를 쓰는 사람들도 시회에 가담하였다.

물론 위의 인물들이 동시에 시회를 가진 것은 아니고 두세 사람씩
침류대를 찾아와 시회를 연 것으로 보인다. 이들의 시회에서는 절구
나 율시 같은 근체시 외에도 삼오칠언(三五七言) 같은 잡체시, 매구 압
운(押韻)하는 백량체(柏梁體), 옛사람의 시구를 조합하여 한 편의 시를
만드는 집구시(集句詩), 장편 배율(排律) 등 다양한 형식의 시가 제작
되었다. 이는 17세기의 주도적인 흐름이었던 복고주의적 경향에서 비
롯된 것이다.

여기서는『촌은집』에 실린 삼오칠언 형식의「침류대」를 아래에 보
인다.

침 류 대 터

금천교로 흘러내리는 개울 위쪽의 모습.

원래는 오수가 흘렀으나 유희경이 복사꽃 떠내려오는 무릉도원으로 바꾸었다.

복사꽃으로 뺨을 꾸미고
버들잎처럼 눈썹을 그렸네.
봄날의 풍광이 이와 같은데
객수는 그저 이와 같을 뿐.
차라리 낫겠지 눈앞의 술을 가지고서
지는 해 무한한 풍광을 즐기는 것이.

桃斂臉 柳揚眉

春色有如此 客愁空爾爲

不如醻甲眼前酒 無限風光斜日時 (차천로)

구름머리 얹고서
초승달 눈썹 그렸네.
곱게 화장하여 유행 따라 멋부리고
즐거운 놀이를 이것저것 하겠지만,
시인이 시 짓는 것만 하리오?
복사꽃 붉고 버들가지 푸른 이 봄날에.

橫雲髻 却月眉

冶容蕩流俗 行樂靡不爲

豈如詞客文字飮 桃紅柳綠三春時 (임숙영)

꽃은 붉은 뺨
버들은 눈썹.

시인의 읊조린 시가 다시 괴로운데
술꾼은 취하여 무엇을 하시는가?
아이야 해 저문다 알리지 말거라
달 뜰 때 돌아가도 그 또한 좋으리니.
花如臉 柳如眉
詩人吟更苦 酒客醉何爲
家童莫報斜陽暮 且好歸程月出時 (유희경)

복사꽃 붉게 피고 버들이 푸르게 휘늘어진 어느 봄날, 침류대에서
세 사람이 모여 시재를 겨루었다. 차천로가 먼저 짓고 유희경과 임숙
영이 화답한 것으로 보인다. 봄빛에 취하고 시에 취하고 술에 취한 풍
류가 삼오칠언이라는 독특한 형식에 잘 녹아 있다.

유희경은 1625년 봄 침류대에서 다시 성대한 시회를 열었다. 이때
의 시가 그의 문집에 「수창시속록(酬唱詩續錄)」으로 실려 있다. 이날
유희경은 이식, 정백창, 엄성(嚴惺), 이소한(李昭漢), 한흥일(韓興一),
여이징(呂爾徵), 홍무적(洪茂績)·홍무업(洪茂業) 형제, 이경직(李景稷)
등을 초청하여 조매(早梅)를 완상하였다. 이식은 1625년 이날의 모임
을 다음과 같이 적었다.

노인에게 아무 좋은 것이 없고 다만 반송(盤松) 한 그루가 덮개처
럼 서 있고, 분매(盆梅)가 반쯤 떨어진 채 남은 향기를 풍기고 있었
다. 노인이 술과 밥을 내고 또 채소와 과일을 내어놓았는데, 검소하

면서도 운치가 있었다. 우리들은 술병을 내어 보태었다. 술이 거나
해지자 노인이 율시 한 편을 짓고 우리들이 이어 화답하였다. 달이
오를 때가 되어서야 마쳤다.

이식, 「침류대시회도의 서문(枕流臺賦詩圖序)」, 『촌은집』

이식은 자신이 일찍이 시골에 있을 때 침류대와 같은 경치가 있었
지만 이날과 같은 손님이 없었고, 후에 도성에 살 때에는 이러한 손님
은 있지만 이렇게 즐길 겨를이 없었다고 하면서 부러워하였다. 여러
사람이 참여한 이날의 시회는 매우 성대하였다. 유희경이 「삼가 여러
학사들에게 바치다(敬呈諸學士)」를 짓자 초청받은 문사들이 화답하였
다. 유희경이 첫 구에서 "학사들 와서 노는 곳, 굳이 화려한 습지를 따
지랴(學士來遊地 何須問習池)"라 하여 두보(杜甫)의 시에 나오는 말로
침류대의 풍류를 예찬하자, 다음에 차운한 이식은 "은자의 집이라 오
랫동안 들었더니, 대궐에서 나온 분들 새로 와서 노시네(久識幽人宅
新遊自鳳池)"라 하여 역시 두보의 시어로 풍미가 나게 답하였다. 두보
를 중심으로 한 당시(唐詩)를 존숭하는 습상을 엿볼 수 있다. 나머지
사람들도 제각기 멋진 시를 뽑아내었다. 이날의 성대한 시회는 그림
으로도 그려졌으니 〈침류대부시도(枕流臺賦詩圖)〉가 그것이다. 불행
히도 이 그림은 지금 전하지 않지만, 반송 한 그루가 서 있는 조촐한
침류대를 중심으로 매화를 보는 이, 시를 짓는 이, 술에 취한 이, 생각
에 잠긴 이 등이 화폭에 들어 있었을 것이다.

유희경은 여러 문인들과 수창한 것에 만족하지 않고, 이날 제작된

촌은집 목판 남해군의 호구산 용문사에 보관되어 있다. 『촌은집』은 1707년 이 절에서 간행되었다.

촌은집 이민구가 쓴 유사가 부록에 실려 있다. 30년 전 죽은 유희경이 신선과 같은 모습으로 꿈에 나타났다 하고, 부친 이수광과 자신이 쓴 시를 소개하였다.

작품을 당대 명사들에게 보내어 일일이 답을 받았다. 이렇게 하여 홍서봉(洪瑞鳳), 이수광, 최명길(崔鳴吉), 이춘원, 민인백(閔仁伯), 윤훤(尹暄), 장유(張維), 조희일(趙希逸), 김상헌(金尙憲), 이명한(李明漢), 이명부(李明傅), 윤신지(尹新之), 이민구, 이준, 심지원(沈之源), 정온(鄭蘊), 조경(趙絅), 이호민(李好閔) 등 당대 최고 문사들이 시를 보내왔다. 그밖에 오락만일(烏洛晚逸), 사객(沙客), 모유자(慕柔子) 등의 시도 전한다. 알려진 사람들의 면면을 보건대 이름이 확인되지 않은 이들도 당대 최고의 문인이었으리라.

도봉서원을 지킨 뜻

유희경은 도성 안에 침류대를 경영하면서 동시에 도봉산 아래 영국동(寧國洞) 조광조(趙光祖)의 서원 옆에 따로 집을 두었다. 도봉서원은 선조 6년(1573) 양주목사 남언경(南彦經)이 영국사(寧國寺)를 헐고 세운 서원으로, 대원군 때 훼철되었다가 근년에 복원되었다.

이정구의 「도봉서원을 유람한 기문(遊道峯書院記)」에 따르면, 1615년 도봉서원에 놀러 갔을 때 그 곁에 있던 침류당에서 하루를 묵었는데, 당시에 세워진 것이라 하였다. 이로 보아 유희경이 도봉서원 곁에 침류당을 세운 것은 1615년 이전으로 보인다. 이정구의 글에 따르면 침류당은 맑고 빼어나 무척 사랑스러웠다. 한밤에 물결치는 소리가 침상을 흔들고 달빛은 창에 드는데, 함께 갔던 이항복이 그 흥취를 이기지 못하여 곤히 자던 이정구를 발로 차서 깨워 늦도록 술을 마셨다고 하니, 이곳의 아름다운 풍경을 짐작할 수 있겠다.

1623년 유희경은 도봉서원 곁 영국동 집으로 거처를 옮기면서 이를 기념하는 시축을 만들었다. 유희경은 우선 2년 전 겨울 이호민에게 받은 칠언절구 한 수를 시축으로 만들고 당대 이름난 화가 이징(李澄)이 그린 〈임장도(林莊圖)〉를 붙였다. 이 그림은 지금 전하지 않지만, 조광조의 도봉서원과 그 곁에 있는 유희경의 초가가 그려져 있었을 것이다. 18세기 전반에 활동하였던 조유수(趙裕壽)의 「유촌은의 임장후도의 이병연(李秉淵)의 시에 차운하다(劉村隱林庄後圖次一源韻)」에 따르면 이징이 그린 그림을 도둑맞아 후손이 정선(鄭歚)에게 부탁하여 다시 그렸다고 한다. 지금 전하는 〈도봉추색(道峯秋色)〉이 같은 그림인 듯하다. 이 그림에 붙인 유근의 시에서 "하늘에 떠 있는 도봉산 산세가 그림에 다 옮겨져 있는데, 계곡을 나오는 개울물이 산길을 가르고 흐르네(浮天嶽勢移圖盡 出洞溪流割路歧)"라 하였으니, 이징의 〈임장도〉는 원경에 도봉산의 험한 산세가 그려져 있고, 근경에 개울물이 안개 속에서 흘러나와 도봉서원과 유희경의 집으로 통하는 갈림길로 이어져 있었을 것이다.

　　유희경은 이렇게 만든 시축을 가지고 가서 이호민에게 보이고 글을 청하였다. 이호민은 웃으면서 "자네는 나물 팔러 다니는가?" 하였다. 행상처럼 돌아다니면서 글을 청하기에 이렇게 놀린 것이다. 그러면서도 이호민은 전에 자신이 써준 절구를 친필로 쓰고 짧은 글을 보태어주었다. 「영국동임장도제영(寧國洞林莊圖題詠)」이 그것이다.

　　유희경은 다시 이징의 그림과 이호민의 시문을 가지고 당대 이름난 문사들을 찾아가 시문을 구하였다. 그렇게 하여 유근, 신흠, 윤방(尹

도봉추색 가을이 온 도봉서원의 모습을 그린 정선의 그림. 한양대박물관에 소장되어 있다.
유희경은 개울가 침류당에 살면서 조광조의 위패를 모셨다.

昉), 이정구, 한준겸(韓浚謙), 김상용(金尙容), 정경세(鄭經世), 이수광, 장유, 홍서봉, 김상헌, 남이공(南以恭) 등의 짧은 서문과 시가 풍성히 전해지게 되었다. 특히 장유의 것은 유희경의 나이 85세 때 받은 것이니, 유희경이 5년여에 걸쳐 시문을 받으러 다녔음을 알 수 있다.

이들의 쓴 시를 보면, 유희경은 팔십 노인이었지만 건장하여 도봉산을 날듯이 뛰어 오르내렸으며, 벼슬을 하는 다섯 아들의 봉양을 받으면서 편안하게 살았음을 알 수 있다. 이러니 그의 향년이 아흔을 넘길 수 있었던 것이다. 도성에서도 산수를 즐기고 도성을 벗어나서도 산수를 즐겼으며, 조광조의 고고한 정신을 배우기 위하여 그 곁에서 노년을 보냈으니, 그것이 장수의 비결이었다. 낮은 신분이었지만 스스로를 낮추었기에 지체 높은 사람들도 그를 낮게 보지 않았고, 17세기의 뛰어난 문사들이 그가 사는 곳으로 몰려들었던 것이리라.

그러나 가련한 위항인의 노력의 결실로 이루어진 침류대는 얼마 지나지 않아 사라졌다. 효종 7년(1656) 만수전(萬壽殿) 공사가 시작되면서 그 앞에 있던 이원익의 집과 함께 도총부(都摠府)에 편입되어 헐리고 만 것이다. 본디 더러운 물이 흐르던 땅이었던 침류대는 미천한 신분인 유희경에 의해 도화원이 되었고, 다시 대궐로 편입되면서 오랜 세월 깨끗함을 유지할 수 있었다. 침류대의 자취를 눈으로 확인할 수는 없지만 경추문으로 창덕궁을 들어가 개울을 따라 조금 올라가다 보면 침류대가 자리했던 곳에 당도할 터이니 유희경이 심어두었던 반송 한 그루 남아 있는지 찾아보되, 수백 년을 겪은 반송이 그곳에 없다면 그만큼 세월을 겪은 다른 나무에게 물어볼 일이다. 🏛

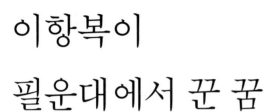

이항복이
필운대에서 꾼 꿈

눈 온 뒤라 신숙의 집은 저녁까지 문이 닫혔고

개울가 다리에는 한낮에도 찾아오는 이 없다네

필운대 바위글씨
인왕산은 경복궁을 보필하는 산이라 하여
필운산이라고도 하였다. 이항복은 필운을
호로 삼았다.

젊은 날의 영예와 바쁜 삶

이항복(李恒福, 1556~1618)은 명종 11년(1556) 10월 15일 서부(西部) 양생방(養生坊)의 집에서 태어났다. 숭례문(崇禮門) 안 남산 자각봉(紫閣峯) 기슭으로 예전에는 선혜청(宣惠廳) 창고가 있어 창동(倉洞)이라 하였는데 후에 그 옆에 있는 상동(尙洞)과 합하여 남창동(南倉洞)이 되어 북창동(北倉洞)과 나란하게 된 것이다.

이항복은 자가 자상(子常), 호가 필운(弼雲) 혹은 청화진인(淸化眞人)이다. 만년의 호 백사(白沙)가 가장 널리 알려졌지만 동강(東岡)이라는 호도 사용하였다. 한음(漢陰) 이덕형(李德馨)과 절친하여 오성(鰲城)과 한음이라 일컬어졌다. 오성은 그가 오성부원군(鰲城府院君)에 책봉되어 얻은 이름이다. 보통 키에 살결이 희었으며, 널찍한 이마, 우뚝한 코, 두툼한 뺨에 긴 수염이 휘날리는 멋진 외모를 지녔다고 한다.

이항복은 명문 경주이씨로 고려의 대문호 이제현(李齊賢)의 후손이다. 이항복의 고조 이숭수(李崇壽)가 포천의 추곡리(楸谷里, 楸洞이라고도 한다)에 선영을 정하고 2대가 모두 현달할 것이라 예언하였는데, 과연 부친 이몽량(李夢亮)이 한성부 판윤과 형조판서, 의정부 우참찬을 지냈다. 이몽량은 전의이씨(全義李氏)와 혼인하여 2녀 1남을 두었고, 이조판서를 지낸 최사균(崔思均)의 표손(表孫) 전주최씨(全州崔氏)를 계실로 맞아 2녀 2남을 더 두었는데, 이항복은 그 막내다.

모친 최씨가 임신하였을 때, 상을 당한 후라 병약하였기 때문에 낙태하려고 독물을 먹었지만, 위대한 인물의 탄생은 사람의 힘으로 막을 수 있는 것이 아니었다. 다만 이 때문에 오른쪽 갈비뼈와 어깨, 등이 검게 썩어 살이 생기지 않았으며, 태어난 지 이틀이 되었는데도 젖을 빨지 못하고 사흘이 되어도 눈을 뜨지 못하였으며 닷새가 되도록 울지 못하였다고 한다.

이항복의 영정 전형적인 공신의 초상화이므로 임진왜란 이후 공신으로 책봉되었을 때의 모습으로 보인다. 선조인 이제현의 영정과 함께 강진의 구곡사에 보관되어 있었다.

이항복은 우스갯소리를 잘하는 사람으로 널리 알려져 있거니와 유년시절부터 관대하고 의협심이 강하였다. 여섯 살 때 물건을 훔친 여종을 보고 몰래 도로 가져다두라고 일러준 일화가 전하며, 13세 때 자신의 옷과 신발을 가난한 아이에게 벗어준 일도 있다. 특히 축국(蹴鞠)과 씨름을 잘하여 주위에 당할 사람이 없었다 하니, 제법 장난꾸러기였던 듯하다. 게다가 아홉 살에 부친을 잃어 가르침을 받지 못하였다. 그래서 훗날 「한식날 선친의 묘가 생각나서 두보의 칠가에 차운하다(寒食思先墓次子美七歌並序)」라는 시의 서문에서 "부모를 잃고 형제들이 동서로 흩어진 뒤에는 혈혈단신으로 혼자 외로운 그림자뿐 의지할 곳이 없었다. 남들이 주는 것을 받아먹고 자랐다. 어려서는 아버지의 가르침을 받지 못하였고 자라서는 사우(師友)의 도움을 입지 못하였다. 미친 듯이 제멋대로 쏘다니면서 짐승처럼 저절로 자랐다"고 회상한 바 있다.

이항복은 모친을 잃고 나서 본격적으로 학문에 힘써 과거에 급제하였다. 이후 문명이 높아지자 명류(名流)들이 주변에 모여들기 시작하였다. 선조 7년(1574) 영의정으로 있던 권철(權轍)이 그의 명망을 듣고 손녀를 그에게 맡겨, 19세에 권율(權慄)의 사위가 되었다. 장인 권율이 인왕산 일대에 상당한 토지를 가지고 있었기에 이항복은 필운대(弼雲臺)의 주인이 될 수 있었다. 이항복의 호 필운이 이렇게 해서 나온 것이다. 이항복이 살던 인왕산 필운대의 집은 오늘날 배화여자대학 안에 갇혀 있다. 원래 '필운'이라는 말은 16세기 중엽에 생겨났다. 1537년 중국 사신으로 온 오희맹(吳希孟)이 인왕산을 필운산(弼雲山)

고지도의 필운대 1900년에 제작된 한성부 지도. 한양의 성곽 오른편에 필운대가 보인다.
오늘날은 배화여대 안에 있다.

으로 바꾸었는데, 경복궁을 오른쪽에서 보필한다는 의미를 부여한
것이다.

선조 13년(1580) 25세에 알성시(謁聖試)에 급제한 이래 이항복은 참
으로 바쁘게 살았다. 승문원의 부정자로 벼슬살이를 시작하여 주로 예
문관과 홍문관에서 문한(文翰)의 임무를 맡았다. 이를 바탕으로 훗날
직제학, 제학 등을 거쳐 선조 28년(1595) 양관대제학(兩館大提學)에 오
르게 된다. 젊은 날 이항복은 육조(六曹)의 요직을 두루 역임하고 1590
년 36세의 나이로 도승지에 올랐으니 관운이 참으로 좋았다.

그러던 중 임진왜란이 일어났다. 이항복은 국사에만 전념하기로
결심하여 아예 안식구들의 출입을 금하고 목숨을 내어놓으려 하였

다. 나이 어린 누이들뿐만 아니라 측실인 오씨(吳氏)도 근접하지 못하게 하였다. 오씨가 한번 보기를 청하였으나 문을 열지 않았고, 조정에 나가는 그를 말리며 허리띠를 잡고 매달리자 띠를 자르고 가버렸다는 일화도 있다. 전란의 와중에 이항복은 37세의 젊은 나이에 형조판서 겸 오위도총부도총관(五衛都摠府都摠管)을 맡고 사헌부 대사헌도 겸하였다. 동분서주하느라 가족을 돌보지 못하여 형이 왜적을 만나 물에 빠져 죽고 딸아이도 역질에 걸려 죽었다. 죽음에 임박한 딸아이가 괴로움을 참고 억지로 눈을 떠서 아버지를 보고 싶다는 말을 세 차례나 하고 죽었다는 말도 전란이 끝나고 나서야 들었다. 다음은 선조 29년(1596) 죽은 딸을 그리며 지은 작품이다.

딸아, 딸아 생이별을 하였구나
그때 막 젖먹이라 참으로 여렸었지.
애비가 어미 손을 잡고 너를 쓰다듬으며
죽지 말고 다시 만날 때 있을 거라 하였지.
남들이 네 갈 때까지 아버지를 불렀다 하니
늙은이의 눈물을 전장에서 남몰래 흘렸노라.
아아, 네번째 노래여 차마 부를 수 없구나
지금까지 외로운 혼이 아침저녁 통곡을 하니.
有女有女生別離　時當乳下弱而癡
父執母手撫女語　未死重逢會有時
人傳將死尚呼爺　老淚默洒中兵旗

嗚呼四歌兮不忍奏 至今孤魂哭朝晝

이항복, 「한식날 선친의 묘가 생각나서 두보의 칠가에 차운하다
(寒食思先墓次子美七歌並序)」, 『백사집(白沙集)』

그러나 전쟁 중이라 사사로운 일로 비탄에 빠져 있을 수만은 없었
다. 1593년 병조판서로 광해군을 모시고 전국을 다니면서 임무를 수
행하였다. 임진왜란이 소강상태에 접어든 1595년에도 이조판서, 대
제학, 지의금부사(知義禁府事) 등의 중임을 맡아 잠시도 쉴 틈이 없었
다. 외국에서 온 사신을 맞는 일도 그의 몫이었다. 중국 사신을 맞이
하느라 평안도 의주에서 경상남도 의령까지 오르내렸는데, 의령에서
이런 일이 있었다. 오래 의령에 있노라니 옷이 터져 병사(兵使)에게
바느질을 부탁하였다. 병사는 이항복이 혼자 자는 것을 불쌍히 여겨
젊은 처녀를 뽑아 보내고 일부러 바느질을 천천히 하여 밤이 늦었으
니 자고 가겠다 청하게 하였다. 그러나 이항복은 늙은이에게 젊은 여
인은 대머리에게 빗을 주는 것과 한가지라는 우스갯소리를 하고 사양
하였다.

1597년 정유재란이 터지자 이항복은 다시 병조판서에 임명되었다.
이순신(李舜臣)을 수군통제사에 복귀시켜 전황을 바꾼 것이 이때의
일이다. 전란 중에 이덕형과 교대로 병조판서를 맡은 것이 다섯 번이
었다 하니, 7년 전쟁에 그의 공로를 짐작할 수 있다. 그 공로로 전란
이 끝난 후 이항복은 선조 31년(1598) 우의정에 올랐고 오성부원군에
책봉되었다.

그러나 오랜 벼슬살이와 병마로 이항복은 이 무렵부터 은거의 꿈을 꾸었다. 이항복은 김대유(金大有)가 살던 청도(淸道)의 삼족당(三足堂)에 사는 것이 평생의 꿈이었다. 1598년 탄핵을 받자 오히려 다행으로 여기며 가솔을 이끌고 은거하기 위하여 집수리까지 마쳤다. 그러나 귀거래의 꿈은 이루어지지 못하였다. 유능한 인재의 귀거래를 선조 임금이 윤허하지 않았던 것이다. 부사 이정구(李廷龜), 서장관 황여일(黃汝一)과 함께 중국에 사신으로 다녀와야 했다. 이항복은 중국을 여행하면서 벽돌로 구워 만든 성벽에 깊은 관심을 기울였다. 당시 조선에서도 벽돌을 만들었지만 제작법이 서툴러 생산량이 미미하였다. 이항복은 벽돌 만드는 방법을 기술자에게 물어 알아내었다. 훗날 북학파들이 벽돌의 사용을 주장하면서 이항복의 선견지명에 놀라게 된다.

선조 32년(1599) 이항복은 중국에서 돌아와 병석에 누워 있었지만, 이듬해 다시 선조는 이항복을 도원수(都元帥) 겸 도체찰사(都體察使)에 임명하고 역적이 있는지 잘 살피라 하였다. 이항복은 특유의 해학으로 "역적은 새나 짐승, 물고기처럼 어디서나 자라나는 것이 아니므로 살피기 어렵습니다"라 하여 무고한 사람들이 역적의 이름으로 피해를 입는 일을 막고자 하였다.

이항복은 임무를 마치고 한양으로 돌아와 영의정에 올랐다. 이후 정인홍(鄭仁弘) 일파의 공격을 받아 잠시 자리를 내놓기도 했지만 선조가 그를 아꼈기에 벼슬에서 완전히 물러나지는 않았다. 광해군이 즉위하고 나서도 계축옥사가 일어날 때까지 이항복은 좌의정으로 바쁜 생활을 하여야 했다.

필운대에서의 꿈과 독포에서의 삶

임진왜란 이후 정승의 자리에 있었지만, 이항복은 늘 산수를 꿈꾸었다. 특히 선조 말년에는 영의정으로 있으면서도 틈을 내어 지팡이를 짚고 신발을 끌며 뜰에서 산보하고 꽃과 나무를 심곤 하였다. 산수의 흥을 이기지 못하여 도성에서 가까운 삼각산 중흥사(中興寺), 인왕산 장의사(藏義寺)에 자주 유람을 다니면서 시를 읊조리기도 하였다. 고상한 담론이나 하며 세상일에 신경을 쓰지 않고 시속의 무리들과 어울려 지낸다는 비방을 받을 정도였다. 현실의 몸이 도성을 벗어날 수 없으니 이항복은 꿈속에서 아름다운 산수에서 노닐었다.

신축년(1601) 정월 11일 밤에 꿈을 꾸었다. 무슨 공무로 인하여 비를 맞으면서 어디론가 가고 있었다. 말을 타고 따르는 자가 두 사람이었고 도보로 따르는 자가 또 4~5인쯤 되었다. 어느 한곳을 찾아 들어가니 산천이 기이하게 트여 있었다. 길옆의 한 언덕을 쳐다보니 새로 지은 정자가 높직하게 서 있었다. 지나는 길이라 올라가 구경할 겨를이 없었다.

곧장 막다른 협곡에 다다르니, 그 안에 절과 같은 큰 집이 있고 그 곁에 민가가 줄지어 있었다. 그 큰 절집에 들어가서 무슨 일을 한 것 같지만 잊어버려서 생각나지 않는다. 여기서 일을 마치고 돌아오다가 다시 아까 지나갔던 언덕에 이르렀다. 그 언덕 밑은 평평하고 탁 트인 넓은 땅인데 그 위에는 흰 모래가 펼쳐져 있고 그 주위가 수천 보쯤 되어 보였다. 또 백 아름쯤 되는 큰 나무 다섯 그루가 가운데 늘어서

필운대 필운대 아래 작은 집이 보이는데, 이항복은 이 같은 집에 살았을 것이다.
그림 속의 필운대는 웅장하지만, 지금은 그 위에 주택이 들어서 왜소하다. 정선이 그린
이 그림은 간송미술관에 소장되어 있다.

있었다. 일산(日傘)과 같은 소나무 가지가 은은하게 빛을 가렸다. 마침내 등성이를 타고 올라가서 비로소 새로 지은 정자에 올라가 보았다. 정결하고 산뜻하여 자못 별천지와 같았다. 그 안에는 서실이 있는데, 가로로 난 복도에는 모두 새로 회칠을 하였지만 아직 단청은 입히지 않았다. 그 밖의 낭무(廊廡) 여러 칸은 아직 공사를 마치지 못하여 기둥만 세우고 기와를 얹었을 뿐이었다.

형세를 두루 살펴보니 사방의 산이 병풍처럼 둘러싼 한가운데에

큰 들판이 펼쳐 있고, 세 개의 바위봉우리가 들판 가운데 우뚝 일어나서 그 형세가 마치 상투와 같았다. 이것이 구불구불 남쪽으로 내려가서 중간에 꺾어졌다가 다시 뾰족하게 일어나서 언덕이 되었다. 언덕의 높이는 겨우 두어 길쯤 되었고 정자는 바로 그 언덕 위에 있었다.

이 언덕의 오른쪽으로는 넓고 평평한 들판에 좋은 무논이 펼쳐져 있었다. 향기로운 벼에 이삭이 패어서 한창 바람에 흔들려 춤을 추니, 그 넓이가 수천 평이 될 듯하였다. 정북향에 위치한 여러 산들은 한군데에 빽빽이 모여 뛰어오를 듯 허공에 솟아 있으며, 골짜기는 깊고 험하여 산천의 무성한 기운이 서려 있었다.

이 정자 앞에는 멀리 산봉우리가 줄지어 서서 골짜기를 둘로 만들었다. 이 두 동천에서 나오는 물은 마치 흰 규룡이 구불구불 굼틀거리며 가는 것과 같았다. 한 가닥은 북쪽에서 남쪽으로 흐르고 또 한 가닥은 남쪽에서 북쪽으로 흘러 두 가닥이 이 정자 밑에서 서로 합하여 돌아나가며 한 물줄기가 되었다. 이 물은 넓이가 수백 보쯤 되고 깊이는 사람의 어깨에 차는데, 깨끗한 모래가 밑바닥에 쫙 깔려 있었다. 맑기가 마치 능화경(菱花鏡, 뒷면에 능화문이 새겨진 고급 거울)과도 같아서 오가는 물고기들이 공중에서 노니는 것 같았다. 시냇가에는 흰 바위가 넓고 평평하게 깔려 있어 한걸음 한걸음마다 낚시하는 바위처럼 되어 있고, 현자(玄字)의 형세로 흐르는 시냇물은 이 정자의 삼면을 빙 둘러 돌아서 남쪽의 먼 들판으로 내려갔다.

나는 평생 구경한 것 가운데 일찍이 이러한 땅을 본 적이 없었다. 그래서 정자 주인이 누구냐고 물으니, 오음(梧陰, 尹斗壽)의 별서라고

하였다. 이윽고 아들 윤수찬(尹修撰)이 나와 맞이하며서 말하기를,
"상공이 안에 계신다"고 하였다. 나는 이때 문밖에서 머뭇거리다가
우연히 "도원의 골 안에는 일천 이랑이 펼쳐져 있고, 녹야의 정원에
는 여덟 마리 용이 깃들었네(桃源洞裏開千畝 綠野庭中有八龍)"라
는 시 한 구절을 얻었다.

시를 더 이어 짓지 못한 채 하품하고 기지개를 켜다가 꿈을 깨었
다. 창문은 이미 훤해졌는데 그 시원하던 기분은 아직도 가슴속에 남
아 있고 머리카락에는 서늘한 바람과 이슬의 기운이 남아 있었다. 마
침내 일어나서 그 경치를 마음속으로 더듬어 찾아서 화공을 시켜 그
림을 그리고, 그 위에 이 시를 붙여 쓰려 하였다. 갑자기 스스로 생각
하였다.

"도원의 뛰어난 경치에다 넓은 땅의 부유함을 얻고 푸른 들판의
한적함을 누리며 팔룡(八龍)이라 불리는 여덟 명의 뛰어난 아들을
두었던 순숙(荀淑)의 복을 소유하는 것은 바로 인간의 지극한 소원
이다. 다행히 내가 이런 기이한 꿈을 꾸었으니, 왜 굳이 오음에게 주
고 스스로 곁에서 구경이나 하는 쓸쓸한 객이 된단 말인가? 그렇게
되면 푸줏간을 지나면서 고기 씹는 시늉이나 내는 데에 가깝지 않겠
는가? 그러니 비밀에 부쳐 남에게 말하지 말고 스스로 취하는 것이
낫겠다."

그 정자를 필운별서라 고치고 절대로 윤씨(尹氏) 집 사람들에게
천기(天機)를 누설하지 않겠다.

이항복, 「꿈에서 본 것을 적다(記夢)」, 『백사집』

꿈에서 본 아름다운 땅은 윤두수(尹斗壽)의 것이지만, 자신의 꿈속에서 만든 별서이기에 이항복은 자신의 소유로 하기로 마음먹었다. 그런데 이튿날 이항복은 다시 꿈을 꾸었다. 그 별서에서 윤두수와 함께 평소와 같이 즐겁게 노는 꿈이었다. 산천의 뛰어난 경치는 지난번의 꿈과 같았으나, 다만 정자의 체재가 조금 달랐다. 다시 꿈에서 깨어난 이항복은 하늘이 윤두수에게 내려준 곳을 사사로이 훔칠 수 없다 하여 오음 별서로 이름을 바꾸어주었다. 꿈속의 일이라도 돌려주었으니 양심적이다.

이항복은 꿈을 많이 꾸었던 사람이다. 이보다 앞서 선조 17년(1584) 가을 그는 병이 위중하여 4개월이나 비몽사몽간에 지냈다. 병이 깊을 때에는 무려 16일 동안이나 혼수상태에 빠지기도 하였다. 이때 이항복은 다음과 같은 꿈을 꾸었다.

하루는 "내가 평구(平丘)의 강가에 물러나 쉬고 싶다. 가서 한번 보겠노라" 하였다. 갑자기 신혼(神魂)이 허공으로 솟구쳐올라 그 땅으로 갔다. "좋구나, 이 언덕이여. 내가 장차 이곳에 집을 짓고 살리라" 하였다. 이때부터 전후 세 차례 그곳으로 찾아가 공사를 마쳤다. 흙은 붉은 점토로 되어 있고 풀은 국화로 되어 있는데 왼쪽으로 도미진(渡迷津)이 오른쪽으로 광릉(廣陵)이 보였다. 고탄(高灘)의 급한 여울이 언덕을 치며 흐르는데 그물을 치는 어부들이 날마다 그 아래 모여들었다. 여울 위에 처마 모서리가 숲 사이로 보이는데 곧 신가(愼家)의 정자이다. 소재(蘇齋) 노수신(盧守愼)이 "강물은 판사의 정자에 깊다(江深判事亭)"라 한 곳이 이곳이다. 형에게 소재의 시와 두보(杜甫)의 "맑은 물에 어부의 그물이 모이는데, 석양에 상선들이 다가오네(漁人網集澄潭下 賈客船從反照來)"라는 시를 쓰게 하여 벽에 붙여놓고 아침저녁 읊조리면서 흥취를 붙였다.

이항복, 「양벽정제명기(漾碧亭題名記)」, 『백사집』

밤에 꿈을 꾸면 평구의 강가로 달려갔다. 평구는 남양주를 가로질러 흐르는 왕숙천(王宿川)이 한강과 만나는 곳인데 조선시대에는 말을 갈아타던 역이 있었다. 현재 남양주시 양정동 평구마을이다. 이항복은 꿈속에 이곳을 오가면서 살 집을 지었다. 꿈이라 하기에는 너무 생생하다. 『국조시산(國朝詩刪)』 등 조선의 대표적인 한시 선집에 선발된 노수신의 「신씨의 강가 정자에서 아우를 그리며(愼氏江亭懷弟)」의 배경이 되고 있는 그 정자까지 등장한다. 이항복이 이러한 꿈이야기를 하니 집안사람들은 그가 실성했다고 하였다. 그래도 이항복은 이것을 단순한 꿈이라 여길 수 없었다. 게다가 무려 16일간이나 연속해서 이 꿈을 꾸었으니 희한한 일이었을 것이다.

그로부터 20여 년의 세월이 지난 1613년 계축옥사가 일어나자 이항복은 도성에서 쫓겨나게 되었다. 가난한 그는 갈 곳이 없어 동호(東湖)의 독포(禿浦, 뚝섬)에 집을 빌려 살았다. 이 집은 원래 영산군(靈山君)의 소유였는데 부마도위(駙馬都尉)로 있는 외손(外孫)을 통해 빌려 살게 된 것이다. 그런데 그곳이 바로 20년 전 꿈속에서 본 바로 그곳이었다. 다만 장소가 평구가 아닌 동호로 바뀌었을 뿐이다. 이항복은

20년 전의 꿈이 오늘 이곳에 이르게 한 징조라 여겼다. 그러한 의미에서 뚝섬은 그에게 숙명적인 땅이었다. 이항복은 그곳의 아름다움을 시문에 담았다. 남한산의 아침 안개(南漢朝嵐), 청계산의 저녁 햇살(淸溪夕照), 사탄의 고기잡이 등불(沙灘漁火), 도미진의 바람받은 배(渡迷風帆), 앞들판 목동의 피리소리(前郊牧笛), 뒷산에서 들려오는 어사용(後山樵唱), 동쪽 들판의 아스라한 나무숲(東屯煙樹), 서산의 단풍나무(西崦霜林) 등 팔경(八景)을 설정하였다. 그리고 이같이 아름다운 산수와 그곳의 소박한 인정물태를 팔경시(八景詩)로 노래하면서 노년을 그곳에서 보내기를 기원하였다.

노원과 동강에서의 고단한 삶

이항복은 뚝섬에서 늘그막을 함께하자고 영산군과 약속하였다. 그러나 며칠 후 영산군은 집을 사서 도성 안으로 들어가 버리고, 함께 지내자던 이첨지(李僉知)와 유감사(兪監司)도 외직으로 나가버려 결국 이곳을 떠나야 하였다.

이항복은 할 수 없이 그해 겨울 노원(蘆原)의 광곡(廣谷)에 집을 정하여 살았다. 당시 불암산 아래가 갈대숲으로 되어 있었기에 그 일대를 노원이라 하였다. 이곳은 원래 감사를 지낸 이언충(李彦忠)의 묘를 지키기 위한 집만 있던 삭막한 땅이었다.

이항복의 노원 집은 매우 작았다. 풀죽으로도 끼니를 잇기 어려운 처지였지만 이항복은 궁색을 떨지 않았다. 없으면 없는 대로, 외로우면 외로운 대로 살았다. 다음 시는 그러한 초탈의 삶을 보여준다.

눈 온 뒤라 신속의 집은 저녁까지 문이 닫혔고
개울가 다리에는 한낮에도 찾아오는 이 없다네.
화로를 끼고 있노라니 조금씩 따스해져서
주먹만 한 밤을 손수 구워 먹노라.
雪後山扉晚不開 溪橋日午少人來
籬爐伏火騰騰煖 茅栗如拳手自煨

이항복, 「눈 온 뒤(雪後)」, 『백사집』

    노원 촌사에는 본디 우물이 없어 이듬해 우물을 팔 때까지 개울물을 떠다 먹어야 했고 또 가족들과 떨어져 살아야 했다. 그러나 아들이 보낸 편지를 받고 쓴 「답규남서(答奎男書)」에서 "평안한지 안부를 묻지 마라, 마음이 편하면 곧 신선일지니(莫問平安否 心安是上仙)"라 한 대로 조정을 떠나니 마음은 편하였다. 마을 인심도 훈훈하여 물고기를 잡으면 회를 보내기도 하고 귀한 귤도 가져다주었다. 수락산에서 노닐다 그 정상에 있던 김시습(金時習)의 매월당(梅月堂) 터도 찾고 상계폭포(上界瀑布)를 찾아나서기도 하였으며, 송교(松橋)의 달구경도 즐겼다. 또 유근(柳根), 심희수(沈喜壽), 이정구(李廷龜), 이호민(李好閔) 등과 함께 교대로 문맹(文盟)의 주인이 되어 시회를 가졌는데, 당시 이들은 모두 파직당한 상태였다. 이항복은 심희수가 죄를 입어 고신(告身)을 빼앗겼다는 말을 듣고 "이제 급제자가 하나 늘었구먼" 하고 우스갯소리를 하였다. 해학을 좋아하던 이항복이 거꾸로 말한 것이다.

불암폭포 이항복은 불암산 중턱에 있는 이 폭포 곁의 바위에 앉아 하루를 보내곤 하였다.

이처럼 이항복은 산과 개울에서 소요하며 노새 한 마리에 동자 한 명만 데리고 근교의 아름다운 산수를 찾아다녔다. 사람들이 그를 보고 사냥꾼이나 농부로 여겼을 정도였다. 그러나 이항복은 이곳에서의 삶에 만족하였다. 어느 날 고용후(高用厚)가 그 부친 고경명(高敬命)의 문집『태헌집(苔軒集)』을 들고 와서 서문을 청하였다. 이항복은 그 마지막 부분에서 다음과 같이 말하였다.

나는 죄를 짓고 버려진 몸으로 노원에 은거하고 있다. 삼각산과 도봉산이 앞쪽과 왼쪽에 병풍처럼 둘러 있고 불암산과 수락산이 오른쪽과 뒤쪽에 늘어서 있다. 그 한가운데 반암(盤巖)이 있어 물이 졸졸 흐른다. 매번 바람이 고요하고 비가 개면 각건(角巾)을 쓰고 바위에 걸터앉아 맑은 물 푸른 산을 눈과 귀로 즐긴다. 마치 조물주와 함께 광대한 들판에서 놀이를 하는 것 같다.

이항복,「태헌집의 서문(苔軒集序)」,『백사집』

이항복이 가장 좋아하던 곳은 오늘날 빙벽등반 코스로 애호되는 불암산의 불암폭포였다. 증손 이세구(李世龜)는 어릴 적 부친과 함께 이항복을 모시던 한정국(韓正國)이라는 팔십 노인의 증언을 다음과 같이 적었다.

손수 오이를 심어 넝쿨이 울타리에 가득하였다. 아침저녁 지팡이를 짚고 오이를 세었다. 거처 동쪽 1리쯤 떨어진 곳에 불암폭포가 있는데 사시사철 가서 폭포를 마주한 바위에 앉아 바라보며 하루를 보내고 저녁이 되어서야 돌아오셨다. 거꾸로 쏟아지는 폭포가 오색찬란하여 마치 용이 떼지어 뛰어오르는 형상이었다. 겨울이면 폭포에 얼음이 얼어 여러 아이들이 지팡이를 가지고 가서 두드리면 종소리처럼 울렸다. 문득 빙그레 웃고 담담하게 돌아갈 것도 잊으셨다.

이세구,「선조의 일을 들어서 적다(述先記聞)」,『양와집(養窩集)』

그러나 벼슬자리에서 내쫓긴 상태에서의 평화이기에 마음이 진정으로 편안하였을 리는 없다. 1613년 평생의 동지 이덕형이 옥사에 연루되어 죽었다. 이 무렵 이항복의 처지를 가장 잘 이해해 주던 이원익(李元翼)도 1615년 홍천(洪川)으로 유배되었다. 이항복은 답답한 마음에 1615년 춘천의 청평산(淸平山)을 유람하였다. 노새를 타고 가 농부들과 어울려 놀았기 때문에 사람들은 그가 고관대작을 지낸 줄 알지 못하였다. 춘천으로 들어가서 촌가에서 하루를 묵고 초연대(超然臺)를 거쳐 청평사(淸平寺)로 들어갔다. 이때 춘천의 세 선비가 와서 함께 노닐었는데 이항복은 그곳이 마음에 들어 집을 얻어 여생을 보내고 싶다는 생각이 들었다. 이항복은 봉황대(鳳凰臺)도 둘러보고 오는 길에 용문산(龍門山)에 들렀다가 노원의 촌사로 돌아왔다.

산수 유람에 흥을 붙인 이항복은 인근의 풍광 좋은 곳을 찾아다녔다. 운악산(雲岳山)의 현등사(懸燈寺)와 가평의 호암동(虎巖洞)을 찾아 시를 지은 것도 이때의 일이다. 또 가을에는 도봉서원 일대를 유람하였다. 이정구의 「유도봉서원기(遊道峯書院記)」에 따르면 광해군 7년

(1615) 가을 노원에 우거하던 이항복이 이정구와 그 아들 이명한(李明漢)과 함께 도봉산과 수락산을 유람하였다고 한다. 한밤에 술을 마시다가 자는 이정구를 깨워서 달구경을 하면서 그 아들 이명한을 불러 노래를 부르게 하는 풍류가 있었다. 그러나 죽은 벗 이덕형을 생각하고 그와 함께할 수 없는 것을 안타까워하였다.

아름다운 산수를 찾아다닌 이유는 답답함을 풀기 위함이지만, 도성에서 더욱 멀리 떠나고 싶은 마음이 있었기 때문이기도 하다. 이에 이항복은 망우리(忘憂里) 근처 한강의 지류인 무임강(無任江) 너머로 집을 옮겼다. 노원의 집이 너무 초라하였기 때문이다. 집을 옮기고 보니 들이 넓고 강이 맑아 아름다웠지만 강이 나지막하여 집에서 강이 보이지 않았다. 이를 두고 이항복은 다음과 같이 시를 지었다. 해학을 즐긴 그였기에, 이러한 상황을 두고 서시(西施)를 푸른 휘장 속에 숨겨놓은 꼴이라 하였다.

예쁘고 맑은 강이 파랗게 가려져 보이지 않으니
어찌 보이는 곳의 기이함이 숨겨진 것만 하겠는가?
세상의 빼어난 경관 어느 것이 이와 같겠나
푸른 휘장 속에 서시가 숨은 꼴이라네.
澄江媚嫵青蕪隔　見處何如隱處奇
形勝世間誰得似　綠蘿帷帳匿西施
이항복, 「무임강 위에 집을 지었는데 들판이 넓고 강이 낮아 사는 곳에서 물이 보이지 않아 장난삼아 짓는다(卜築無任江上野闊江低居不見水戲題)」, 『백사집』

이덕형이 죽고 이원익도 귀양가는 슬픈 일이 겹치는 가운데 이해 가을 장남 성남(星男)이 역옥(逆獄)에 걸려들어 체포되는 불행까지 겹쳤다. 옥사가 일어나자 이항복은 자신도 살아남지 못할 것이라 여겨 동대문 밖에서 19일 동안 하명을 기다렸다. 뇌물을 써서 구원하자고 청한 사람이 있었으나 이항복은 단호히 거절하였다. 얼마 후 다행히 아들이 석방되어 집으로 돌아왔다.

광해군 8년(1616) 이항복은 다시 이사를 하였다. 망우리에 동강정사(東岡精舍)를 세우고 호를 동강노인(東岡老人)이라 하였다. 훗날 증손 이세구가 동강정사를 그림으로 그려 정사는 사라지더라도 그 땅과 모습이 영원히 전해지도록 하였다. 그 발문에 따르면 유영순(柳永詢)의 밭을 구입하여 정사를 세웠으며, 동강은 정사 앞쪽의 높다란 봉우리를 가리키는 것이라 하였다. 그리고 동강정사의 모습을 글로 자세하게 기록하였다.

동강정사는 우리 증조부 백사 문충공께서 교외에서 사실 때 지은 작은 집이다. 망우리 고개 한 자락이 날듯 춤추며 남으로 무임강을 향하여 5리 가다가 두 개의 못이 보이는 곳에서 지세가 끝이 난다. 정사는 그 위 북쪽에 걸터앉아 남향으로 되어 있다. 북쪽에서 서쪽으로 꺾어쳐 다섯 칸인데 남으로 기둥 넷을 물려 대었다. 가장 북쪽이 부엌이고 조금 남쪽이 방이다. 두 칸을 터서 정관재(靜觀齋)라 편액하였다. 서쪽으로 꺾어진 곳에 마루를 두었는데 동강정사라고 편액하였다. 그 서쪽은 이백당(夷白堂)이다. 땅 한 모퉁이가 이백당 서쪽으로 나와 있는데 기둥 셋을 두어 청아재(菁莪齋)라 하였다. 정사 동쪽에 다시 안채 일곱 칸을 지었다. 그 서남쪽에 샘이 있는데 물맛이 달다. 남쪽에서 아래로 두 못이 바라다보인다. 이것이 정사의 대략이다.

이세구, 「동강정사도발(東岡精舍圖跋)」, 『양와집』

이항복은 동강정사를 완성하고, 한편으로 기뻐하고 한편으로 자신의 처량한 신세를 돌아보며 이렇게 노래하였다.

> 일찍 나그네 되어 속세에 떨어졌으니
> 인간세상 온갖 인연 다 겪어보았노라.
> 허연 머리에 강가에 와서 누우니
> 하늘의 바람과 달이 끝없이 넓구나.
> 早年爲客落塵烟　弄盡人間萬劫緣
> 頭白歸來江上臥　一天風月浩無邊

이항복, 「동강의 집이 이루어져 기뻐서 시를 쓰다(東岡屋成喜題)」, 『백사집』

이항복은 이해 동강정사에서 참으로 한적하게 살았다. 중양절에는 도봉서원을 찾아 노닐었다. 술도 없고 벗도 없었다. 행랑에는 말린 밤과 뻣뻣한 차만 있었다. 밤을 씹고 차를 달여 주린 배를 채우노라니 더욱 처연한 마음에 빠지기도 하였다. 이 시기 그의 심회는 다음 작품에도 잘 드러난다.

거문고 하나

책 한 시가.

산은 비고 골짜기는 고요한데

숨고 도망하여 살 곳이라네.

선뜻 가을바람이 나무 끝에 불어오고

가랑비가 은자의 옷을 적시는구나.

잠에 들어 꿈속에서 요순시절을 만나니

주렴에 해가 길고 꾀꼬리 어지러이 나네.

一張琴 一架書

山空谷靜 隱端逃虛

微凉生樹梢 細雨濕苔衣

欹眠夢入陶唐際 簾角日長鸎亂飛

이항복, 「장난으로 삼오칠언을 쓰다(戲作三五七言)」, 『백사집』

이 무렵 이항복의 집은 몹시 곤궁하여 끼니를 잇기도 어려웠다. 하루는 이항복이 아들 혼사 문제로 도성에 들어가려다 준비가 어느 정도 되었는지 물었다. 이항복의 첩은 집에 벽만 덩그렇고 아무것도 없으니 어찌할 도리가 없다 하였다. 난감한 차에 문생이 자기 집에 가서 쌀 여덟 말을 지고 왔다. 이항복은 여덟 말의 쌀로 혼사를 치르게 된 처지가 안타까웠다. 돈을 꾸러 다니다 남 보기 창피하여 어두워져서야 집으로 돌아오지만, 몇 푼 되지 않는 돈은 간데없이 사라지곤 하였다. 이듬해 혼사에서 며느리에게 면포 두 상자를 폐백으로 주니 며느리 집에서 폐백이 박하다고 탓하였다. 영의정을 지냈음에도 형편이 이러하였으니, 그의 인품을 가히 짐작할 수 있다.

이항복과 뜻을 같이하는 이들도 곤란하기는 매한가지였다. 정경세 (鄭經世)는 1년을 감옥에 있다가 1615년 석방되어 가족을 이끌고 상주로 내려가 버렸다. 1617년에는 벗들이 다시 먼 곳으로 유배되었다. 신흠은 춘천으로, 한준겸은 충원(忠原)으로 부처(付處)되었으며, 박동량 (朴東亮)은 아산(牙山)에 부처되었다. 남은 사람은 이정구 하나였다. 이정구 역시 이항복과 뜻을 함께하여 파직되어 있었다. 이정구는 아들 이명한과 함께 술병을 들고 이항복을 찾아가곤 하였다. 서로 언약하여 생사를 함께하자는 격정을 보이기도 하였다. 그러는 사이 이항복의 나이는 환갑을 넘겼다. 기력이 쇠하고 중풍까지 맞아 말이 자유롭지 않게 되었다.

유배지에서의 최후

1617년 겨울 드디어 인목대비가 서궁(西宮)으로 강호(降號)되었다. 이항복은 침식을 끊고 있다가 병석에서 일어나 폐비의 부당성을 논하는 글을 올렸다. 그 전해에 어떤 손님이 와서 대궐에 올릴 소장을 보여달라 하자 이항복은 벼슬에 있지 않은 사람이 간여할 일이 아니라 물리친 일이 있으니 이미 예견된 일이라 하겠다. 사람들은 그가 결단을 내릴 것이라 짐작하였다.

이항복은 삼사(三司)의 탄핵을 받았다. 절도에 위리안치하자는 의견과 극형에 처하자는 의견이 거듭 올라갔지만 광해군은 세자 시절의

정분을 생각하여 창성(昌城)에 유배하도록 하였다. 섣달 22일 집을 나서 청파촌(靑坡村)에 이르러 왕명을 기다렸다. 혹독한 날씨에도 이항복은 스스로 뽑아 만든 『예기(禮記)』를 말 위에서 읽으면서 갔다. 저녁에 노비의 집에서 자는데도 단정히 앉아 『예기』를 읽었다. 이이첨(李爾瞻)과 허균(許筠)은 그를 더욱 먼 함경도 삼수(三水)로 유배 보낼 것을 주장하였다. 당시 삼수는 한번 가면 살아 돌아오는 이가 없었기에 귀문관(鬼門關)이라 불렀다. 광해군은 대신이 죄가 있다 하더라도 극변(極邊)에 둘 수는 없다고 여겨 북청(北靑)으로 보내기로 결정하였다.

광해군 10년(1618) 1월 9일 압거도사(押去都事) 이숭의(李崇義)의 호송 아래 이항복은 북청으로 출발하였다. 도성 남쪽으로 나와 산단(山壇)에 이르니 이호민 부자, 이유간(李惟侃), 한여징(韓汝澄) 등이 미리 와서 기다리고 있다가 전별연을 베풀어주었다. 이항복은 "구름과 해가 쓸쓸하니 낮에도 컴컴한데, 북풍이 불어와 나그네 옷을 찢는구나. 요동의 성곽은 예전과 같겠지만, 정령위가 돌아오지 못할까 겁이 나네(雲日蕭蕭晝晦微 北風吹裂遠征衣 遼東城郭應依舊 只恐令威去不歸)"라 답하였다. 정령위(丁靈衛)는 천 년 후에 학이 되어 고향으로 돌아왔지만, 자신은 그러지 못할 것이라 짐작한 것이다. 살아오기 힘들다 여겨 관을 비롯한 상구(喪具)를 갖추고, 자신이 죽거든 조복(朝服)을 입히지 말고 평상시 입던 심의(深衣)와 대대(大帶)로 염을 하도록 하였다.

북청으로 가는 유배길은 추위와 눈보라가 이어졌다. 폭설과 혹한 속에 수많은 고초를 겪었다. 철령을 넘을 때 "철령(鐵嶺) 높은 봉(峰)에 쉬어 넘는 저 구름아, 고신원루(孤臣冤淚)를 비 삼아 띠었다가 임 계신 구

중심처(九重深處)에 뿌려본들 어떠하리"라는 시조를 지었다. 훗날 이 시조는 「철령가(鐵嶺歌)」 혹은 「함관곡(咸關曲)」으로 일컬어지면서 북관(北關)의 기생들이 즐겨 부르는 노래가 되었으며 송시열(宋時烈), 남구만(南九萬) 등이 한시로 번역하여 사대부들 사이에도 널리 퍼졌다. 궁인(宮人)들에게까지 전파되어 광해군이 잔치자리에서 이 노래를 듣고 이항복이 지은 것임을 알게 되었다. 광해군은 눈물을 흘리며 잔치를 파하였지만 그렇다고 이항복을 유배에서 풀어주지는 않았다.

이항복은 2월 6일 북청에 도착하였다. 이항복이 북청에 이르자 인근의 관원들과 선비, 고을의 부로(父老)들이 다투어 찾아왔다. 이항복은 병마절도사(兵馬節度使)의 배려로 강윤박(姜胤朴)이라는 사람의 집에 거처하면서 찾아오는 손님을 만나는 일로 시간을 보내었다. 그러다가 2월 9일 강윤박의 집이 너무 좁아 그의 사위 집으로 옮겼다.

이곳에서도 찾아오는 손님들을 맞고 가끔은 시를 지으면서 소일하였다. 봄이 저물어가던 3월 28일에는 병마절도사가 이항복이 살던 집 서쪽에 있는 개울 곁에 물을 끌어들여 못을 만들고 그 곁에 초가정자를 지어 노닐거나 쉴 곳으로 삼게 하였다. 못에 물고기를 풀어놓아 이를 살피는 것도 소일거리 중의 하나였다. 중풍을 다시 맞을까 꺼려 거의 바깥출입을 하지 못하였다. 어쩌다 개울가에 나가면 중풍을 다시 맞았기 때문이다. 그저 이정구 등의 벗들이 보내주는 편지와 시를 읽고 답할 뿐이었다.

다만 관기(官妓) 경선(慶仙)이 자주 찾아와 이항복에게 큰 위안이 되었다. 북방에는 말타기 풍속이 있어 남녀가 모두 전립(氈笠)을 쓰고

필운대

이유원은 필운대가 이항복의 것임을 알리기 위해 "백사선생필운대"라 새기고 그 앞에

"우리 할아버지 사신 땅을 후손이 찾으니, 푸른 솔과 바위절벽이 백운 속에 깊구나. 백년 세월에

도 남긴 풍모는 다함이 없어, 노인들의 의관을 고금에 한가지라"라는 자신의 시도 함께 새겼다.

말을 달리는 것을 즐겼는데 경선 역시 말을 잘 달려 이항복에게 시범을 보이기도 하였다. 서천(瑞川)의 관기인 순진(舜眞)의 노래를 듣는 것도 즐거움 중의 하나였다. 이항복은 북청으로 오면서 겪은 세 가지 빼어난 일로, 철관(鐵關)에서 바다를 본 것과 경선이 말을 타는 것, 그리고 순진이 노래부르는 것을 꼽았다. 국화 모종을 가져와 정자 곁에 심고 또 작은 밭을 갈아 채소를 심어두어 이를 살피는 것도 소일거리의 하나였다.

이 무렵 이항복은 꿈에 선조(宣祖)를 만났다. 꿈속에서 선조는 광해군을 폐하고 이항복을 소환해야 한다고 하였다. 인조반정이 일어날 것과 그보다 앞서 이항복을 저승으로 데려갈 것이라는 조짐이었다. 이항복은 꿈에서 깨어나 곧 죽을 것임을 짐작하였다. 5월 11일 이항복은 병마절도사, 군수 등과 어울려 개울가의 정자에서 술자리를 갖다가 술을 몇 잔 마시고 혼절하였다. 며칠 혼수상태에 빠져 있다가 13일 새벽에 이승을 떠났다.

그가 죽자 서울과 지방에서 곡을 하러 온 이가 수천 명이었고 베가 수만 필이나 들어왔다. 제문을 지어 보낸 이도 끊이지 않았다. 그를 죽음으로 몰아넣은 광해군도 애석해하여 5월 18일, 대간들의 집요한 탄핵에도 불구하고 관작(官爵)을 회복시키고 예장(禮葬)을 하도록 하며 상구(喪柩)를 호송하도록 하는 은전을 베풀었다.

이항복이 죽은 후 끊임없이 큰비가 내렸다. 살아서 북청으로 갈 때에는 연일 눈이 와서 고생하였는데, 죽어 고향으로 돌아갈 때에는 비로 고생하였다. 비 때문에 상여가 떠나지 못하여 지체하다가 6월 17

일 출발하였다. 이르는 곳마다 수많은 인파가 몰려들었고 부고를 들은 지인들이 상여가 가는 길을 쫓아와 조문하였다. 7월 12일 고향인 포천으로 돌아왔다. 포천 산소로도 수많은 사람들이 찾아와 제문과 만시를 바쳤다.

이유원이 가꾼 이항복의 자취

이항복이 젊은 시절을 보낸 창동의 집은 임진왜란을 겪고도 온전하였다. 이항복이 이승을 떠난 후 인조가 그 덕을 기려 사당을 지어주었지만 규모는 비교적 작아 10칸 남짓에 마당도 협소하였다. 그러나 이 집에 이항복의 사손(祀孫)이 대대로 살았다. 7세손으로 좌의정을 지낸 이경일(李敬一, 1734~1820)까지는 그곳에서 거처하였다. 이 집에는 소나무 두 그루가 있었다. 이항복이 심은 것인데 훗날 사람들이 그곳에 정자를 짓고 이름을 쌍회정(雙檜亭)이라 하여, 그곳이 이항복이 살던 집임을 잊지 않게 하였다.

그러나 세월이 흘러 이 집은 다른 사람의 소유가 되었다. 순조 연간에 서염순(徐念淳)이 쌍회정을 고쳐 지으면서 부근에 단풍나무를 많이 심고 정자의 이름도 홍엽정(紅葉亭)으로 바꾸었다. 그로부터 얼마 지나지 않아 이항복의 후손인 이유원(李裕元, 1814~88)이 이를 안타깝게 여겨 집안사람들과 의논하여 먼저 정자를 사고 다시 그 집터를 구입하였다. 그리고 집을 번듯하게 꾸미기 시작하였다. 사우(祠宇)를 거창하게 짓고 단청도 예전처럼 찬란하게 하였다. 이유원이 이 집을 중건할 때 외당(外堂)은 이미 사라졌는데, 고로(古老)들의 증언에 따르면 이항복이 살던 집은 방 두 칸에 흙마루 한 칸뿐이었다 한다. 이에 이유원은 마당의 잡초를 제거하고 지붕을 새로 이었다. 이유원은 「백사선생구제중수기(白沙先生舊第重修記)」를 지어 그 경과를 밝혔다. 오늘날 중구 남창동 202번지에는 귤산(橘山)이라 새긴 바위글씨가 있는데 바로 이유원의 호다. 이유원이 이항복이 살던 집임을 밝히는 한편 자신의 소유임을 밝힌 것이다.

이와 함께 이유원은 젊은 시절 이항복이 꿈에 양벽정을 찾아갔던 일을 기려 한강에 천일정(天一亭)을 지었다. 이유원은 한강의 압구정을 찾아가다가 강을 건너기 전에 우단(雩壇)의 미보촌(尾保村, 남산의 한 줄기인 응봉 아래의 마을)에 조그마한 집이 있는 것을 보았다. 이유원은 도성 안에 가지고 있던 집을 대신 주고 그 집을 구입하여 수리해서 정자처럼 만들었다. 그리고 그 이름을 천일정이라 하였다. 하늘이 오행의 으뜸인 물을 낳는다는 『주역』의 뜻을 취한 것이다. 원래 이곳에는 조천정(朝天亭)이라는 정자가 있었는데 그 터에 정자를 만들었기에 한 글자만 바꾼 것이기도 하다.

이유원이 이 정자를 세운 이유는 단지 주변의 경치가 빼어났기 때문만은 아니었다. 그곳은 이항복이 꿈속에서 노닐었고 20년 후 집을 정해 살기까지 한 곳이었다. 게다가 1609년 중국 사신 웅극(熊極)을 접대할 때 이곳에서 배를 띄우고 시를 지은 일도 있었다. 그래서 1845년에 후손들이 이곳을 유적지로 조성하고자 하였다. 이는 이유원 부친의 평생 소원이기도 하였는데, 이유원이 그 뜻을 이어 이항복의 옛집을 사서 복원하고, 양벽정 역시 복원하고자 한 것이다. 「종계서(宗

契序)」에 따르면, 이유원은 1861년 종중의 동의를 얻어 이곳에 이항복의 사판(祠版)을 걸고 천일정의 동쪽 건물에 영정을 봉안하였다. 이항복의 「양벽정제명기」와 「양벽정팔경시」도 함께 걸었다. 그리고 그 관리는 종손인 이유헌(李裕憲)에게 맡겼다. 이유원이 「천일정기」를 지었으니, 이 글 역시 천일정의 서까래 아래 걸어두었을 것이다.

이유원은 필운대가 이항복의 것임을 명백히 하는 노력도 기울였다. 이항복은 혼인한 이래 필운대 아래에서 살았고, 전란이 끝난 후 계축옥사가 일어날 때까지도 그곳에서 살았다. 이 때문에 중년까지 필운이라는 호를 썼다. 신흠(申欽)과 장유(張維)가 필운대에 사는 그에게 시를 보낸 것으로 보아, 이항복 역시 필운대의 아름다움을 시로 적었을 것이지만, 이항복이 필운대를 노래한 시는 현재 한 편도 보이지 않는다. 아름다운 땅도 글이 있어야 주인임을 증명할 수 있다. 증명할 글이 없었기에 이유원은 자신이 글을 지어, 지금까지 전해지는 '필운대(弼雲臺)' 바위글씨가 이항복의 것임을 밝히고 필운대의 주인이 이항복임을 분명히 하였다.

내가 젊을 때 필운산의 고적을 찾아다니다가 선생이 필운대라 쓴 세 글자를 보았다. 필운대라는 명칭이 여기에서 비롯되었다. 필운대 아래 작은 터가 있는데 선생이 예전에 살던 곳이라 한다. 이제 300년이 되어 사람들이 모여 살아 마을을 이루어 많게는 수백 호가 되었다. 의기를 중시하고 신의를 숭상하며 노소를 분별하고 양보를 좋아한다. 내가 때때로 술병을 들고 산에 올라 시를 읊조리니, 비록

시끄러운 시정 안이지만 그 사람을 보는 듯하고 그 말씀을 듣는 듯
하다. 그 아래 사는 사람들이야 물어보지 않아도 마찬가지일 것이
다. 쩨쩨한 무리들이야 감히 이와 견주어볼 수 없을 것이다.

이유원, 「필운대계권서(弼雲臺稧券序)」, 『가오고략(嘉梧藁略)』

고종 10년(1873) 필운동 사람들은 계를 만들었다. 그리고 이항복의
후손이라 하여 이유원을 동장(洞長)으로 위촉하였다. 영의정의 지위
에 있던 이유원이 필운동장을 겸한 것이다.

18세기 이래 필운대는 서울의 대표적인 공원이었다. 『한경지략(漢
京識略)』에 따르면 필운대 주변의 인가에서 꽃나무를 많이 심어 서울
사람들이 봄날 꽃구경을 할 때 이곳을 최고로 꼽았다고 한다. 그러나
오늘날 필운대는 봄이 되어도 꽃이 피지 않는다. 그토록 높게 여겨졌
던 필운대 절벽 위를 잘라 길을 내었고, 우중충한 학교 건물이 그 앞
을 막아버렸다. 선조의 자취를 복원한 이유원의 노력도 근대화에 묻
혔다. 이항복이 나고 자란 남창동의 집도 사라져 버렸다. 한강가의 천
일정은 이유원이 죽은 후 민영휘(閔泳徽)의 소유로 넘어가 버렸다. 한
때 옹방강(翁方綱)의 아들 옹동화(翁同龢)가 쓴 천일정(天一亭) 현판과
김정희(金正喜)가 쓴 청원당(淸遠堂)이 높이 걸려 있었다고 하니 그나
마 영광이라 하겠지만 근세의 난리통에 어렵게 복원된 천일정도 사라
져 버렸다.

그러나 이항복이 꿈속에서 산수를 즐겼듯이, 지금은 사라진 곳도
글을 읽고 꿈을 꿀 수 있다. 이유원은 이항복처럼 꿈속의 정원을 경영

하고 이를 「의원도제어(意園圖題語)」로 남겼다. 의원(意園)은 상상 속의 정원이다. 1843년 이유원은 상상 속의 정원을 그림으로 그려두고 벗들에게 그렇게 살겠노라 자랑하였는데, 천일정에서의 삶을 구상한 것이기도 하다. 이항복이 꿈에서 양벽정에 노닐고 오음별서에서 노닌 것처럼, 이유원 역시 꿈속의 유람을 해본 것이다. 우리도 그렇게 할 수 있다. 🗐

장동김씨의 터전
인왕산 청풍계와 김상용

샘물은 계단 아래로 옥소리를 울리고

연꽃은 베갯머리에 향기를 보내주네

태고정의 옛모습 개울가에 초가로 인 태고정이 보인다. 산이 고요하여
태곳적 같다는 뜻을 취한 것이다. 『청풍계첩』에 실려 있다.

청풍계의 주인 김상용

인왕산에는 아름다운 골짜기가 여럿 있었다. 백운동(白雲洞), 인왕동(仁王洞), 옥류동(玉流洞) 등이 그것이다. 인왕산 중앙부의 계곡이 인왕동인데 그 하류가 옥류동이고, 필운대(弼運臺)가 그 왼편에 있다. 인왕산과 백악이 만나는 백운동 아래쪽으로 흘러내리는 개울이 청풍계(青楓溪)다. 지금은 개울의 자취를 찾기 어렵지만 불과 100여 년 전만 하더라도 심심산골이었다. 그곳에 지금으로부터 400여 년 전 김상용(金尚容, 1561~1637)의 집이 있었다. 그의 종증조 김영(金瑛)이 안동에서 올라와 이곳에서 살다가 김상용에게 물려준 것이다.

청풍계는 풍계(楓溪)라고도 하였는데, 푸른 단풍이 있는 개울이라는 뜻이지만 그 의미가 불분명하여 청풍계(清風溪)로 적은 데도 많다. 청풍계가 김영의 소유였을 때 이미 이곳은 도성 인근의 유상지(遊償地)로 널리 알려져 있었다. 임억령(林億齡), 박순(朴淳), 이이(李珥), 이호민(李好閔) 등 조선 중기의 대표적인 문인들이 이곳에서 지은 시가 전한다. 그러나 김상용 등 이른바 장동김씨(壯洞金氏)가 이곳에 살게 되면서 더욱 명성을 얻게 된다. 장동은 곧 장의동(蔣義洞, 狀義洞으로도 적는다)으로 인왕산과 경복궁 사이의 마을이다. 이곳에 안동김씨가 집단으로 거주하여, 장동김씨라는 이름이 붙었다.

김상용이 청풍계에 전장을 꾸민 것은 48세 되던 선조 41년(1608) 가을이었다. 김상용은 못과 대(臺), 바위와 골짜기에 일일이 이름을 붙이고, 황정견(黄庭堅)의 "조정에 설 때 뜻은 동산에 있고, 패옥을 찰 때 마음은 고목과 같다(立朝意在東山 佩玉心如枯木)"는 구절을 취하여 벽에다 써붙여 이은(吏隱)의 삶을 자처하였다. 이때부터 강화도 선원(仙源)에 살 때 쓰던 선원이라는 호 대신 풍계(楓溪) 혹은 계옹(溪翁)이라 하였다.

　김상용은 이곳에서의 12달을 월령시「산속 집의 매달 그윽한 흥취(山居逐月幽興十二首)」로 노래하였다. 1월이면 눈 속에 싹을 틔운 여린 쑥을 캐서 국을 끓여 납주(臘酒)를 마시고(陽坡煮艾), 2월에는 세 개의 못으로 샘물을 끌어와 봄물이 흐르게 하고 어린 물고기가 노니는 모습을 보았으며(前池引泉), 3월이면 산에 꽃이 피고 소쩍새 울 때 지팡이를 짚고 벌을 따라 산골짜기를 오갔다(洞裏尋花). 4월에는 몸소 삽을 메고 나가 비를 맞으며 시냇가 밭에 약초를 심었으며(溪田種藥), 5월에는 정원에 시원한 대나무를 가꾸어 그 그늘에서 잠을 자는 여유를 누렸다(深院養竹). 6월이 되면 으슥한 골짜기에 눈처럼 떨어지는 샘물 아래에서 나신으로 더위를 식히고(幽澗濯熱), 7월에는 못 가득 핀 붉은 연꽃을 즐겼으며(虛亭賞蓮), 8월에는 후원에 붉게 떨어진 밤을 주웠다(後園拾栗). 9월이면 도연명(陶淵明)을 흉내내어 국화를 술에 띄워 호탕하게 노래를 불렀다(採菊泛酒). 10월에는 무릎이 잠길 만큼 떨어진 낙엽을 주워 온돌을 데우게 하였고(掃葉煖突), 11월에는 아이가 눈 속에서 샘물을 길어오면 돌솥에 물을 끓여 차를 마셨으며(雪水煎茶), 12월에는 눈 그친 맑은 날 눈으로 하얗게 덮인 나무를 보면서 처마 앞에서 햇볕을 쬐었다(晴簷炙背). 이 시에 벗 이준(李埈)이 화답하여「청풍계십이절(淸風溪十二絶)」(『蒼石集』)을 지어 그 뜻에 화답하였다.

김양근이 전하는 청풍계의 모습

청풍계의 모습은 그의 족손 김양근(金養根)의 「풍계집승기(楓溪集勝記)」(『東埜集』)에 자세하다. 김양근은 김제순(金濟淳)의 아들이지만 김우순(金宇淳)의 후사로 들어갔다. 1790년 족숙인 김도순(金道淳)이 김양근에게 청풍계의 승경지 중에 일컬을 만한 곳을 일러주어 이 자료를 남기게 되었다. 당시 청풍계에 대한 자세한 기록은 두 종의 문서로 전해진 듯하다. 하나는 김상용의 수택본이고, 다른 하나는 김수증의 친필본이었다. 특히 김수증의 친필본이 주해가 상세하였으나, 당색이 다른 소론가에 전해지다가 김양근 당대에 안동김씨 집안에서 되찾아오게 되었고, 김양근이 이를 바탕으로 청풍계의 여러 모습을 자세하게 적었다.

백악산이 청풍계 북쪽에 웅장하게 솟아 있고 인왕산이 그 서쪽을 에워싸고 있는데, 개울 하나가 우레처럼 흘러내리고 세 곳의 못이 거울처럼 펼쳐져 있다. 서남쪽 여러 봉우리의 숲과 골짜기는 더욱 아름답다. 시내와 산의 빼어남이 도성 안에서 최고이다. 반룡강(蟠龍崗)은 혹 와룡강(臥龍崗)이라고도 하는데, 바로 집 뒤쪽의 주산이다. 그 앞은 창옥봉(蒼玉峰)이다. 창옥봉 서쪽으로 10보쯤 떨어진 곳에 작은 정자가 우뚝 솟아 시내에 임해 있다. 짚으로 이었는데 한 칸은 넘고 두 칸은 되지 않는다. 수십 명이 앉을 수 있는데 바로 태고정(太古亭)이다. 오른쪽으로 청계(淸溪)를 끼고 왼쪽으로 화악(華嶽)을 당기고 있다. 당경(唐庚)의 "산이 고요하여 태고와 같다(山靜

似太古)"는 구절에서 취하여 이름을 붙였다. 오래된 삼나무 몇 그루가 있는데 벽송(碧松) 천 그루가 앞뒤로 울창하다.

정자를 따라 좌우에 못이 셋 있는데 모두 돌을 다듬어 네모나게 쌓았다. 정자 북쪽으로부터 구멍을 뚫어 개울물을 끌어들여 바위 아래로 흐르게 하였다. 못 하나가 다 차고 나면 두번째 못이 차고, 두번째 못이 차고 나면 세번째 못이 차게 된다. 제일 위의 것을 조심당(照心塘)이라 하고 가운데 것을 함벽당(涵碧塘)이라 하며 제일 아래의 것을 척금당(滌襟塘)이라 한다. 우리 낙재(樂齋, 김영) 할아버지의 또 다른 호 삼당(三塘)이 여기에서 취한 것이다.

함벽당 왼편에 큰 바위가 있어 평평하고 바른데 그 두께가 가지런하고 길쭉하여 마치 갈아놓은 베자리와 같다. 앉아서 거문고를 탈 수 있기에 처음에는 탄금석(彈琴石)이라 하였다. 듣자니 충주의 탄금대에서 조운선을 따라 온 것이라 하여 이름붙였다 하는데 역시 근거가 있다.

김양근, 「풍계집승기」, 『동야집(東埜集)』

청풍계에 있던 김상용의 집에서 가장 이름을 드날린 것은 태고정(太古亭)과 삼당(三塘)이다. 태고정은 김상용이 청풍계에 살기 전부터 있었다. 창덕궁 곁에 침류대를 경영하였던 유희경(劉希慶)의 「태고정(太古亭)」이 임진왜란을 전후한 시기에 제작된 바 있다. 하지만 태고정은 김상용이 살면서 더욱 빛을 발하였다. 김상용은 청풍계의 별서를 지은 지 3년 뒤인 1611년 태고정에서 다음과 같이 시를 지었다.

빽빽한 숲에 짙은 그늘 고요한데

정자는 텅 비어 작은 대자리가 서늘하다.

샘물은 계단 아래로 옥소리를 울리고

연꽃은 베갯머리에 향기를 보내주네.

손은 게을러 시집을 던져버렸는데

정신은 혼몽하여 낮잠에 빠져드네.

산중의 한가한 맛을

이제야 나 홀로 즐기게 되었네.

樹密濃陰靜　亭虛小簟凉

泉鳴階下玦　荷送枕邊香

手懶抛詩卷　神昏入睡鄕

山中閑意味　偏覺此時長

김상용, 「태고정에서(太古亭卽事)」, 『선원유고(仙源遺稿)』

태고정에 오르면 옥처럼 맑은 물소리를 들을 수 있었다. 여름이면 세 곳의 연못에 심어둔 연꽃 향기가 태고정에 누운 사람의 코에 물씬 풍겼으리라. 무더운 여름이라면 이곳에서 수염을 꼬며 시를 짓기보다 낮잠을 자는 것이 오히려 나았을 것이다.

태고정 왼편에는 청풍지각(靑楓池閣)이 있었다. 원래 청풍계는 김상용의 종증조인 김영의 소유였으나, 그 아들 김기보(金箕報)가 경상도 풍산(豊山)으로 이주하면서 김상용에게 넘기고 기념으로 이 건물을 꾸며주었다. 한호(韓濩)가 '청풍지각(靑楓池閣)'이라 쓴 현판을 걸고,

대들보에는 선조(宣祖)의 어필인 '청풍계(靑楓溪)'라는 글씨를 붉고 푸른 비단에 싸서 걸어두었다. 한호의 몰년(沒年)을 고려한다면, 김상용이 청풍계의 주인이 되기 전에 명필 한석봉의 글씨와 그에 못지않은 선조의 뛰어난 어필이 이미 청풍지각에 있었던 것으로 보인다.

청풍지각 동쪽에는 "동헌 아래에서 호방하게 노래하여, 문득 다시 내 인생을 찾았네(嘯傲東軒下 聊復得此生)"라는 도연명의 시구에서 뜻을 취한 소오헌(嘯傲軒)이 있었다. 소현세자(昭顯世子)가 젊은 시절 청풍지각으로 유람을 와 노닐다가 "창에 임하니 벼랑의 개울물 소리 들리는데, 객이 이르니 외로운 봉우리가 구름을 쓸고 있네(窓臨絶礀聞流水 客到孤峰掃白雲)"라는 시를 지은 적이 있는데, 김상용은 이를 소오헌 남쪽 창가에 걸어두었다.

그 동쪽에 와유암(臥遊庵)이 있었다. 종병(宗炳)의 "누워서 명산을 노닌다(臥遊名山)"는 말에서 따온 것으로, 이곳에서는 아름다운 경치를 베갯머리에서 다 볼 수 있었다. 김상용은 명화와 고적을 좋아하여 이곳에 진설해 놓고 즐겼다. 뜰 남쪽에는 수백 길 높이의 수백 년 된 회목(檜木)이 서 있었고, 서쪽 축대 위에는 두 그루 노송이 시원한 그늘을 만들었다. 소나무와 달이 잘 어울리기에 송월단(松月壇)이라 이름하였다. 청풍지각 북쪽에는 창옥봉(蒼玉峯)이라 부르는 석벽이 병풍처럼 둘러싸고, 세 그루 소나무가 일산처럼 서 있었다. 그림병풍처럼 아름다웠기에 화병암(畫屛巖)이라고도 하였다.

청풍계에는 아름다운 자연경관을 자랑하는 대(臺)가 많았다. 태고정 서쪽에는 회심대(會心臺)가 있었다. 회심대 좌우에는 좁은 돌길이 있었는데 조진등(朝眞磴)이라 하였다. '조진'은 하늘나라에 오른다는 말이니, 이 돌길에 서면 하늘로 올라갈 듯하였던 모양이다. 회심대 위쪽에는 천유대(天遊臺)가 있었다. 천유대는 빙허대(憑虛臺)라고도 하였는데, 푸른 절벽이 허공에 우뚝 솟아 절로 대를 이루었기 때문이다. 조진등에서 천유대를 지나면 신선이 되어 하늘에 오를 수 있었으리라. 어느 때부턴가 "대명일월백세청풍(大明日月百世淸風)"이라는 여덟 글자가 새겨졌기에 청풍대(淸風臺)라는 이름도 얻었다. 김상용과 김상헌의 맑은 바람 같은 충절이 영원하리라는 뜻이다.

천유대 위에는 진의암(振衣巖) 혹은 진의강(振衣岡)이라 불리는 나지막한 언덕이 있었다. 진의는 세속의 찌든 먼지를 떤다는 뜻이다. 또 천유대와 조진등 서쪽에는 세이암(洗耳巖)이 있었고, 그 위쪽에 수옥암(漱玉巖)이 있었다. 세이암은 2층의 폭포가 떨어져 바위가 세숫대야처럼 오목하게 되었기에 붙인 이름이지만, '세이'라는 말이 벼슬하라는 말을 듣고 귀를 씻었다는 허유(許由)의 고사에서 유래된 것이니 세속과의 절연을 강조한 것이기도 하다. 수옥암은 옥처럼 아름다운 물소리가 나는 바위라는 뜻이다. 세이암 아래의 물길은 진로폭포(振鷺瀑布)에서 합쳐지는데 바로 태고정 남쪽이다. 여름이면 거센 물길이 바위를 치고 겨울이면 얼음과 눈이 매달려, 그 모습이 마치 흰 해오라기가 뛰어오르는 듯하였다. 이 일대를 미화동(迷花洞)이라 불렀다. 미화동은 봄이 되면 두견새가 산언덕에 가득하여 사람의 영혼을 어지럽게 하고 눈을 어쩔하게 하였다. 오솔길이 두 벼랑 사이에 석문처럼 트여 있는데, 그 위의 큰 너럭바위를 관운대(管雲臺), 곧 구름을 관리하는 대라 하였다. 이곳에서는 백악산과 삼각산의 여러 봉우리가 눈앞에 펼쳐졌다.

관운대 서쪽에 달을 보내는 송월령(送月嶺)이 있고, 작은 고개를 넘으면 마음을 씻는 세심대(洗心臺)가 나왔다. 관운대 석문 곁에 서소대(舒嘯臺)가 있는데 도연명이 「귀거래사」에서 "동녘에 올라 가슴 펴고 휘파람 분다(登東皐而舒嘯)"라 하였으니 그 풍류를 딴 것이다. 서소대는 봄이면 산살구 천여 그루가 성대히 피어나 마치 눈같이 흰 장막을 펼쳐놓은 듯 아름다웠으니 절로 시흥이 일었을 것이다. 서소대 아래가 명옥간(鳴玉磵)인데, 곧 태고정 남쪽 담장 너머다. 유선동, 청령동, 청하동, 미화동 등 네 골짜기의 물이 이곳에서 모이므로 청류단(淸流湍)이라고도 하였다. 태고정 남쪽으로 마주 보이는 낮은 언덕은 만송강(萬松岡)인데, 김상용이 만 그루 소나무를 심은 곳이다.

세이암과 진로폭포에서 개울을 따라 북으로 올라가면 난가곡(爛柯谷)이 나온다. 진(晉)나라 왕질(王質)이라는 나무꾼이 신안(信安)의 석실산(石室山)에서 신선들이 바둑을 두는 것을 보다가 도끼자루 썩는 줄 몰랐다는 고사가 있으니, 난가곡은 신선의 땅인 셈이다. 난가곡 입구에 옥류암(玉流巖)이 있는데 수옥암이라고도 하였다. 바위가 평평하게 펼쳐져 있고 맑은 샘물이 흘러내렸다. 그 가운데에 옥을 깎아놓은 듯한 날카로운 바위 옥잠봉(玉簪峰)이 있었다. 시냇가에는 바위를 깎아 계단을 만들었고, 그 위에 석단(石壇)이 있어 배성단(拜星壇)이라 하였다. 그 왼편의 불당(佛堂) 터에 고요하고 조촐한 원심암(遠心庵)이 자리잡고 있었다. 그 뒤 1790년경 안동김씨 집안의 김도순(金道淳)이

김이희(金履禧)의 도움을 받아 원심암을 중수하고 황운조(黃運祚)의 초서를 받아 편액을 달았다.

인왕산 동편 자락에는 아름다운 봉우리와 계곡이 많았다. 인왕산에는 세 개의 큰 봉우리가 있었으니 낙월봉(落月峰), 벽련봉(碧蓮峰), 주홀봉(柱笏峰)이 그것이다. 제일 높은 낙월봉은 봄가을에 정확히 봉우리 정상에서 달이 진다 하여 이 이름을 붙였다. 낙월봉 왼편에는 백설령(白雪嶺)이 있고 그 아래 성재정(聖齋井)이 있었다. 성재정은 18세기 칠성암(七星巖)으로 불리며 사녀(士女)의 기도처가 되었다. 낙월봉 아래의 계곡은 선유동(遊仙洞)이라 하였다.

선유동 북쪽이 청하동(靑霞洞)이다. 청하동에는 나무꾼이 다니는 오솔길이 있었는데, 맑은 물이 옥을 토하는 듯하여 오뉴월에도 한기를 느낄 정도였다. 청하동에 있는 병취암(翠屏巖)은 붉은 벼랑과 푸른 석벽이 마치 비단병풍을 펼쳐놓은 듯하였다. 또 청하동 북쪽에 우화대(羽化臺)가 있었다. 우화대 아래위에 소나무 두세 그루가 있는데 탁 트이고 시원하기에, 그 위에 잠시 앉았노라면 표표히 백일승천(白日昇天)할 생각이 들 정도였다. 이곳에는 망귀협(忘歸峽)이라 하는 협곡이 있는데 그 아래 앞에서 말한 화병암이 있고, 동쪽에 청풍지각, 남쪽에 송월단이 있었다. 청하동으로 다른 산 한줄기가 내려오는데 곧 생학봉(笙鶴峰)이다. 여러 봉우리가 삼연하게 옥을 깎아놓은 듯하고 이끼가 푸르러 멀리서 보면 생학과 선인이 나는 듯한 형상이었다.

두번째 봉우리 벽련봉은 지는 달이 봉우리 아래로 내려오는 듯한 모습이 마치 연꽃이 처음 꽃을 피우는 것 같았기에 이런 이름이 붙었

고지도의 인왕산 일대 인왕산과 백악산 사이의 개울에 백운동이 있고
그 아래 청풍계가 있다. 그 옆의 옥류동에는 김상헌이 살았다. 18세기에
제작된 도성도의 일부다.

다. 동으로 진의강을 바라보는 형상이다. 백련봉 아래에는 서골암(棲
鶻巖)이 있었다. 석벽이 끊어진 듯 서 있어 사람이 올라갈 수 없는 이
곳에는 부엉이, 송골매, 올빼미, 매가 내려와 서식하였다. 이곳의 협
곡 남쪽 벼랑에는 좌불석감(坐佛石龕)이 있었고, 협곡을 끼고 있는 곳
에 낙락장송이 한 그루 서 있는 풍영암(風詠巖)이 있었다. 세번째 봉
우리는 주흘봉인데, 태고정 담장 너머에 있는 서오대 남쪽이다. 아침

저녁 마주하면 시원한 기운이 늘 옷깃에 가득하였다. 생학봉과 만나는 곳에 청령협(淸泠峽)이 있고, 비래천(飛來泉)이라는 작은 폭포샘이 있었다.

청풍계의 풍류와 청풍계첩

김상용은 이와 같이 아름다운 땅에서 부친 김극효(金克孝)를 모시고 살았다. 김극효는 청풍계의 아름다움을 사랑하여 작은 가마를 타고 매일 왕래하였고, 또 자주 손님을 불렀기에 청풍계는 늘 사람들로 붐볐다. 김상용의 벗들도 자주 이곳을 찾았다. 청풍계의 집이 완성되었을 무렵, 김상용은 절친하게 지내던 이항복(李恒福), 유근(柳根), 심희수(沈喜壽) 등과 청풍계에서 시회를 벌였다. 심희수의 「청풍계에서 백사와 서경 두 상공의 시에 차운하여 중추부 첨사 김경택 영공에게 바치다(淸風溪上次白沙西坰兩相公元韻呈金僉樞景擇令公)」(『一松集』)가 이때의 작품이다. 이때 김상용의 아우 김상헌도 조희일(趙希逸)과 함께 시회에 참여한 것으로 보인다. 김상헌은 「청풍계 자리에서 이숙의 시에 차운하다(淸風溪席上次怡叔韻)」(『淸陰集』)를 짓고 조희일은 「청풍동에서 노닐며(遊靑楓洞)」(『竹陰集』)를 남겼다.

그러나 1618년 부친 김극효가 세상을 떠나고 홍천에서 벼슬을 살고 있던 중형이 모친을 모시게 되자 김상용은 그의 아우들과 홍천에서 가까운 원주에서 살게 되었다. 이 때문에 청풍계는 주인 없이 비어 있게 되었다.

아름다운 곳은 주인이 없어도 사람들이 찾는 법이다. 광해군 12년

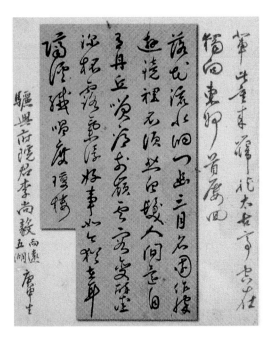

이상의의 시 1620년 이상의, 이경전 등이 청풍계를 유람한 일을 기념하여
지은 시와 청풍계의 모습을 그린 그림을 묶어 『청풍계첩』을 만들었다.
이상의가 활달한 초서로 쓴 이 시는 『대동시선』에도 실린 명시다.

(1620) 김신국(金蓋國), 이상의(李尙毅), 민형남(閔馨男), 이덕형(李德
泂), 최희남(崔喜男), 이경전(李慶全), 이필영(李必榮) 등이 봄날 이곳을
유람한 것도 익히 청풍계의 명성을 들었기 때문이다. 함께 갔던 이경
전은 "이곳이 장안의 제일가는 곳이다(此是長安第一處)"하였다. 이들
은 즐거운 '청풍상춘(靑楓賞春)'을 마치고 나서, 이때의 일을 길이 전
하고자 하였다. 이에 함께 갔던 사람들이 그날의 성사를 그림으로 그
리게 하고 시를 지었다. 이때의 그림과 시를 묶은 것이 『청풍계첩(靑

楓禊帖)』이다. 제일 앞에 '청풍상춘' 네 글자를 크게 써서 풍류를 과시
하였다.

> 골짜기에 떨어진 꽃잎이 흐르는 개울물
> 춘삼월 이름난 정원에서 좋은 놀이 벌였네.
> 거울같이 맑은 물에 비친 백발을 슬퍼하랴
> 인간세상 도리어 신선세계 있는 것을.
> 웃으며 보노니 앞산의 구름이 쉬 변하는데
> 취하여 좋은 것은 큰 술잔에 이슬이 뜬 것이라.
> 좋았던 그 당시의 일들이 아직도 귀에 쟁쟁한데
> 개울 너머 여린 노랫가락 고운 누각을 건너오네.
> 落花流水洞門幽 三月名園作勝遊
> 鏡裏不須悲白髮 人間還自有丹丘
> 笑看前嶺雲容變 醉愛深杯露氣浮
> 好事如今有在耳 隔溪纖唱度瓊樓

이상의, 「청풍계축 뒤에 쓰다(題靑楓溪軸後)」, 『청풍계첩』

『청풍계첩』에는 그림과 김신국의 서문, 그리고 참석한 사람들이 돌
아가면서 쓴 시 두 편씩이 수록되어 있다. 이익(李瀷)의 증조부인 이상
의 역시 두 수를 적었는데 위의 것은 그중 두번째 작품이다. 이상의는
김상용과 절친하였으니, 두 사람은 함께 향림사(香林寺)에서 독서한
적도 있다. 첫번째 작품에서 "일찍이 풍계옹과 석대에 취하여, 필운대

17세기의 청풍계

왼편 개울가에 태고정이 있다. 그 옆의 못이 삼당이며 그 오른편 안개 속의 건물이 청풍지각이다.

가을빛이 입에 문 술잔에 가까웠지(曾與溪翁醉石臺 弸雲秋色近銜杯)"
라 한 것으로 보아 이상의는 여러 번 청풍계를 찾은 것으로 보인다.

『청풍계첩』에 수록된 그림 〈청풍계첩〉에서 중앙에서 왼쪽으로 초
가로 인 건물이 태고정이다. 김양근의 글에서 설명한 대로다. 여섯 사
람이 태고정에서 놀고 있다. 세 사람은 태고정 안에서 청담(淸談)을
즐기고 두 사람은 태고정 옆으로 흐르는 물을 바라보고 있으며 다른
한 사람은 시상을 가다듬는지 책을 들고 서 있다. 김양근의 글에 나오
는 탄금대처럼 생긴 너럭바위에는 술동이가 그득하다. 이 그림만으
로도 청풍계의 아름다움과 그날의 풍류를 짐작할 수 있다. 이러한 소
문을 들었던지 원주에 있던 청풍계 주인 김상용은 잠시 돌아와 다음
과 같이 시를 지었다.

3년 동안 집을 떠나 먼 곳에서 지내다가
지팡이 하나로 오늘에야 이곳에 왔구나.
샘물 소리 으슥한 개울에 울려 하소연하는 듯
산빛은 작은 누각에 가득하여 사람을 맞는 듯.
휴영대는 황량한 채 잔설에 덮였는데
조진등은 부서져 저녁 구름 시름겹네.
저녁 햇살 없어져도 정은 없어지지 않아
떠나려다 머뭇머뭇 다시 머물게 되네.
三載離家作遠遊 一節今日到林丘
泉聲似訴鳴幽澗 山色如迎滿小樓

休影臺荒殘雪在　朝眞磴壞暮雲愁

斜陽已盡情無盡　欲去遲回更少留

김상용, 「풍계의 옛집을 찾아서(訪楓溪舊居)」, 『선원유고』

태고정에서 물소리를 들으며 지은 작품으로 보인다. 휴영대(休影臺)는 태고정 왼편 물가의 둔덕을 이르는 것으로 추정된다. 〈청풍계첩〉에서 두 사람이 물을 보고 있는 자리쯤 되는 듯하다. 조진등은 태고정 뒤편 물가 쪽으로 올라가는 좁은 돌길이다. 김상용은 이곳저곳을 둘러보고 부친이 살아 있을 때의 성황을 떠올리며 비감에 젖었다.

후손들이 가꾼 청풍계

1637년 김상용이 순절한 후 청풍계는 주인을 잃었다. 김상용의 아우 김상헌(金尙憲, 1570~1652)마저 병자호란이 끝난 뒤 심양(瀋陽)으로 잡혀갔다. 그럼에도 청풍계는 여전히 장동김씨의 상징이었다. 김상헌은 1641년경 심양의 옥중에서 고국의 집을 그리워하며 「집 근처의 열 가지 노래(近家十詠)」(『청음집』)를 지었다. 그중 한 수가 아래에 보이는 「청풍계(淸風溪)」다.

청풍계의 태고정

우리 집 백씨께서 이곳을 경영했지.

숲과 골짜기는 분명 수묵화라

바위벼랑은 절로 창옥병이 되었구나.

부자 형제가 온 마루에 자리하여
풍월에 거문고와 술로 사시사철 즐겼지.
좋았던 일 이제 다시 할 수 없으니
이 시절 이 마음을 누가 알아주랴?

淸風溪上太古亭　吾家伯氏此經營
林壑依然水墨圖　巖崖自成蒼玉屛
父子兄弟一堂席　風月琴樽四時樂
勝事如今不可追　此時此情何人識

　청풍계가 다시 활기를 띠게 되는 것은 김상용의 고손 김시걸(金時傑, 1653~1701), 김시보(金時保, 1658~1734) 등이 청풍계의 주인이 되면서부터다. 특히 17세기 말 18세기 초반, 김시보가 족숙 김창협(金昌協, 1651~1708), 김창흡(金昌翕, 1653~1722), 김창업(金昌業, 1658~1721) 형제와 자주 어울리면서 청풍계는 성황을 이룬다. 이들은 청풍계에서 함께 책을 읽고 토론을 하였으며, 때로 시를 짓기도 하였다. 특히 김창업이 제작한 다음 작품이 명편으로 후대에 기림을 받았다. 푸른 숲이 우거진 청풍계의 달밤의 운치를 묘미 있게 그려내고 있다.

푸른 숲이 어느새 어둑해지는데
홀로 푸른 봉우리를 바라보노라.
그대보다 먼저 달 한조각이

난간 앞 소나무에 와서 걸리네.

靑林坐來暝 獨自對蒼峯

先君月一片 來掛檻前松

김창업, 「풍계에서 밤에 사경을 만나(風溪夜逢士敬)」, 『대동시선(大東詩選)』

숙종 34년(1708), 김상용의 순절을 기려 그의 영당을 봉안한 늠연사(凜然祠)가 청풍계에 세워졌다. 그보다 앞서 인조 19년(1641)에 그의 자취가 어린 강화도에 충렬사(忠烈祠)가 세워지고, 숙종 26년(1700) 종증손 김창집이 다시 순의비(殉義碑)를 세웠는데, 이때 이르러 그의 별업인 청풍계에 늠연사를 다시 세운 것이다. 늠연사는 태고정 서쪽에 위치한 회심대(會心臺) 좌우의 돌길에 세워졌다. 늠연사를 세우는 데 깊이 관여한 송시열(宋時烈)이 사당 앞의 큰 바위에 '대명일월(大明日月)' 네 글자를 새겼다. 이로써 청풍계는 충절의 상징으로도 이름을 얻게 되었다.

이후에도 청풍계는 조선 후기 대표적인 문화공간이 되었다. 18세기 들어 김창협, 김창흡의 문하에 드나들던 시인 이병연(李秉淵)이 이 일대의 풍광을 시에 담았고, 화가 정선(鄭敾)은 그림으로 그려내었다. 특히 정선이 그린 일련의 〈청풍계(淸風溪)〉 그림 덕택에 청풍계의 이름은 더욱 높아지게 되었다.

이상의의 후손 이익(李瀷)은 『청풍계첩』을 개첩(改帖)하면서 「삼가 청풍계첩에 쓰다(敬書靑楓溪帖後)」(『星湖全書』)라는 글을 지었다. 개울과 산은 그대로이나 물줄기가 혹 바뀌었기에, 이익은 그림을 손가락

정선의 청풍계 1730년 무렵 정선이 그린 청풍계의 모습이다. 『청풍계첩』의 그림보다 100년이 지나 나무가 울창하고, 숲에 가려진 태고정 오른쪽에 1708년 세워진 늠연사가 새로 들어갔다. 고려대 박물관에 소장되어 있다.

으로 짚으면서 "이곳은 예전에 있었지만 지금은 없고, 이곳은 지금 있는데 예전에도 똑같이 있었구나"라 감탄하였다.

그러나 지금은 예전에 있던 것이 다 사라졌다. 문일평의 『근교산악사화(近郊山岳史話)』에 따르면, 청풍계는 일제 때 미쓰비시사의 소유가 되었고, 태고정도 한 칸만 남은 채 인부들의 숙소로 사용되었다고 한다. 하지만 이제 그나마도 남아 있지 않다. 김신국 등의 『청풍계첩』과 정선의 〈청풍계〉를 손가락으로 짚으면서 사라진 청풍계의 모습을 상상할 뿐이다. 옛사람은 인물은 바뀌어도 산천은 의구하다 했건만, 이제는 산천마저 바뀌었으니 아름다운 풍광과 그곳에서의 풍류는 그림과 시와 문장으로 전할 뿐이다. 📋

시회의 공간
이안눌의 동악시단

만물은 귀천이 없다는 것 바로 알지니

백년 인생 잘 살고 못 사는 것 말하지 마세

동악시단이 있던 곳 이안눌이 시를 짓던 언덕을 기념하여 18세기 '동악 선생시단' 이라 너럭바위에 새겼는데 지금은 공사로 훼손되어 찾을 수 없다.

동원거사의 삶

이안눌(李安訥, 1571~1637)은 자가 자민(子敏), 호가 동악(東岳)이다. 동악(東嶽), 동곡(東谷), 동엄(東广)이라고도 하였다. 본관은 덕수(德水)다. 덕수이씨는 조선시대에 명환을 많이 배출하였는데, 특히 이의무(李宜茂)의 후손들이 현달하였다. 이의무는 김종직(金宗直)의 제자로 조선 초기 문단의 핵심적인 인물이었다. 그의 아들이 이기(李芑), 이행(李荇)이다. 이행의 아들 이원정(李元禎)이 박은(朴誾)의 딸과 혼인하여 이형(李泂)을 낳았고 그의 아들이 이안눌이니, 이안눌은 이행과 박은의 혈통을 받은 것이다. 이안눌은 이의무의 종손인 이필(李泌)이 후사가 없어 그의 종손으로 들어가게 되었다. 이필은 이기의 손자요, 이원우(李元祐)의 아들이다. 이 시기를 대표하는 문인 이식(李植)은 이원정의 아우 이원상(李元祥)의 증손자로, 이안눌은 그의 재종숙이다. 율곡(栗谷) 이이(李珥)도 같은 집안 사람인데, 이의무의 형 이의석(李宜碩)의 증손자이므로 그리 먼 친척은 아니다. 이안눌의 후손들도 명가의 명맥을 이었다. 아들 이합(李柙)은 대간(大諫)을 지냈고 그 아들 이광하(李光夏)는 판윤(判尹)을 지냈다. 이집(李塽), 이주진(李周鎭), 이은(李溵), 이미(李瀰), 이서(李溆) 등도 대를 이어 현달하였다.

명문가의 후손으로 태어난 이안눌은 어릴 때부터 시명을 날렸다. 10세에 시와 부를 짓는 법을 배워 벗들과 수창한 시집이 10여 권이나 되었다고 한다. 18세에 진사 초시에 급제하였으나 주위의 시기를 받아 얼마 동안 과거시험 응시 자격을 박탈하는 정거(停擧)를 당하였다. 이에 과거를 포기하고 고문사(古文詞)의 제작에 주력하며 권필(權韠),

조위한(趙緯韓) 등과 더불어 시인으로 살고자 하였다. 이 무렵 이안눌은 권필과 함께 강계(江界)에 유배되어 있던 스승 정철(鄭澈)을 찾아뵙고 즐거운 한때를 보내었다. 그 자리에서 적선(謫仙)으로 자처하던 정철이 이들을 가리켜 적선이라 칭송하였으니 적선들이 모여 노닌 셈이다. 당시 이안눌은 스스로 동원거사(東園居士)라 일컬었다. 동원은 한대(漢代)의 이름난 은자 상산사호(商山四皓)의 한 사람이니 은자로서의 삶을 지향했다 하겠다. 이안눌은 술에 취해 부르는 「취시가(醉時歌)」를 짓고서 이렇게 서문을 달았다.

동원선생이라는 자는 기걸차고 괴이한 선비다. 뛰어난 재능을 가지고도 세상에 쓰이지 않아 멍청하게 홀로 살아간다. 어울리는 사람이나 따르는 이도 없다. 세상의 도리가 나날이 그릇되는 것을 보고 늘 즐거워하지 않았다. 매번 술을 찾아 큰 잔에 따라서 문득 스스로 권하고 스스로 마셨다. 술이 오르면 노래 부르기를 그치지 않으니, 그 답답한 마음을 이로써 풀었다. 선생은 평소 어눌하여 말을 잘하지 못하였다. 또 성률에도 밝지 못하여 노래한다 해도 그저 손뼉을 치고 입으로 소리만 벅벅 지르니 마치 꾸짖고 욕하는 소리처럼 들렸다. 듣는 이들이 모두 배를 잡고 웃지 않음이 없었다. 모두들 미친 선생으로 지목하였다. 마침내 붓을 적셔 글을 지어 스스로를 변명한다.

이안눌, 「취시가」, 『동악집(東岳集)』

이안눌의 초상화 매화꽃 아래 선비의 복장으로 서 있는 모습을 그린 것이다. 후손이 소장하고 있다.

젊은 시절 이안눌은 조위한과 함께 달밤에 말머리를 나란히 하고 동원의 자기 집으로 와서 술을 마시고 시를 지었다. 또 백광훈(白光勳)의 아들 백진남(白振南)과도 시회를 가졌으며, 선배인 이호민(李好閔)을 모시고 자신이 지은 시를 바쳐 시재를 과시하기도 하였다. 젊은 시절 동원에서 어울린 사람으로는 이들 외에 윤휘(尹暉), 윤훤(尹暄), 홍서봉(洪瑞鳳), 김류(金瑬), 홍명원(洪命元), 정홍익(鄭弘翼), 이신원(李信元) 등 장래가 촉망되는 일류 문인들이었다. 다음은 이 무렵 동원에서의 한적한 삶을 노래한 아름다운 작품이다.

    희한한 새 이름 모를 꽃이 벗이기에
    멍하니 한가히 앉아 내 몸마저 잊었네.

솔그늘은 한낮에도 한기가 뼈에 스미고

산빛은 막 날이 개면 푸른빛이 살갗에 든다네.

만물은 귀천이 없다는 것 바로 알지니

백년 인생 잘 살고 못 사는 것 말하지 마세.

어떤 이가 왕유(王維)의 솜씨를 빌려

동원의 궤안에 기댄 나를 그려줄는지?

怪鳥幽花作友于　嗒然閑坐我忘吾

松陰當午涼侵骨　山色初晴翠撲膚

萬物卽知無貴賤　百年休說有榮枯

何人爲倩王摩詰　畵出東園隱几圖

이안눌, 「동원에서 즉흥적으로 짓다(東園卽事)」, 『동악집』

그러나 1592년 일어난 임진왜란은 이안눌의 한적함을 완전히 앗아
가 버렸다. 이안눌은 양모와 생모를 비롯한 가족을 모시고 전란을 피
하여 함경도로 떠돌았는데, 이 무렵 생부와 양부를 모두 잃었다. 그의
처절한 삶을 현실주의적인 기법으로 담아낸 시는 시사(詩史), 곧 시로
쓴 역사라 할 만하다.

전쟁이 종식된 후 이안눌은 1599년 정시(庭試)에 급제하여 벼슬길
에 나아갔고, 이후 40년 가까이 벼슬살이에서 벗어나지 못하였다. 훗
날 예조판서에까지 오르지만, 그는 늘 서울을 떠나 외직에 머물고자
하였다. 시골집이 있던 면천(沔川)에 물러나 살 때도 있었지만 북변
단천(端川)에서부터 남쪽 동래(東萊)에 이르기까지 팔도를 두루 돌아

다니면서 고을원 노릇을 하였다. 중간에 이괄(李适)의 난에 연루되었다는 혐의로 종성(鍾城)과 홍천(洪川) 등지에 유배되기도 하였다.

　만년에 이르러 벼슬에서 물러나 동원에서 한가하게 살고자 하였으나 병자호란이 터져 그 꿈도 이루지 못하였다. 귀거래를 꿈꾸면서도 나라에 대한 충절을 버리지 않아 노구를 이끌고 들것에 실려서까지 임금을 좇아 남한산성에 들어갔다. 그러나 병이 깊어져 남산의 본가로 돌아와 생을 마쳤다. 재종질 이식은 행장에서 "장부가 뜻을 얻으면 한 세상을 경영하며 구제할 일이요, 뜻을 잃으면 한 골짜기에 숨어지내며 낚시나 할 일이다. 어찌 세상에 영합하여 영화(榮華)를 구하면서 그 속에 빠져 그저 허우적대다가 몸을 마칠 일이겠는가?"라 한 이

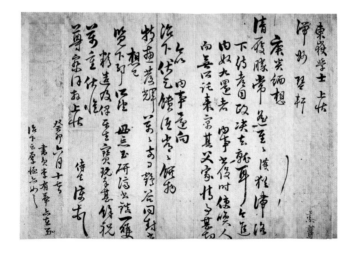

한석봉이 이안눌에게 보낸 편지 1603년 이안눌이 단천군수로 있을 때 절친하게 지내던 한석봉이 편지를 보내어 벼루와 서진을 만들어줄 것과 데리고 있던 사람들이 가면 잘 돌보아달라고 부탁하는 내용이다. 경남대박물관에 소장되어 있다.

안눌의 말을 인용하고, 다시 이렇게 적고 있다.

　　공은 서울 남산 아래에서 나고 자랐는데 큰 저택과 이름난 원림
　이 있어, 친척과 벗들이 모두 공이 서울에서 크게 나아갈 것을 바랐
　지만, 공은 이를 새장이나 감옥으로 여기고 향리로 돌아가거나 강
　촌에 머물렀다. 관직에 나아간 것은 거의 40년이었지만 1년 내내 서
　울에 있었던 것은 겨우 2~3년뿐이었다. 평소에 한 말을 잊지 않았
　기 때문이다.

　실제로 이안눌이 경직(京職)에 머물렀던 시기는 참으로 짧다. 내직
으로 들어온 지 몇 달 만에 다시 외직으로 나갔고, 그렇지 않으면 상
을 당하여 시골에 머물러야 했으며, 그도 아니면 변방으로 유배되어
있었다. 이안눌은 서울에서 멀리 떠나 있을 때에는 동원을 그리워하
였지만, 정작 서울에 와서 동원에 머문 기간은 길지 않았다. 평소 도
성 안에서 살지 않겠노라 말했기 때문이다. 서울로 돌아오더라도 도
성 바깥의 아름다운 풍광 속에서 시와 술을 즐길 때가 많았다.

별서에서의 시회

　이안눌은 서울 인근 여러 곳에 전장을 소유하고 있었다. 이 집안의
선영은 파주 관아 북쪽으로 10리쯤 떨어진, 오늘날 파주읍 용발리의
용발산(龍發山)에 있었다. 이의무가 모친상을 당하여 이곳에서 묘를
지키면서 인근의 장산(獐山)을 유람하고 글을 남긴 바 있다. 원래 이

곳은 이의무의 장인인 성희(成熺)의 별서가 있던 곳이다. 성희의 부친인 성개(成槪)가 논밭을 사서 전장을 만들고 은거할 장소로 삼았던 것이다.

그 뒤 이의무가 충청도 면천의 창택리(滄澤里)와 승선리(昇仙里)에 묻히면서 선영을 그곳으로 옮겼다. 이의무의 아들 이행은 자신의 호를 창택어수(滄澤漁叟)라 하고 늘 그곳에서 은거할 꿈을 꾸고 살았다. 이안눌도 가끔 이곳에 들렀으며 만년에는 더욱 자주 찾았다. 그곳의 집은 추설재(秋雪齋)라 하였다. 이안눌은 1633년 병조판서 겸 예문관 제학으로 있다가 사직하고 물러났을 때 이렇게 노래하였다.

눈은 달빛처럼 침침하고 머리는 눈빛처럼 어지러운데
이 때문에 야윈 몸 수습하여 고향으로 돌아온 것이라네.
예전 알던 이웃 노인들이 다투어 찾아오니
누런 국화 막 피어 푸른 술동이에 비치네.
眼月全昏鬢雪繁 故收骸骨返丘園
舊時隣叟爭相訪 黃菊初開映綠尊

이안눌, 「추설재에서 희안상인의 시에 차운하다(秋雪齋次希安上人韻)」, 『동악집』

도성에서 20리쯤 떨어진 도봉산 남쪽 해등촌(海等村)에도 선영이 있었다. 이안눌의 조부와 부친이 그곳에 묻혔는데, 이안눌은 그곳을 해촌전장(海村田庄)이라 불렀다. 오늘날 도봉구 방학동으로, 연산군(燕山君) 묘에서 북쪽 시루봉 쪽 일곱 개의 큰 바위 아래 있었다.

해촌전장터의 바둑판 바위 위에 바둑판을 새기고 바둑돌을 담는 구멍을 팠다. 이안눌의 시에 바둑을 두면서 소일하였다는 대목이 자주 보인다.

원래 이 일대는 연산군의 처가인 능성구씨(綾城具氏) 집안의 소유였는데, 이안눌이 그 외손인 관계로 이안눌의 조부와 부친 묘소가 모두 그곳에 자리잡게 된 것이다. 연산군의 묘에서 320보 떨어진 언덕에 이안눌의 조부 묘소가 있고, 조부 묘소에서 남쪽으로 언덕 하나 너머 연산군의 묘와 200보 떨어진 곳에 부친의 묘소가 있다. 이안눌은 1604년 이곳에서 모친의 상을 치르고 3년 동안 시묘살이를 하였다. 1606년 탈상한 후 조부의 묘가 있는 북곡(北谷)에 세 칸 집을 짓고 제사를 받들며 은거할 장소로 삼았다. 그리고 이 집을 동곡(東谷)의 새 집이라 불렀다.

> 오이 심고 밤 키우니 절로 마을이 되었기에
> 농부가 밤에 들러 문을 두드리는구나.
> 태평성대라 집 한 채면 노년을 보내기에 족하니
> 백년 인생 궁달은 논하지 말자꾸나.
> **種瓜栽栗自成村　田父相過夜打門**
> **聖代一廛甘送老　百年榮落不須論**

이안눌, 「동곡의 새집으로 돌아와서 앞에 지은 시의 운자를 다시 써서 뜻과 일을 적어 오봉정승께 바친다(還東谷新莊復用前韻述志書事奉呈五峯相國)」, 『동악집』

　　1606년 이호민에게 보낸 작품이다. 이때 이호민은 풍양(豊壤)에 창사정(彰賜亭)을 새로 지었는데, 이안눌이 그곳에 다녀와서 전원에서 함께 한가하게 살자는 뜻을 말한 것이다. 해등촌 사람들이 오이와 밤나무 재배를 생업으로 삼았기에 시에서 이렇게 말한 것이다.

이안눌이 소유하였던 해촌전장은 오늘날 방학동에서 우이동 계곡에 이르는 방대한 규모였다. 이후 이안눌과 그 후손들도 차례로 이곳에 묻혔는데, 이안눌의 후손이 홍양호(洪良浩)의 집안과 혼인하면서 우이동 골짜기의 상당한 땅이 그 집안으로 넘어가게 되었다. 해촌전장이 있던 터에는 바둑판이 새겨진 큰 바위가 남아 있다. 그 옆에 바둑돌을 담는 구멍도 그대로 뚫려 있다. 그 곁에는 돌절구도 하나 놓여 있다.

이안눌은 물을 사랑하여 한강의 물가에도 여러 채의 별서를 경영하였다. 현석강사(玄石江舍), 대산별서(臺山別墅)가 바로 그곳이다. 현석강은 마포 앞의 한강을 가리키는 말로 가장 절친한 벗 권필이 살던 곳이기도 하다. 이안눌이 소유한 백구정(白駒亭)이라는 정자가 그곳에 있었다.

백구정 위에 화려한 잔치자리 벌이고서
지는 달 강에 잠겨도 횃불은 타올랐지.
애석타, 해마다 가무를 즐기던 곳
봄바람에 머리 돌리니 그리움만 아련하네.

白駒亭上敞華筵　殘月沈江蠟炬燃
可惜年年歌舞地　春風回首思茫然

　　　　　　　이안눌, 「동행의 시에 차운하여(大同行韻八絶)」, 『동악집』

대산별서터의 낙천정 자양동에 있는 낙천정 자리가 대산별서가 있던 터다. 낙천정은 왕실 소유의 정자인데 16세기 중반 무렵에 이미 사라진 듯하다. 그 터에 이안눌이 대산별서를 꾸몄다.

서울을 떠나 먼 곳으로 가게 되었을 때 이안눌이 늘 그리워하던 곳은 동원이 아니라 서호의 현석강사와 광나루의 대산별서, 그리고 양주의 해촌전장이었다. 1602년 중국 사신을 맞으러 의주로 갔을 때도 광나루와 서호를 그리워하여 여러 편의 시를 지었다.

대산별서는 한강 북쪽 신천(新川)의 물가 언덕에 있었다. 조선 초기 왕실의 정자인 낙천정(樂天亭)이 있던 곳으로, 오늘날 잠실대교 북단 자양동이다. 노년에 해촌전장을 떠나 자주 머물렀던 곳이 바로 대산별서이니 가장 애착이 가는 곳이었던 듯하다. 이안눌이 남긴 시 중 가장 이른 시기의 것도 대산별서에서 지은 것이다. 게다가 그 앞의 저자도(渚子島)는 권필과 함께 가장 절친했던 벗 구용(具容)의 전장이 있던 곳이기도 하다. 서로 이웃하여 노년을 함께 보내자고 약속하였기에 훗날 구용이 죽은 후 대산별서를 찾을 때면 늘 그의 옛 모습을 떠올리곤 하였다.

대산별서는 이안눌과 그의 벗들이 모여 자주 시회를 벌인 곳이다. 1601년 종사관으로 중국 사신을 맞으러 의주에 갔다 온 뒤 원접사 이정구(李廷龜), 종사관 박동열(朴東說)·홍서봉, 제술관 차천로(車天輅)·양경우(梁慶遇), 그밖에 김현성(金玄成)·한호(韓濩) 등 함께 갔던 이들과 모여 성대한 시회를 열었다. 그 뒤로도 이러한 시회가 자주 열렸다. 1607년 7월에는 동래부사로 있으면서 잠시 서울로 올라와서 대산별서에서 한바탕 시회를 벌였다. 이날의 시회에는 홍서봉, 이항복(李恒福), 홍명원 등이 참석하였다. 1611년에도 이정구, 김현성, 권필, 이정(李霆), 이덕온(李德溫) 등과 광나루의 대산별서에서 시회를 벌였다. 아래에 1607년 시회에서의 작품을 보인다.

비가 높은 하늘을 씻어 개인 햇살이 맑은데
서로 맞이하며 도성을 나서 강가에 이르렀네.
사방의 먼 산에는 늘 이내가 일어나는데
한 줄기 긴 강에는 따로 물길 하나 열렸네.
세월은 여유롭지 않아 새로 백발이 돋았는데
강신은 오히려 물려받은 옛집을 보호하고 있네.
가을이 깊어 물고기와 게가 더욱 흥치를 돋우니

다시 약속하여 술동이 들고 작은 배에 오르세.

雨洗高空霽景鮮　相邀出郭到湖邊

四圍遠岫常生靄　一派長河別作川

歲月不饒新白髮　江山猶護舊青氈

秋深魚蟹尤多興　更約携樽上小船

이안눌, 「대산별업에서 함께 노닌 여러 사람들에게 지어 보이다
(臺山別業書示同遊諸君二首)」, 『동악집』

비 그친 하늘이 파랗고, 밝은 햇살이 강물에 반짝인다. 먼 산에는 안개가 피어오른다. 이러한 풍광을 보노라면 벼슬살이 인생이 후회스럽다. 그래도 마련해 둔 집은 언제나 자신을 반긴다. 그곳에서 물고기와 게를 잡아 술 한잔 하고, 그 흥에 배를 타고 한강을 유람하는 일, 이보다 즐거운 일이 있겠는가?

동악시단의 유래와 변천

이안눌은 생전에 그다지 정을 두지 못한 해미(海美)에 묻혔다. 자주 찾지 못한 동원의 집은 이안눌의 시명 덕택에 오히려 명성이 높아졌고, 그가 살던 남산의 집 언덕은 동악시단(東岳詩壇)이라는 이름이 붙었다. 그 유래에 대해서는 후손 이석(李稶)의 글에 자세하다.

　동악선생은 남산 아래 이름난 정원과 으리으리한 집을 가지고 계셨다. 처음 선생의 외가인 구씨가 거주하였는데 선생이 구씨의 제

해촌전장터

이안눌은 해등촌, 지금의 방학동에 해촌전장을 짓고 살았다.

이 집안의 전장은 방학동에서 우이동에 이를 정도로 방대하였다.

시를 받들었으므로 선생의 소유가 된 것이다. 대개 남산 한 줄기가 구불구불 동쪽으로 뻗어 동원의 정상에 이르게 된다. 그 형세가 잡아당기려는 듯 안으려는 듯, 따로 하나의 구역을 이루고 있다. 선생이 동악으로 호를 삼은 것은 이 때문이다. 그 위에 기이한 바위가 있고 바위 아래 조금 널따란 곳이 있어 수백 명이 앉을 수 있다. 이때문에 선비들이 단을 만들고 적목(赤木)으로 사방을 둘렀는데 소나무가 울창하다. 단의 좌우에는 샘물이 있는데 맛이 달고 시원하며 여름에도 마르지 않는다. 단 아래에 집을 지었는데 넓고 탁 트여 있다. 서쪽 행랑에 높은 누를 두고 여덟 개의 창을 내어 도회지를 아래로 내려다보게 되어 있다. 금원(禁苑)의 푸른빛과 수많은 민가의 연기가 앉은 자리에서 다 보인다. 사람으로 하여금 시원스럽게 바람을 타고 먼지 자욱한 속세를 벗어난 듯한 마음이 들게 한다. 아마도 그 지세가 그윽하고 빼어나고 눈에 보이는 경관이 시원하고 고와서 그러한 것이리라. 정말 도회지 안의 신선이 사는 곳이라 하겠다. 선생은 매일 당세의 명유인 오봉(五峰, 이호민), 석주(石洲, 권필), 학곡(鶴谷, 홍서봉) 등 여러 공과 함께 단에 모이고 누정에 모여 편안하게 술을 마시고 시를 지으니, 사람들이 모두 신선처럼 우러러보고 요순(堯舜)의 노래로 여겼다. 그 누를 가리켜 시루(詩樓)라 하고 그 단을 시단(詩壇)이라 하였다. 옛날의 명나라 이반룡(李攀龍)의 설루(雪樓)나 나관(蘿館)의 빼어난 모임이라 하더라도 이에 견주지 못할 것이다.

이석, 「동원기(東園記)」, 『동강유고(桐江遺稿)』

동원 역시 양모의 친정인 능성구씨 집안으로부터 물려받은 땅이었다. 능성구씨는 조선 초기 영의정을 지낸 구치관(具致寬)을 배출하였거니와 그 조카인 구수영(具壽永)도 세조 때 공신에 책봉되었고 연산군과 사돈이 되어 상당한 부를 축적하였다. 이안눌의 양모는 구엄(具淹)의 딸이다. 구엄은 구수영의 아우 구수장(具壽長)의 손자로, 부친 구문경(具文景)이 연산군의 외동딸 휘신공주(徽愼公主)와 혼인하였으므로, 후에 연산군의 제사를 맡게 된다. 그의 벼슬은 높지 않았지만 재산을 믿고 뇌물로 권세가와 절친하다는 비판을 받았다는 기록이 실록에서 확인되니, 이안눌의 외조부인 구엄의 재력도 상당하였을 것으로 추정된다. 구엄에게 아들이 있었지만 이안눌이 연산군의 제사를 물려받았고 이에 따라 동원의 주인이 된 것이다.

　그런데 이안눌은 동원의 집을 생가의 장조카이면서 제자로 키운 이침(李梣)에게 주었다. 이침은 이안눌의 기대를 받들어 이후 시단에서 시회를 주관하였고, 이 전통을 자신의 후손에게 물려주었다. 그리하여 18세기 초반에는 이침의 증손 이덕흠(李德欽)이 동원의 주인이 되었다. 그리고 이식의 손자 이여(李畬) 등과 중심이 되어 이곳에서 종회를 열었다. 이덕흠은 족조(族祖)의 뜻을 이어 자신의 호를 동원(東園)이라 하고, 이웃의 조문명(趙文命)·조현명(趙顯命) 등을 불러 자주 시회를 열었다.

　그러나 이 무렵 이안눌이 시회를 열던 시단은 허물어져 버린 듯하다. 이에 이덕흠이 1714~15년 무렵 동악시단을 중수하였다. 이를 기념하여 조상우(趙相愚), 조문명, 조현명 등이 동악시단에 모여 한바탕 시회를 벌였다. 이안눌이 살던 남산의 동악시단과 양주의 해등촌은 조문명, 조현명 집안과 밀접한 연관을 맺고 있다. 이들 집안이 이안눌 집안과 함께 해등촌에 선영을 두고 같은 남산 자락인 묵사동에 경저를 경영하였기 때문이다. 이 때문에 조문명 집안에서는 이안눌 집안의 내력을 익히 알고 있었으며 그 후손들과도 대대로 절친하였다.

문장은 황량하고 낡은 시단만 남았는데
올라가 조망하니 골짜기는 탁 트이었네.
가을 하늘 가득한 풍악소리 마음을 통쾌하게 하는데
햇살을 가리는 소나무 아래 두건 젖혀 쓰니 시원하다.
일이야 부귀한 자의 대저택을 중수한 것과 다른데
사람은 우연히 은자의 관을 쓴 늙은이처럼 앉아 있네.
다시 보니 문회루가 아직 남아 있는데
석양에 짙은 숲 그림자에 갇혀 있구나.
文藻荒深獨古壇　登臨平眺洞天寬
橫秋琴笛陶心快　蔽日松蘿露頂寒
事異重新洪府閣　人如偶坐綺翁冠
更看文會樓猶在　深鎖夕陽樹影團

조문명, 「동악시단이 백년 후에 중수된 것은 문단의 하나의 성사다. 그날 동강 종조부를 모시고 갔다. 대략 음악과 술이 마련되어 있어 종일 모시고 술을 마시고는 이에 운을 받아 돌아왔다. 돌아온 후 각기 5수를 지어 동원께 바친다 (東岳詩壇重修於百年之後亦一藝苑盛事也其日陪東岡從祖往焉略有竹絲杯盤 終日侍飮因拈韻而歸歸後各賦五首呈于東園案下)」, 『학암집(鶴巖集)』

이 시의 주석에 따르면 「동원기」에서 이석이 말한 시루는 악로시루(岳老詩樓), 또는 문회루(文會樓)라고 불렀다 한다. 이때까지 동원의 시루가 남아 있었음이 확인된다. 그러나 이덕흠의 가세가 점점 기울면서 동원은 더욱 피폐해졌다. 결국 이안눌이 살던 남산 집의 하나인 환성당(喚醒堂)을 팔아야 했다. 조현명의 「환성당중수기(喚醒堂重修記)」(『歸鹿集』)에 따르면, 환성당은 원림이 빼어나고 건물이 웅장하여 도성 안에서 최고였다고 한다. 가난 때문에 환성당을 유지할 수 없게 되자, 이안눌의 직손으로 당시 예조판서로 있던 이주진(李周鎭)이 환성당을 사겠다고 나섰다. 대략 1744년 무렵의 일이다. 이주진은 환성당을 구입한 뒤 옛 재목을 써서 중수하였다. 정원에 나아가 담을 두르고 잡초를 베고 흙을 쌓아 단을 정비하였다. 물을 끌어들여 연못을 만들고 바위에 '동악선생시단(東岳先生詩壇)'이라 새겼다. 푸른 대나무와 단풍나무, 진달래꽃을 비탈과 계단 사이에 심고, 이안눌이 지은 율시와 절구를 여러 편 새겨 처마에 걸었다.

이리하여 동악시단의 명성은 계속 이어졌다. 당시 동원의 이웃에는 조현명이 살고 있었다. 조현명은 이주진이 세거하던 해등촌 동곡(東谷)에 이웃하여 귀록정(歸鹿亭)을 짓고 살았는데, 이주진이 구입한 남산의 환성당이 조현명의 운오헌(雲烏軒)과 이웃해 있어 두 사람은 더욱 절친하게 지내면서 환성당과 운오헌을 오가며 시회를 즐길 수 있었다. 이에 18세기에도 동악시단은 도성에서 풍류의 공간으로 기억되었다. 다음은 이덕무(李德懋)의 증언이다.

좋은 동산 가려 노닐자는 약속 분명하기에
먼 봉우리 느릿느릿 보니 하얀 성첩 둘렀네.
나무는 모두 이백여 년 된 것인데
꽃은 청명 뒤라 정겹게 꽃을 피웠네.
호탕한 저 술자리 누구의 모임인지
연이어 지은 시가 옛사람에 뒤지지 않네.
우리들은 단지 명현을 회상하여
쓸쓸히 시단에 엉긴 돌이끼 긁어내노라.

選勝名園記約明　遲峯緩眺粉堆城
樹皆二百餘年物　花最淸明以後情
縱酒不知誰氏會　聯詩無愧古人聲
吾曹獨惹名賢想　悵刜壇銘石髮生

이덕무, 「동악시단에 모여서 다른 손이 지은 시를 구경함
(集東岳詩壇玩它客賦詩)」, 『청장관전서(靑莊館全書)』

동악시단에 모여 한바탕 시회가 벌어진 광경을 보고 쓴 작품이다.
18세기까지 동악시단에 모여 시와 술을 즐기는 시인들의 모습을 확인
할 수 있다. 이덕무는 이안눌을 생각하며 바위에 새겨진 '동악시단'이
라는 글씨를 덮고 있는 이끼를 벗겨내었다.

이끼로 덮였던 동악시단은 존재 자체가 사라졌다. 조선시대 낙선
방(樂善坊) 묵사동(墨寺洞), 오늘날 동국대학교 학생회관 앞 교정에
'동악선생시단(東岳先生詩壇)'이라 새겨진 바위가 있었으나 현재 찾아

볼 수 없다. 원래 이 글씨는 꽃나무 속 너럭바위 앞면에 새겨져 있었으나 기숙사 건물을 짓느라 바위가 깨어져 흔적 없이 사라지고 흐릿한 흑백사진으로 전할 뿐이다. 📋

칼과 붓이 함께하는 집
재산루와 김육

높은 데 있을 때 위태로움을 생각하고

방에 들어와 있을 때 멀리 볼 것을 생각하라

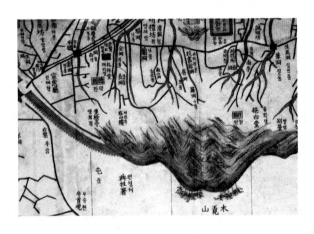

고지도의 남산 1900년에 제작된 한성부 지도의 남산 부분. 왼편 기슭에
재산루가 보인다.

17세기의 명가 청풍김씨

남산의 본래 이름은 목멱산(木覓山)이다. 인경산(引慶山), 열경산(列慶山)이라고도 하는데, 늘 중국 장안의 종남산(終南山)에 견주어졌다. 인왕산에서부터 낮게 평평해진 산세가 남쪽으로 뻗어오다가 동쪽으로 휘어지며 남산이 일어서게 된다.

남산의 북쪽 기슭과 설마재(雪馬峴) 부근을 남촌(南村)이라 하였는데, 남창동(南倉洞, 혹은 창동), 회현동(會賢洞, 혹은 호현동, 회동), 장흥동(長興洞), 타락동(駝駱洞, 혹은 낙동), 난정동(蘭亭洞, 혹은 난장동), 이현(泥峴), 명례동(明禮洞), 교서동(校書洞), 주자동(鑄字洞, 혹은 주동), 필동(筆洞), 생민동(生民洞), 묵사동(墨寺洞), 쌍림동(雙林洞, 혹은 쌍리동), 청학동(青鶴洞) 등이 여기에 속한다. 그 안쪽에는 훈도방(薰陶坊), 성명방(誠明坊), 건천동(乾川洞), 저전동(苧廛洞, 혹은 저동) 등이 있었는데 이곳들 역시 남촌이라 하였다. 이 지역에는 조선 초기부터 명환들의 경저가 즐비하였다.

남산의 여러 지역 중 특히 회현동은 명가들의 집이 즐비하였다. 세조를 왕위에 올리는 데 일등공신이었던 권람(權擥)의 후조당(後凋堂)이 비서감(秘書監) 동쪽에 있었는데, 세조가 그 집에 행차하였을 때 그 집 우물물을 마셨기에 후대에는 이를 어정(御井)이라 기억하였다. 중종 때 영의정을 지낸 정광필(鄭光弼) 이후로는 동래정씨가 이곳에 세거하여 정유길(鄭惟吉), 정태화(鄭太和) 등의 이름난 재상들이 연이어 나왔기에 아예 이 집안을 회동정씨라고도 하였다. 청학동에는 이행(李荇)과 이언적(李彦迪) 등 명유의 집이 있었는데 남산 북쪽 일본

총독부 건물이 있던 왜성대(倭城臺) 앵곡(櫻谷) 근처라 한다. 조선 초기의 문인 손순효(孫舜孝)의 집은 명동에 있었고, 조선 중기 영의정에 오른 유성룡(柳成龍)의 집은 묵사동에 있어 이발(李潑)의 북악 집과 대비되어 남인과 북인의 명칭이 생겼다고도 한다. 문일평의 『근교산악사화(近郊山岳史話)』에 보이는 이야기다.

정선의 목멱산 남산의 본래 이름은 목멱산이다. 구름 위에 솟은 남산은 온통 소나무로 덮여 있다. 그 아래 산속의 집 재산루가 있었다.

17세기 남산 일대의 집 가운데에는 회현동 2가에 있던 청풍김씨 김육의 집이 특히 이름이 높았다. 김육(金堉, 1580~1658)은 자가 백후(伯厚), 호가 잠곡(潛谷)이다. 기묘명현(己卯名賢)의 한 사람인 김식(金湜)의 후손으로, 부친은 김흥우(金興宇)다. 김흥우는 성혼(成渾)과 이이(李珥)에게 수학하고 황신(黃愼), 김상용(金尙容), 김상헌(金尙憲) 등과 교유하였다. 부인 한양조씨는 조광조의 아우 조숭조(趙崇祖)의 손녀이며, 부인의 외조는 안당(安瑭)의 아들 안처성(安處誠)이다. 명문가가 아니라 할 수는 없지만, 청풍김씨가 다시 내로라하는 명가로 발돋움한 것은 김육에 이르러서다.

김육은 외가가 있던 마포에서 태어났다. 11살 때 양주의 평구(平丘, 금촌이라고도 하는데 오늘날 남양주시 삼패동 평구마을이다)에서 조부의 묘 아래 살면서 부친으로부터 글을 배웠다. 특히 도연명의 「오류선생전(五柳先生傳)」과 「귀거래사」를 좋아하여 이를 본떠 「육송처사전(六松處士傳)」과 「귀산거부(歸山居賦)」를 짓고 스스로 육송처사(六松處士)라 자호하였으니, 소년시절 문학에 대한 관심이 깊었음을 짐작할 수 있다.

김육은 성균관 유생으로 있던 광해군 5년(1613) 계축옥사가 일어나자 가평군 화개산(華蓋山) 아래 청덕동(淸德洞), 곧 오늘날 청평의 안전유원지가 있는 외서면 청평리 잠곡동으로 내려가 10년간 농사를 지으며 초라하게 살았다. 그곳이 바로 그의 호로 삼은 잠곡이다. 처음에는 거처할 집이 없어 굴을 판 뒤 헛가지를 얽어매고 살았다. 낮에는 산에 가서 나무를 하고 저녁에는 송진으로 불을 밝혀 책을 읽었다. 36

세가 되어서야 초가삼간을 짓고 회정당(晦靜堂)이라는 이름을 붙이고 학자로 살았다. 벗 장유(張維)가 지은 기문에 따르면 송나라 채침(蔡沈)이 지은 『홍범황극내외편(洪範皇極內外篇)』에서 "군자는 숨어살면서 조용히 기다린다(君子以晦處靜俟)"는 뜻을 따른 것이라 하였으니, 광해군의 어두운 시대가 가기를 기다린 것이라 하겠다.

그러나 기다림의 시간 동안 김육은 괴롭게 살았다. 가난은 그의 곁을 떠나지 않아 남의 밭의 김을 매주고 숯을 구워 서울로 짊어지고 다니는 노역을 해야 하였다. 일화에 따르면, 도성에서 파루를 치면 가장 먼저 동대문으로 들어선 이가 김육이었다고 한다.

그에게 인생의 전기가 된 것은 인조반정이었다. 44세의 늦은 나이에 천거를 받아 벼슬을 시작하여 의금부도사에 임명되었고, 이듬해 증광문과(增廣文科)에 장원을 차지하였다. 청요직(淸要職)을 거치면서 몇 번 좌천되고 귀양살이를 하였지만 효종 즉위년에는 재상의 지위에까지 올랐다. 대동법(大同法)을 확대 시행하는 데 큰 공을 세웠을 뿐만 아니라 동전을 유통시키고 수차를 제조하였으며 시헌력(時憲曆)을 도입하였던 선진적인 관료였다. 뿐만 아니라 김육은 위대한 저술가이기도 하였다. 문집 『잠곡집(潛谷集)』 외에 『구황촬요(救荒撮要)』, 『벽온방(辟瘟方)』, 『황명기략(皇明紀略)』, 『유원총보(類苑叢寶)』, 『송도지(松都誌)』, 『효충전경(孝忠全經)』, 『동몽선습(童蒙先習)』, 『종덕신편(種德新編)』, 『해동명신록(海東名臣錄)』, 『삼대가시전집(三代家詩全集)』, 『조경일록(朝京日錄)』, 『신응경(神應經)』 등이 모두 그의 손을 거쳐 나온 책이다.

잠곡서원터 1705년 김육을 제향하기 위하여 가평의 청평에 세운 서원. 인조반정 이전
김육이 농사를 짓고 살던 곳이다. 근년에 서원의 터를 정비하면서 추모비를 세웠다.

김육으로 인해 청풍김씨는 17세기 대표적인 명문가로 성장하였다.
그의 아들 김좌명(金佐明), 김우명(金佑明) 역시 17세기의 명환이었다.
김우명의 딸은 현종의 비가 되었으며 김좌명은 선조의 부마 신익성
(申翊聖)의 사위가 되었으니 훈구척신의 전형이라 할 만하다. 김좌명
은 세 누이를 두었는데, 첫째 자형 김숭문(金崇文)이 낳은 딸이 오숙
(吳䎘)의 아들 오두인(吳斗寅)에게 시집갔고, 둘째 자형 황도명(黃道明)
의 딸이 종실 이정(李楨)에게 시집갔다. 또 셋째 자형은 영의정을 지
낸 서문중(徐文重)의 부친 서원리(徐元履)이다. 김육의 부친 김흥우의
묘문은 김상헌이 썼고, 김육의 묘비와 신도비는 각각 조경(趙絅)과 이
경석(李景奭)이 썼으며, 김좌명의 묘표는 박세당(朴世堂)이 썼다. 김좌

잠곡집 김육의 손자 김석주가 제조한 아름다운 활자 한구자로 1683년 문집을 간행하였다. 『잠곡집』에는 실용적인 경세제민의 방안이 제시되어 있다.

명은 아들 김석주(金錫胄, 1634~84) 외에 딸 하나를 낳았는데 조현기 (趙顯期)에게 시집갔고 다시 그 딸이 이하곤(李夏坤)의 부친 이인엽(李寅燁)에게 시집갔다.

김좌명과 김석주는 한당(漢黨)으로 당시 정치권력의 중심에 있었기에 훗날 부정적인 평가를 받기도 하였지만, 김육을 이어 이룩한 방대한 출판사업은 우리 문화사에 길이 남을 만하다. 김육은 효종 때 교서관(校書館)에서 목활자를 만드는 일에 깊이 관여하였고, 김좌명은 현종 때 호조판서로 있으면서 금속활자를 주조하였다. 또 김석주는 혼자 힘으로 한구자(韓構字)를 만들기도 하였다.

이들이 삼대에 걸쳐 서적을 널리 유통시킨 공로는 참으로 크다. 김석주의 저술은『고문백선(古文百選)』과『해동사부(海東辭賦)』를 위시하여『행군수지(行軍須知)』,『병가요집(兵家要集)』,『선원계보기략(璿源系譜紀略)』,『열성어제(列聖御製)』등이 전한다. 지금은 전하지 않지만 당시(唐詩)를 선발한 책자『당백가시산(唐百家詩刪)』, 명나라 대가 4인의 시를 선집한『금범집(錦帆集)』, 박은(朴誾)부터 정두경(鄭斗卿)까지 조선 초·중기 대표적인 시인 9인의 시를 모은『황종집(黃鐘集)』등도 주목을 요한다.

남산 아래 꾸민 집

김육과 그의 손자 김석주가 이와 같은 문화사업을 이룩한 공간이 남산 아래 회현동이다. 김육이 회현동으로 들어오게 된 것은 가평의 잠곡 생활을 청산하고 벼슬길에 접어든 이후로 추정된다. 김육의 집안은 대대로 양주 금촌(金村)에 선산을 소유하였으나 가평 생활의 곤궁함을 감안하면 경제적인 도움은 되지 못하였던 듯하다. 인조 7년(1629) 김육이 이조전랑으로 있다가 과실을 저질러 문외출송당하였을 때 광주 남종면의 소천(潚川, 牛川으로도 표기한다)에 거처를 정한 일이 있고, 또 인조 24년(1646) 파직되었을 때 양주의 금촌에 집을 정하였다고 한 것으로 보아 중년에 약간의 전장을 갖춘 것으로 짐작되며, 특히 소천은 종가의 터전이 되었다.

그러나 이때까지 김육은 도성 안에 집을 마련하지 못하여 자주 이사를 다녀야 했다. 그러다가 효종 원년(1650) 우의정에 임명될 무렵에야 남산 아래 집을 구할 수 있었다. 초가삼간에 불과하였지만 멋을 아는 사람이기에 몇 개의 정자를 꾸몄다. 먼저 집 뒤편에 공극당(拱極堂)을 지었다. 공극은 뭇별들이 북극성을 향해 돈다는 뜻이다. 공극당이 남쪽에 앉아 북쪽을 향하여 있기에 이 이름을 붙인 것이다. 공극당 바깥에는 구루정(傴僂亭)을 세웠다. 구루정이라는 이름은 지붕이 낮아서 머리를 부딪치지 않으려면 허리를 구부릴 수밖에 없었기에 붙인 것이다. 이 두 건물은 모두 초가로 이었다. 김육은 "누대와 정사를 짓는 사람들은 모두가 적막한 것을 싫어하고 번잡한 것을 좋아하여 기둥을 높게 세우고 보기에 화려하게 하여 멀리는 강호의 나루터에 세우고 밖으로는 교외의 논밭 사이에 세운다. 그러나 묘시(卯時)부터 유시(酉時)까지 관아에서 일을 보느라 한번 올라가볼 겨를이 없어서 도리어 그 위에 올라가서 한가롭게 소요하는 이웃 사람이나 지나가는 나그네만도 못하니, 실로 다른 사람을 위하여 세운 것이지 자기 자신을 위하여 세운 것이 아니다. 더러는 대문을 걸어두고 다른 사람들이 들어오지 못하도록 하는 이도 있으니 어찌 크게 웃을 일이 아닌가?" 하였다. 김육은 구루정을 참으로 사랑하였다.

정자의 크기는 비록 작지만, 자리잡고 있는 곳은 높고도 기이하며 바라다보이는 곳은 넓고도 멀다. 바위는 우뚝하고 소나무는 푸르러 마치 깎아놓은 듯 꽂아놓은 듯 하다. 창밖에 우뚝하니 서 있는 것은 목멱산의 잠두봉이고, 용처럼 꿈틀대고 범처럼 쭈그리고 있어 달려가기도 하고 멈추기도 하여 서로 마주 대하여 돌아보고 있는 것이 백악산과 낙산이다. 난새가 멈춘 듯 아름답고, 고니가 서 있는 듯 우뚝하여 마치 날아가려다 날아오르지 않는 듯한 것이 인왕산이고, 붓을 꽂은 듯 홀을 세운 듯 우뚝하여 나아가려다 서 있는 듯한 것이 도봉산이다. 수락산은 노원(蘆原)의 뒤편에서 마치 불암산을 전송하는 것 같고, 무악산은 안현(鞍峴)의 위에 있으면서 마치 부아봉(負兒峯)을 좇는 듯하다. 기괴한 형상과 이상한 모양새가 여기저기 겹쳐서 나타난다. 백운봉과 인수봉 등 여러 봉우리가 구름 저 멀리 하늘 밖 아득한 곳에 삐죽하게 솟아 있는 모습은 더욱 경외롭고 사랑스럽다. 아침이면 아침대로 저녁이면 저녁대로 안개와 구름이 변화함에 따라 숨기도 하고 드러나기도 하며 합쳐지기도 하고 떨어지기도 한다. 그 누가 성시 안에 이와 같은 신선의 경치가 있는 줄 알겠는가?

저 강호의 경치와 교외의 흥취가 즐겁기는 하지만 항상 거기에 머물러서 살 수는 없으니, 한 번 가고 두 번 가는 사이에 한 해가 이미 저문다. 어찌 이곳에서 잠자고 거처하며 이곳에서 먹고 쉬면서, 천변만화를 보아서 마음과 눈을 즐겁게 하고 사시사철 항상 창가에서 마주 대하는 것만 같겠는가?

내가 팔도를 두루 유람하였지만 경치를 감상할 마음이 생긴 적이 없었다. 그러다가 70여 년이 지난 뒤에 비로소 명승지를 얻어서 정자를 지었으니, 돌틈 사이의 물은 갓끈을 씻을 만하고 바위 사이의 물은 양치질을 할 수 있으며, 대나무를 쪼개 만든 수로로 물을 대어 연못에는 연꽃을 심을 수가 있고, 물고기를 기르고 학을 기르며 만물을 친구로 삼을 수 있다. 종일토록 무료하여 시장통의 시끄러운 소리가 들려오지 않으니 이는 참으로 평소 꿈속에서도 생각지 못하던 곳이다. 비록 그렇지만 큰길 쪽을 바라다보면 여염집들이 땅에 나지막하게 있고 대궐 쪽을 바라다보면 대궐 용마루가 하늘에 접해 있다. 이에 도성 사람들이 구름처럼 오가며 보는 자가 많으니 나도 모르게 마음이 떨려서 높게 짓기가 꺼려진다. 이 때문에 서까래를 낮게 하고 담장을 야트막하게 한 다음 뒤편에 소나무와 대나무로 울타리를 쳐서 검소함을 밝게 드러내어 보였다.

　높은 데 있을 때 위태로움을 생각지 않아서는 아니 되고, 방에 들어와 있을 때 멀리 보는 것을 생각지 않아서는 아니 된다. 그러니 어찌 감히 마음이 상쾌한 것만 좋아하여 처사처럼 창가에 기대어 공상 속에 잠겨서야 되겠는가. 고대 솥에 새긴 글 정명(鼎銘)에서 "낮은 벼슬인 일명(一命)의 관원은 허리를 낮게 굽히고 중간 벼슬인 재명(再命)의 관원은 허리를 굽히고 가장 높은 벼슬인 삼명(三命)의 관원은 머리를 수그린다"라 하였는데 내가 이 말에 깊이 느껴지는 바가 있어 삼명의 뜻에 따라 머리를 수그리는 것으로 나의 작은 정자 이름을 지었다.

김육, 「구루정기(傴僂亭記)」, 『잠곡집』

여염집과 대궐에 인접한 남산 밑에 초가를 짓고 살았지만 처사연하면서 살고자 하지는 않았다. 또 정승의 반열에 올랐건만 스스로를 낮추고자 한 뜻도 읽을 수 있다.

　김육은 공극당, 구루정 외에도 여러 개의 정자를 더 만들었다. 먼저 태극정(太極亭)을 지었는데, 주렴계(周濂溪)가 이른 무극이태극(無極

而太極)의 뜻을 취한 것이다. 정자의 지붕을 둥글게 하고 아래에 네모
난 상을 깔았는데 이는 곧 천지(天地)를 본뜬 것이고, 기둥을 네 개 세
운 것은 사상(四象)을 본뜬 것이며, 위에 서까래 여덟 개를 둔 것은 팔
괘를 형상한 것이고, 배로 늘려 여덟 개를 더한 것은 십육괘를 형상한
것이며, 가로질러 다섯 개를 맨 것은 오행(五行)을 형상한 것이었다.

　태극정은 남산에서 발원한 시내가 흐르는 곳에 세웠다. 김육은 작은
돌로 물길을 막아 물을 가두고 이를 반월지(半月池)라 하였다. 그리고
자신이 좋아하는 연꽃을 심었다. 반월지 언덕 아래 있는 기암을 깎아
내고 대나무로 시렁을 엮고 발로 지붕을 덮었는데, 멀리서 보면 마치
흰 구름 한 조각이 소나무 위에 머물러 있는 형상이었다. 반월지는 연
지(蓮池)라고도 하였는데 김육은 이곳에 서서 주렴계처럼 생의(生意)를
보려 하였지만, 도리어 피식 웃고 말았다.

　　태극정이 반월지 곁에 솟아 있는데
　　산 가득 풍광이 거울 속에 걸렸네.
　　사물의 이치를 찬찬히 따지다 도리어 웃나니
　　물고기가 푸른 하늘에 뛰고 새는 못에 빠졌으니.
　　太極亭開半月邊　滿山光景鏡中懸
　　細推物理還堪笑　魚躍靑天鳥沒淵

　　　　　　　　　　　　　　김육, 「연지에서(蓮池)」, 『잠곡유고』

물고기는 물에서 뛰고 솔개는 하늘을 난다는 '어약연비(魚躍鳶飛)'

김육의 초상 흉배에 학이 그려진 관복을 입고 있는데 곧 당상관(堂上官)의 복장이다. 외모로 보아 재상에 오른 노년의 영정으로 추정된다.

의 가르침이 실질을 중시하는 김육에게는 의미가 깊지 않았던 모양이다. 성인의 말씀과는 달리 연못에 비친 푸른 하늘에 물고기가 뛰놀고 새가 다시 연못에 비치니 곧 연못에 빠진 것이라 시로 장난을 친 것이다. 그 때문에 김육은 남산 속에 있되 마음은 산에 있지 않았다. 다음은 남산 아래 자신의 정자에서 지은 것으로 보인다.

혼자 띠로 인 정자에 앉으니
먼 산이 다 그다지 높지 않네.
돌샘은 바람에 요란한데
연잎은 비에 조잘대네.
서가가 짧아 책이 지붕에 닿는데
사람은 없어 길이 잡초에 묻혔네.
일년 내내 홍수와 가뭄 걱정에
작은 마음조차 늙을까 겁이 나네.
獨坐茅亭上　遙山摠不高
石泉風外聒　荷葉雨中嘈
架短書連屋　人稀逕沒蒿
終年憂水旱　恐懼寸心老

김육, 「빗속에서 우연히 시를 짓다(雨中偶吟)」, 『잠곡유고』

죽기 한두 해 전 제작한 작품이다. 김육은 77세 고령의 나이인 효종 7년(1656) 태극정 아래에 다시 재산루(在山樓)를 만들었다. 층층바위가 솟아 있고 개울물이 그 가운데로 흐르는 곳에 세워진 재산루는 서울을 굽어보고 삼각산을 올려다보며 읍을 하는 형상이었다. 지세가 높고 형세가 웅장하며 탁 트여 비길 데 없이 아름다운 곳이었다. 김육은 북벌(北伐)에 찬성하지 않았지만 왕실의 권위를 높이는 데는 적극 찬성하였다. 이 때문에 김육은 재산루를 강무(講武)의 장으로 삼고 활터를 만들어 왕실의 호위병을 훈련시켰다. 경향각지의 무인들이 화살과 창칼을 들고 몰려들어 매일 집 밖에서 진을 치고 있었기에 부득이 이 정자를 세운 것이다. 사방의 무사들이 이곳에 모여 병법과 활쏘기를 익혀, 이들 중에서 문무의 재주를 겸하여 임금의 심복이 될 자가 나오기를 기대하였다. 이 누각의 형상을 묘사한 「재산루기(在山樓記)」도 절로 힘이 솟는다.

　　푸른 낙락장송이 좌우를 감싸고 호위하여 마치 십만 명의 장부가 꼼짝 않고 서 있는데 장막은 첩첩이 있고 깃발은 휘날리는 듯한 것은 가을바람이 불 때의 풍경이다. 여염집이 줄비하게 늘어서 중앙을 겹겹으로 둘러싸고 있어서 마치 천 겹으로 은빛 갑옷을 입은 군사가 진을 치고 있는데 창칼이 삼엄하게 벌려 있고 전마(戰馬)가 내달리는 듯한 것은 겨울철 눈이 온 뒤의 기이한 장관이다. 뭇 시냇물이 합류하여 한 골짜기로 치달려 마치 용감한 군사가 적진을 향해 나아가니 돌이 구르고 산이 놀라는 듯한 것은 여름철 폭포물이 시끄러운 소리를 내며 흐르는 것이다. 장군의 군막에서 온갖 새가 조화롭게 울 때 영평후(營平侯) 조충국(趙忠國)이 군사를 정돈하여 돌아오니 피리소리와 북소리가 서로 다투어 울리는 듯한 것은 봄날에 만물이 화창한 모습이다. 사시사철에 따라서 변하는 자태가 이 한 누각에 모두 모여 있어서 경치가 아주 뛰어나니 이름과 실재가 부합한다.

김육, 「재산루기」, 『잠곡유고』

재산루에는 김육이 내세운 강무의 뜻에 따라 호위편비지청(扈衛編裨之廳)이라는 현판이 붙어 있었다. 김육은 이 강무의 공간을 아름다운 수석(水石)으로 꾸몄다. 가끔은 한가하게 이곳에서 소요하고자 한 것이다. 손자 김석주가 쓴 기문에 따르면 당시 남산을 빙 둘러 세워진 집이 한둘이 아니었지만 가장 높고 가장 기이한 것은 김육의 집이요, 김육의 집 가운데서도 남쪽으로 수십 보 올라가 더욱 높고 더욱 기이하게 서 있는 것이 바로 이 건물이라 하였다. 이곳에 서면 남산의 아름다운 모습이 모두 보였다. 김석주는 이어지는 기문에서 이 일대의 모습을 다음과 같이 묘사하였다.

바위가 있어 병풍처럼 그 서쪽에 뻗어 있고, 골짜기가 있어 구멍처럼 그 남쪽에 오목하다. 개울이 있어 남쪽에서 나와 조금 서쪽으로 흐르고, 샘이 있어 우물이 되는데 또한 남쪽에서 나와 조금 동쪽으로 흐른다. 개울물은 끊어졌다 이어졌다 하여 비에 따라 달라지지만 샘물은 늘 콸콸 흘러나와 장마나 가뭄으로 물이 붙거나 줄지 않는다. 둘 다 마침내 그 골짜기를 따라 못을 이룬다. 샘물과 개울물

남산

남산 아래 회현동 2가. 지금은 빌딩숲을 이루고 있지만 산속의 집 재산루가 있었다.

이 다투어 물길을 댄다. 반월지(半月池), 남간(南澗), 옥천두(玉泉竇)라 한 것이 못과 개울과 샘 이름이다. 창벽암(蒼壁巖), 단구암(丹丘巖), 풍안암(楓岸巖), 국애암(菊崖巖), 조일암(朝日巖)이라 하는 것은 바위 이름이다. 모두 새겨서 붉게 칠하였다.

  빙 둘러 있는 바위 앞뒤로 수목을 뒤섞어놓았는데 나무는 소나무, 전나무, 잣나무, 단풍나무, 버드나무가 많고 화훼는 국화, 원추리, 철쭉, 창포가 많다. 매번 바람이 골짜기에서 불어오면 기운이 동탕쳐서 나무가 다투어 울린다. 큰 소리는 궁음(宮音)이 되고 작은 소리는 상음(商音)이 되어, 거문고를 치는 듯 비파를 타는 듯 하다. 층층벼랑 위에는 사시사철 꽃이 번갈아 피어 고움을 다투고 화려함을 자랑한다. 마치 웃음짓는 붉은 옷의 여인과 춤추는 흰 옷의 여인이 비취빛 휘장 사이에 예쁘장하게 서 있는 듯하다.

김석주, 「호위편비청벽기(扈衛褊裨廳壁記)」, 『식암유고(息庵遺稿)』

김석주가 가꾼 재산루

  김육은 효종 9년(1658) 79세의 장수를 누리고 남산 아래의 집에서 세상을 떠났다. 조부를 이어 남산의 주인이 된 김석주는 재산루, 태극정, 공극당을 자주 찾았다. 다음은 소나기가 내린 뒤 재산루를 찾아 지은 작품이다.

  지팡이 짚고 재산루에 가서
  벼랑을 타고 작은 대에 올랐다.

성긴 숲은 소나기가 그쳐 있는데

깊은 골짜기에는 가벼운 우레 흩어지네.

꽃길은 원래 대숲에 이어져 있는데

넝쿨옷은 이끼에 물들려 하네.

시원하여 즐기기에 좋으니

해가 기울어도 돌아갈 줄 모른다네.

倚杖臨山閣　攀崖得小臺

疎林收急雨　深壑散輕雷

花逕元通竹　蘿衣欲染苔

翛然遊賞足　斜日不知回

김석주, 「재산루 앞대에 올라(上在山樓前臺)」, 『식암유고』

김육이 물려준 집에는 누정이 여러 개 있었는데 김석주의 대에 정
자가 하나 더 늘었다. 김석주는 정자를 세우고 싶었지만 세울 만한 곳
에는 조부가 이미 다 세워놓았기에 뜻을 이루지 못하였다. 그러다가
우연히 집에서 남쪽으로 수백 보 떨어진 곳에 정자를 세울 만한 작은
언덕을 발견하고는 기뻐하며 초가로 작은 정자를 지었다. 김석주는
매일 그 정자에서 노닐며 그 모습을 이렇게 적었다.

정자는 남산 기슭에 있어 새벽 이내와 저녁 안개가 푸른빛을 실
어오고 변화하는 모습이 날마다 내 눈앞에 드러난다. 정자 앞의 개
울이 돌 위로 흐르고 뒤쪽으로 소나무가 뒤덮여 있어 쟁그랑쟁그랑

패옥이 울리는 듯한 물소리와 쏴쏴 비파를 타는 듯한 솔바람 소리가 날마다 내 귀에 들어온다. 정자에서 백가(百家)의 서(書), 이요(伊姚)의 기(記), 공자의 『주역』, 그리고 『열자』와 『장자』의 화려한 글, 『좌전』과 『사기』의 웅장한 글 등을 매일 내 마음과 더불어 만난다. 나는 이를 매우 즐긴다.

김석주, 「집 남쪽 작은 언덕 위의 초가 정자에 대한 기문(宅南小丘茅亭記)」,

『식암유고』

남산의 재산루에는 김육의 후손들이 대를 이어 살았겠지만 그 뒷이야기는 알 수 없다. 훗날 바로 그곳에서 정약용(丁若鏞)이 젊은 시절을 보내면서 다시 한번 문화사의 중요한 공간이 된다. 정약용은 자신의 집을 누산정사(樓山精舍)라 하였다. 김육의 실학정신을 염두에 둔 것이라 하겠다. 정약용의 누산정사는 북향으로 되어 있고 문은 서쪽으로 내었으며 그 서쪽에 개울이 흘렀다. 아들 정학연(丁學淵)도 이곳에서 태어났다.

19세기 지도에 재산루가 보이거니와, 근대까지도 재산루는 도성 사람들에게 널리 알려져 있었다. 그러나 이제는 그곳이 정확히 어딘지 알기 어렵게 되었다. 재산루에는 김육과 그 후손들이 모은 수많은 고서가 소장되어 있었던 듯하다. 근대 일본의 학자 마에마 교오사쿠(前間恭作)의 『고선책보(古鮮册譜)』에는 재산루 장서(藏書)가 상당수 보이는데 아마 김육 대부터 모은 이 집안의 책일 것이다. 이들 장서 중 상당수가 일본의 동양문고(東洋文庫)로 넘어가 있다. 김육이 살던 땅의 자취가 희미해지고 보던 책은 해외로 나가 있지만, 그럼에도 김육의 정신은 현재에도 그 빛을 잃지 않았다. 외환위기로 온 나라가 아우성칠 때 그 대안을 김육에게서 찾고자 하였고, 21세기 리더십을 김육에게서 확인하고자 한 시도가 최근 학계에서 있었다. 📖

2. 암울한 시대 은둔의 집

계 정

어리석음의 공간
정경세의 우복산

어리석으면 숨어살고 지혜로우면 웅비하는 법

산수와의 그윽한 맹약 어기지 마시라

산수헌에서 본 산과 물 정경세의 종가는 산과 물이 아름답다는 뜻으로
산수헌이라 한다. 사랑채의 마루에 앉으면 앞으로 개울과 산을 마주하게 된다.

우복산으로 들어가기까지

정경세(鄭經世, 1563~1633)는 자가 경임(景任)이며, 젊은 시절 호를 하거(荷渠) 혹은 승성자(乘成子)라 하였다. 만년에 우북산(于北山)에 살았는데 산 이름을 우복산(愚伏山)이라 바꾸고 우복(愚伏)을 자신의 호로 삼았다.

정경세는 명종 18년(1563) 9월 14일 상주시 청리면 율리촌(栗里村)의 집에서 태어났다. 그의 선조들은 진주에 세거하였다. 9대조 정택(鄭澤)이 상주목사를 지냈는데 배행한 아들 정의생(鄭義生)이 상산김씨 김득제(金得齊, 金貴榮의 9대조가 된다)의 딸과 혼인하면서 상주에 뿌리를 내리게 되었다. 그후 현달한 인물을 내지 못하다가 정경세에 이르러 크게 문세가 확장되었다. 정경세는 이황(李滉)의 학맥을 이었으며 훗날 양관대제학(兩館大提學)에 오르는 영예를 입었다. 송준길(宋浚吉)을 사위로 맞았는데, 그 때문에 훗날 정경세의 『연보(年譜)』가 송준길의 손에 힘입어 가장 아름다운 형태로 출간된다. 같은 상주에 살던 노수신(盧守愼)의 증손도 그에게 사위가 된다. 스승인 유성룡(柳成龍)의 아들 유진(柳袗), 『대동운부군옥(大東韻府群玉)』의 저자 권문해(權文海)와도 사돈을 맺어 그 아들을 손녀사위로 맞았다.

정경세는 젊은 시절 상주 율리촌에서 지내다가 선조 19년(1586) 승문원 권지부정자(權知副正字)로 관직생활을 시작하면서 서울에서 살았다. 종9품의 낮은 벼슬에서 출발하였지만 임진왜란 이전까지 스승 유성룡의 비호를 받아 벼슬길이 순탄하였다. 그러나 유성룡이 재상에서 물러나자 주위의 비방이 거세어져 선조 32년(1599) 결국 경상감사

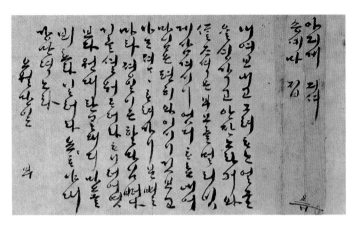

딸에게 보내는 편지 오른편의 아기는 딸이고, 송세마는 사위 송준길을 가리킨다.
딸을 시집보내고 그리워하는 정을 담았다. 대전선비박물관에 소장되어 있다.

에서 해직되었다. 이에 정경세는 12월 예천(醴泉) 화장리(花庄里)에 잠
시 내려와 살게 되었다. 이때 자신의 집을 일묵재(一默齋)라 하였는데
많은 말이 한번 입을 다무는 것보다 못하다는 뜻을 취한 것이다.

그 이듬해 정월 율리촌으로 내려왔으며 다시 그 이듬해인 선조 33
년(1600) 우복산에 살 집을 장만하여 은거하기로 마음을 먹었다. 오늘
날 상주시 외서면 우산리다. 그러나 완전한 귀거래의 뜻은 이루지 못
하고 다시 벼슬길로 나서 영해부사(寧海府使)를 지내다 얼마 지나지
않아 파직되었다. 서울에서 벼슬할 때 정경세는 정치적으로 상당히
강경한 노선을 걸었다. 당시 정인홍(鄭仁弘)이 임진왜란 때 모은 의병
을 흩지 않고 위세를 자랑하는 것을 보고 이귀(李貴)에게 말하여 탄핵
하도록 하였는데, 오히려 이 때문에 이귀가 파직되었다. 이에 정경세
는 가족을 이끌고 아예 우복산으로 내려와 버렸다. 이때 평생을 숨어

살 집을 완성하였는데, 두보(杜甫)가 초당(草堂)을 지은 뜻을 따른 것이었다. 다음은 우복산으로 들어가면서 말 위에서 지은 작품이다.

개울 따라 난 돌길은 갈수록 깊어지는데
석양빛 어릿어릿 높은 숲으로 떨어지네.
여윈 말에 어린 종놈 데리고 한가하게 오가니
세모를 맞은 은자의 마음을 그 누가 알아주랴.
石路緣溪入轉深 斜陽翳翳下高林
羸驂短僕閑來往 誰識幽人歲暮心

정경세, 「산속의 집으로 들어가면서 말 위에서 즉흥적으로 짓다
(入山庄馬上口占)」, 『우복집』

우복산 서쪽에 세운 산장은 그 북쪽 개울이 매우 으슥한데 물과 바위가 상당히 기이하였다. 개울을 따라 서 있는 양쪽 벼랑에 철쭉이 수백 보에 걸쳐 있었다. 꽃이 피면 근처 바위에 앉아 물장난을 하였는데 맑은 물결에 붉은 비단 같은 꽃잎이 어리는 정취가 대단하였다. 정경세는 아이들에게 꽃을 꺾지 말라고 당부까지 하였다. 선조 35년(1602) 2월 산불이 났는데 율리촌에 있던 정경세는 철쭉이 걱정되어 그 다음 달 와서 확인해 보았다. 다행히 철쭉은 무사하였다.

정경세는 원래 꽃을 좋아하였다. 특히 장미꽃과 유사하게 생긴 월계화(月桂花, 四季花라고도 한다)를 무척 사랑하여, 율리촌의 집에도 월계화 한 그루가 지붕 위에까지 뻗어 있었다. 그러나 불행히 임진왜란 때 이 꽃이 불타버렸다. 정경세는 우복의 집을 꾸미면서 여러 가지 꽃수십 그루를 뜰에다 심었지만 월계화가 없어 아쉬워하였는데, 주한경(周漢卿)이라는 사람이 자기 집 못 안의 섬에서 기르던 월계화를 뿌리내린 흙까지 담아 정경세에게 보내주었다. 주한경은 꽃에 벽(癖)이 있어 꽃을 심는 것을 업으로 삼았기에 화거사(花居士)라 불리던 사람이었다. 정경세는 월계화가 겨울에 혹 시들까 걱정하여 대나무 기둥을 네 개 세우고 가는 대나무를 더하여 짚으로 덮어 눈보라를 막을 수 있게 하였다. 이듬해 정월 입춘이 되자 날씨가 따스하여 짚을 풀었다. 그러나 갑작스러운 한파에 월계화는 결국 죽고 말았다.

정경세는 꽃을 사랑하는 마음으로 우복의 아름다운 산수를 즐겼다. 이와 함께 조정에서 펼 수 없는 구휼의 뜻을 펴서 선조 35년(1602)에는 이준(李埈) 등 13개 문중의 인사들과 함께 율리촌에 의국(醫局) 존애원(存愛院)을 지었다. 정경세 자신이 그 전해에 등에 종기가 심하여 위급한 경지에 빠진 경험이 있는데다 치료받을 곳 없는 사람들을 불쌍히 여겨 여러 사람과 힘을 합하여 의국을 세운 것이다. 이준이 쓴 존애원의 기문에 따르면 존애원의 명칭은 정자(程子)가 이른 존심애물(存心愛物), 곧 마음을 안존하여 사물을 사랑한다는 뜻을 취한 것이라 한다.

우복산의 아름다운 물과 집

정경세는 우복산 주변의 아름다운 물과 바위를 하나하나 자신의 것으로 만들어갔다. 집 곁의 정자와 누대, 못과 골짜기, 바위에 이르기

우복종가 산수헌 앞쪽이 사랑채고 그 너머에 안채가 있다. 멀리 우복산이 보인다.

까지 일일이 이름을 붙였다. 서실에서 동북쪽 산기슭 개울이 소를 이룬 곳은 회원대(懷遠臺)라 이름하였다. 벽돌을 쌓아 만든 오봉당(五峯塘)은 회원대 곁에 있는데 다섯 개의 바위가 그 서쪽에 서 있어 못 안에 그림자를 드리웠다. 오로대(五老臺)는 회원대에서 돌길을 따라 동쪽으로 세번째 산기슭에 있는데 다섯 그루의 노송이 서 있어 그 아래를 넓혀 대로 만든 것이다. 상봉대(翔鳳臺)는 오로대에서 동쪽으로 다시 세번째 산기슭에 있는데, 위쪽의 평평한 바위가 깎은 듯이 천 길의 높은 기상으로 벽처럼 서 있는 곳이다. 서실에서는 좌청룡에 해당한다. 오주석(鰲柱石)은 상봉대 동북쪽에 있는데 높이가 수십 길이고 홀로 우뚝 솟아 하늘을 떠받드는 형세가 있어 이 이름을 붙였다. 우화암(羽化巖)은 오주석을 타고 넘어가서 위로 백 보쯤 떨어진 산 정상에 있

바보바위 우암 우복종가 앞 개울에 있다. 물가의 넓적한 바위가 우암이다. 어리석게
살고자 한 정경세의 표상이다.

는데 사방이 탁 트여 있다. 어풍대(御風臺)는 우화암에서 다시 백여
보 올라간 곳에 있는데 왼쪽에 있는 산 가운데 가장 높다. 만송주(萬
松洲)는 집 앞 개울로 주변이 모두 흰 모래로 되어 있고 그 위에 솔숲
이 있다. 산영담(山影潭)은 만송주 동쪽에 있는데 상봉대 바로 아래쪽
이다. 이 열 곳은 집에서 앉거나 누워서도 늘 마주할 수 있는 곳이었
다. 회원대, 오로대 등은 우복으로 내려온 선조 35년(1602)에 만든 것
이고, 오봉당과 만송주는 2년 후에 조성한 것이다.

　이외에 개울을 따라 거슬러 올라가면 다시 열 곳의 아름다운 명소
가 있었다. 계정(溪亭), 수륜석(垂綸石), 반암(盤巖), 화서(花漵), 운금석
(雲錦石), 쌍벽단(雙壁壇), 청산촌(青山村), 화도암(畫圖巖), 공선봉(拱仙

峯), 수회동(水回洞) 등이 바로 그곳이다. 계정은 정경세가 선조 36년 세운 정자로 나중에 청간정(聽澗亭)이라 이름하였다. 운금석은 수십 명이 앉을 수 있는 너럭바위로 그 위에 무늬가 있어 이 이름을 붙였다. 청산촌은 붉은 바위와 푸른 소나무, 흰 모래, 맑은 못이 있는 아름다운 곳으로 청산(靑山)이라는 사람이 살아 붙여진 이름이다. 화도암은 정경세가 정사를 지으려 하였으나 뜻을 이루지 못한 곳이다. 수회동은 벗 이준이 자주 유람하던 곳으로, 정경세는 훗날 이곳에 도남서원(道南書院)을 세우려 하였으나 너무 궁벽지다 하여 포기한 곳이기도 하다. 정경세는 죽장망혜(竹杖芒鞋)로 다니거나 필마(匹馬)에 소동(小童) 하나를 데리고 이곳을 두루 유람하였다.

또 집 동북쪽 물이 합쳐지는 곳에 높이가 4~5길쯤 되는 바위가 있는데 이름을 미처 붙이지 못하다가 뒤늦게 그 바위의 이름을 우암(愚巖)이라 하였다. 바보바위라 이름한 것이니 은근히 자신을 비유한 것이기도 하다. 우암은 오늘날 우산리 우복 종가 앞 물가에 질박한 모습으로 서 있다. 정경세는 우언체(寓言體)로 그 사연을 다음과 같이 썼다.

어느 날 밤 꿈에 바위가 나타나 이렇게 말하였다. "만물이 생겨남에 드러나고 숨겨짐도 운명이요 만나고 못 만나는 것도 시운(時運)입니다. 내가 이곳에 서 있은 지 이미 오래되었지만 이름이 세상에 드러나지 못하였습니다. 그렇다고 원망하지는 않으니 만나는 사람이 내게 맞지 않았기 때문이었습니다. 이제 다행히 당신을 만나 주인으로 삼게 되었으니 천재일우의 기회를 맞게 되었습니다. 내 족

속들 중에서 좌우에 둘러서 있는 것들은 모두 당신의 은택을 입어 각기 아름다운 이름을 가지게 되었지만 유독 나만 빠져 있습니다. 만났는데도 드러나지 못하였으니 유감이 없을 수 있겠습니까?"

나는 바위에게 대꾸하였다. "이름은 실질의 손님이라네. 실질이 없으면서 이름을 얻는 것은, 지혜로운 자는 두려워하고 어리석은 자는 탐을 내지. 내가 이름을 붙인 바위는 정말 많다네. 정정하게 높이 솟아 노을 너머로 하늘을 받치고 있는 듯한 형세가 있는 것은 오주석이라 하였지. 네모 모양을 그리는 자처럼 네모나고 수평을 재는 자처럼 평평하게 세상 먼지 너머 산꼭대기에 있어 마치 여러 신선들이 흩어지고 바둑판만 남아 있는 듯한 것은 난가임(爛柯巖)이라 하였다네. 또 못 가운데 솟았는데 그 위에 철쭉이 있어 꽃이 피면 물에 어려서 마치 사람의 얼굴처럼 생긴 것은 삽화임(揷花巖)이라 하였네. 개울가에 깎은 듯 있어서 앉아 물고기를 낚기에 좋은 것은 수륜석이라 이름하였네. 개울 굽이도는 곳에 넓적하게 있어 아래로 물장난을 할 수 있는 것은 의공임(倚筇巖)이라 이름하였네. 이러한 몇 가지 이름을 붙인 데에는 그 모습을 좋아한 것도 있고 그 쓰임새를 취한 것도 있다네. 오직 실질만을 따질 뿐 아름다움을 과장하여 헛되게 이름을 내려준 것은 없다네. 나는 이미 자네를 본 적이 있다네. 헌걸차게 기다랗지만 깎아지른 자태가 없고, 펑퍼짐하게 크지만 기이하고 예스러운 모습은 없었네. 그 얼굴이 우묵하여 꽃으로 장식한 것이 없고 이마가 불룩하여 걸터앉을 수 없지. 그 형상은 즐길 만하지도 못하니 쓰임이 없지. 이러니 이름을 붙여 드러나게 하는 것은 지혜롭지 못한 듯하네."

"여러 가지 당신이 나를 평한 말은 옳습니다. 그러나 형상이라는 것은 외모요, 쓰임이라는 것은 재주입니다. 외모에 현혹되어 그 안을 내버리고 재주를 숭상하여 그 덕을 뒤로 하니, 군자가 사물을 평한다면 이렇게 하지는 않겠지요. 이제 나는 산기슭 끝 두 물이 만나는 곳에 처하여 가을이 되어 물이 이를 때가 되면 만 개의 골짜기에서 다투어 흘러온 미친 듯한 물결에 씹히고 먹혀서 벼랑이 무너지지만 나는 능히 홀로 꼿꼿이 서 있습니다. 굳건하게 흔들리지 않아서 그 물살을 꺾어 밀어내지요. 산기슭이 무너지고 휩쓸려나가지 않도록 한 것은 누구의 힘이겠습니까? 이러한 뜻을 취하여 이름을 붙이면 안 되겠습니까?"

내가 웃으면서 대답하였다. "뽑아낼 수 없는 뿌리를 가지고 있지 않은데도 성대한 물결과 싸우면서 숫돌기둥[砥柱]을 본받으려 하고 있으니, 너는 정말 지혜롭지 못하구나. 형상이 즐길 만하지 못하면 어리석은 것이요 쓰일 데가 없으면 어리석은 것이며, 스스로의 역량을 헤아리지 않고 큰 절개를 당해 내려 하니 그 또한 어리석은 것이라네. 이러한 어리석음을 가지고서 우산(愚山) 안에 머물러 있어 어리석은 사람의 이웃이 되었고 또 실질이 없는 이름을 탐내고 있으니, 억지로 이름을 붙인다면 바보바위[愚巖]라 하면 어떻겠나?"

바위는 소리를 내어 좋다고 하였다. 내가 꿈에서 깨어 기이하게 여기고 느낌이 있어 마침내 이를 가지고서 스스로의 호를 삼는다.

정경세, 「우암설(愚巖說)」, 『우복집』

대산루 산을 마주하는 누각이라는 뜻이다. 정경세가 세상을 떠난 뒤 후손이 세운 것으로 추정된다.

우복(愚伏) 혹은 우암(愚巖)이 정경세 자신의 호이니 바위에 빗대어 스스로 어리석게 살겠다고 한 것이다. 석중도인(石澯道人)이라는 호도 사용했는데 물길이 합하는 곳에 있는 바위를 달리 말한 것이다. 정인홍 등의 권세에 눌리지 않고 고고하게 살겠다는 의지가 보인다. 정경세는 바보산 우복산과 다시 시로 수창하였다.

옛날 이름 우북이더니 이제 우복인 것은
그저 그 사이 늙은이가 붙어살기 때문이라.
영은대, 성거대 그 이름도 좋아라
산꽃은 도리어 노부를 좋아할는지.

舊名于北今愚伏 只爲中間着老夫

靈隱聖居名更好 山英還愛老夫無

「산에 묻다(問山)」, 『우복집』

어리석으면 숨어살고 지혜로우면 웅비하는 법

산수와의 그윽한 맹약 어기지 마시라.

사람 마음 절로 명예를 좋아하지만

나는 어리석고 지혜로움에 마음 쓰지 않노라.

愚宜雌伏智雄飛 泉石幽盟愼莫違

自是人情愛名譽 我於愚智沒心機

「산의 답(山答)」, 『우복집』

정경세는 이때부터 세사에 관심을 끊고 독서와 강학에 몰두하는 한편 산수에 취미를 붙였다. 정경세는 매일 어린아이 몇 명을 데리고 인근의 아름다운 곳을 찾아다녔다. 집 아래위 십여 리를 다 훑고 다니며 평생 이곳에 살기로 마음먹었다. 그러나 몇 년 사이에 근력이 떨어져 다시 찾아다닐 수 없게 되었다. 이에 우복산장의 아름다운 스무 곳을 시로 노래한 「우복잡영(愚谷雜詠)」 20수를 지어 벽에 붙였다. 한가한 때 와유(臥遊)의 흥을 풀기 위한 것이었다.

벼슬살이의 애환과 귀거래

정경세는 존애원에서 일흔이 넘은 사람들을 모아 백수회(白首會)를 결성하여 그의 숙부와 여러 노인들이 즐길 수 있게 주선한 바 있다. 그러나 그의 가장 중요한 일상은 강학이었다. 선조 38년 사벌(沙伐)에 도남서원을 세운 것도 그 때문이다. 정경세는 존애원과 도남서원에서 스스로의 학문을 닦고 후생들을 지도하여 상주에 유학의 정맥을 이으려 하였다.

광해군 2년(1610)부터 다시 벼슬길로 나아간 정경세는 이언적(李彦迪)과 이황을 비난하는 정인홍을 막으려다 그 이듬해 체포되어 감옥에 한 달여 구금되었다가 석방되었다. 정경세는 옥고에 지친 몸을 배에 싣고 고향으로 돌아왔다. 그러나 다시 벼슬길이 열려 이듬해 강릉부사가 되었는데, 세파에 지친 그에게는 오히려 큰 위안이 되었다. 금강산을 유람하게 된 것도 이러한 계기에서다.

그러나 정경세는 벼슬살이를 달갑게 여기지 않았다. 그의 마음속에는 늘 우복산이 자리하고 있었다. 벼슬을 그만두고자 하였으나 뜻을 이루지 못하였기에 꿈에 우복산의 옛집을 찾아갔다. 꿈에서 깨어난 정경세는 고향집이 그리워 더 이상 잠을 이루지 못하고 달빛 비치는 작은 누각 귀퉁이에서 서성거렸다.

> 만송주에는 세 칸 초가
> 청간정 앞에 길 하나 호젓하다.
> 어젯밤 꿈길에 갔다 오니 잠을 이루지 못하겠는데
> 하늘 가득 서늘한 달빛이 서쪽 누각에 가득하다.
> 三椽茅屋萬松洲 聽澗亭前一逕幽

昨夜夢歸仍不寐 滿空凉月在西樓

정경세, 「작은 누 현판의 시에 차운하다(次小樓板上韻)」, 『우복집』

정경세는 한송정(寒松亭)과 풍호(楓湖)에서 강릉의 아름다운 산수를 즐기며 마음을 달래던 중 9월 5일 강릉 관아에서 서울로 압송당하였다. 폐모론(廢母論)을 반대한 것이 죄가 되었기 때문이다. 서울에서의 옥살이는 1년이나 지속되어 그 이듬해 10월에야 벼슬을 삭탈당하고 고향으로 돌아올 수 있었다. 고향으로 돌아가는 그에게 이항복(李恒福)은 "퍼덕퍼덕 갈매기가 그물에 걸렸더니, 훨훨 새가 조롱을 벗어났네(薄薄鴻罹網 翩翩鳥出籠)"라 하였다. 이항복의 말처럼 벼슬이 떼인 것이 정경세로서는 서운할 것이 없었다. 인근의 학자들, 그리고 멀리서 찾아온 벗들과 한가한 시간을 보낼 수 있었기 때문이다. 늦은 겨울 이전(李㙉)과 함께 매화를 보는 것도 즐거움이었다. 이듬해 광해군 9년(1617)에는 임숙영(任叔英), 김윤안(金允安) 등 이름난 문인들 수십 명이 회동하여 성대한 시회(詩會)를 벌이기도 하였다.

고향으로 내려온 정경세는 주변의 아름다운 풍광을 즐기며 살고자 하였다. 초당을 다시 엮고 벽돌로 못을 만들고 연꽃도 심었다. 광해군 9년에는 즐겨 찾던 사벌의 봉양(鳳陽)으로 유람을 나섰다. 산수에 흥을 붙여 이준 등과 낙동강에 배를 띄워 노닐었다. 봉양은 오늘날 경천대(擎天臺)라는 이름의 관광지가 되어 있다. 경천대는 옥주봉(玉柱峯) 아래 솟아 있는 높은 바위다. 정경세는 봉양을 사랑하여 별업을 짓고 왕래하였으며 정사(精舍)까지 짓고자 하였지만 완성하지는 못하였다.

그로부터 얼마 지나지 않아 우담(雩潭)이라 호를 쓰는 채득기(蔡得沂)가 '대명일월(大明日月)'을 지키며 이곳에서 은거하며 그 뜻을 가사로 노래하였다.

그후 광해군 14년(1622) 임술년에도 조찬한(趙纘韓), 이준 등과 다시 이 일대를 유람한 바 있는데 이때의 시를 「낙강범월시(洛江泛月詩)」로 묶었다. 38인이 모여 도남서원에서 서쪽으로 몇 리 떨어진 용연(龍淵)에 배를 띄워 구암(龜巖), 풍호(楓湖)를 두루 구경하고, 점암(簟巖)에 배를 대어 조휘(趙徽, 호는 松坡), 김홍민(金弘敏, 호는 沙潭)이 은거하던 땅을 돌아보고 다시 용연을 거슬러 반구정(伴鷗亭)에 올랐다.

비슷한 시기 정경세는 화산(華山)도 유람하였다. 화산 아래 살고 있던 조찬한이 9월 17일 정경세와 이준을 초청하여 아름다운 모임이 이루어진 것이다. 이준은 화산에서 멀리 떨어지지 않은 곳에 살았고 우복산도 화산에서 멀지 않았다. 내친김에 이들은 선유동(仙遊洞), 옥하대(玉河臺)까지 닷새를 함께 노닐었고, 이때의 시를 「화산잡영(華山雜詠)」으로 엮었다. 이 역시 전하지 않지만, 이준이 또한 서문을 남긴 바 있다.

우복산에 잠들다

정경세는 광해군 9년 6월에 직첩(職牒)을 돌려받았지만 벼슬길에 다시 나아가지 않았다. 이 무렵 그를 알아주던 사람들은 하나둘 저승으로 떠났다. 이항복이 광해군 9년 유배지에서 죽었고, 광해군 12년에는 정구(鄭逑)의 부고가 날아들었다. 정경세는 이렇듯 황량한 시절

별업 바위글씨 '문장공 우복 정선생 별업'이라 새겨져 있다. 문장공은 정경세의 시호다. 후손이 새긴 듯하다. 우암 곁 물가에 있다.

에 오히려 학문에 몰두하였다. 광해군 10년 『음부경(陰符經)』을 풀이하고, 이듬해 독서를 하다가 생긴 의문처를 적은 『사문록(思問錄)』을 저술하였으며, 광해군 14년에는 『주자대전(朱子大全)』을 요약한 『주문작해(朱文酌海)』를 편차(編次)하였다. 물론 제자들에게 학문을 전수하는 일도 게을리 하지 않았다.

1623년 인조반정이 일어날 때까지 그렇게 살았다. 그러나 인조 등극 이후에는 홍문관 부제학으로 부름을 받고 인조 곁에서 경연관(經筵官)으로 근무하였다. 이후 인조 2년 이귀(李貴)의 탄핵을 받아 도성 밖 왕심촌(往心村, 왕십리)으로 물러난 뒤 조정으로 들어가지 않았다. 임금이 거듭 그를 부르고 대사헌에 임명하였으나 배를 사서 고향으로 내려와 버렸다. 그럼에도 인조는 부제학으로 그를 소환하였고 다시 도승지에 임명하였다. 그후 대사헌, 부호군, 동지중추부사, 우참찬, 부제학, 형조판서, 이조판서, 대제학 등을 두루 역임하였다. 그 사이 벼슬이 싫어 거듭 치사할 것을 청하였지만 허락을 받지 못하자 인조 9년 무작정 상주로 내려가 서울로 올라가지 않았다. 그로부터 3년 뒤, 인조 11년(1633) 6월 17일 사벌의 매호촌(梅湖村)에서 그다지 멀지 않은 묵곡(墨谷, 먹골)에서 숨을 거두었다. 그 전해에 집안사람의 집을 빌려 임시로 살던 곳이다.

정경세는 죽은 후 함창(咸昌)의 검호(檢湖) 서쪽에 묻혔다. 그 자신이 미리 정해 둔 땅이었다. 그리고 인조 13년 자신이 세운 도남서원에 배향되었다. 정경세의 후손들은 18세기 중엽 세거하던 율리를 떠나 정경세가 가장 사랑하던 땅 우복산으로 옮겨 지금까지 선조의 정신을 기리며 살고 있다. 이곳에서 영남 남인을 이끌었던 정종로(鄭宗魯, 1738~1816)가 나와 집안을 다시 일으켰다. 정종로는 정경세처럼 함창의 율리에서 태어나 중년에 정경세가 묻힌 검호에서 살다가 우복산 아래 산수헌(山水軒)에서 생을 마쳤다. 그 산수헌은 오늘날까지 전하는데, 상주군 외서면 우산리에 있다.

산수헌에는 누대에 걸쳐 형성된 수많은 전적들이 소중하게 관리되고 있었는데 1948년 화재로 상당수가 인멸되었다. 그러나 정경세와 그의 벗들이 주고받은 필첩 등 상당수의 전적이 지금도 전해지고 있다. 맑게 흐르는 개울 건너에 우암 바위가 서 있고 그 안쪽 산자락에 정경세가 살던 집과 계정, 후손이 세운 대산루(對山樓)가 운치 있게 자리하고 있다. 그가 이름을 붙인 물과 산과 바위도 오랜 세월 동안 아름다움을 유지하고 있다. 지금은 그 종손이 농사를 지으면서 이곳의 주인이 되어 예법과 함께 우복산을 지키고 있다. 🔖

산수헌

안채에는 노모가 살고 사랑채 산수헌에는 종손이 잔다. 젊은 종손은 노모를 모시고
예의를 지키면서 살고 있다. 여기서 보는 산수한 골잡이 매우 달다.

신흠이 김포에서
누린 운치

산촌에 눈이 오니 돌길이 묻혔어라

시비를 열지 마라 날 찾을 이 뉘 있으리

밤중만 일편명월이 그 벗인가 하노라

가현산 선영 아래의 측백나무 신흠의 조부 신영이 장원급제한
기념으로 심은 나무라 한다.

가현산과의 인연

인천광역시 서구 대곡동과 김포 양촌면 접경에 부평 계양산(桂陽山)의 지맥이 뻗어내리다가 살짝 솟구쳐 있는 가현산(歌絃山)이 있다. 예전에는 김포의 마산면과 검단면 사이에 있었다. 200미터를 겨우 넘는 야트막한 산이지만, 망해암(望海庵)이라는 절이 있어 남쪽으로 바다가 한눈에 들어오는 아름다운 곳이었다. 그 곁에 상두산(象頭山)이 있는데 그 형상이 코끼리 머리를 닮았다 하여 이 이름이 붙여졌다.

지금은 그 자취를 찾을 수 없지만 조선 중기 최고의 문장가 신흠(申欽, 1566~1627)의 별서가 이곳에 있었다. 신흠은 본관이 평산(平山)이다. 선대의 묘가 본디 평산에 있었지만, 6대조 신효(申曉)가 세사를 달갑게 여기지 않아 행주(幸州)로 물러나 호를 서호산인(西湖散人)이라 하였으며 세상을 떠난 뒤 행주 염포(鹽浦)에 묻혔기에 선영이 행주 인근으로 옮겨졌다. 의정부 우참찬을 지낸 신영(申瑛)은 신흠의 조부인데, 이때부터 김포 마산면(馬山面)에 선영을 따로 만들어 그곳에 묻혔으며, 신흠의 부친 신승서(申承緒) 역시 그 아래 잠들어 있다. 이러한 연고로 신흠의 별서가 가현산 아래 자리하게 된 것이다.

신흠은 자가 경숙(敬叔)이다. 호는 매우 많은데 젊은 시절에는 경당(敬堂), 백졸(百拙), 남고(南皐) 등의 호를 쓰다가 후에 현헌(玄軒)으로 바꾸었으며 만년에는 현옹(玄翁)이라 하였다. 김포 별서 곁의 상두산에서 딴 상촌(象村)이 가장 잘 알려져 있지만, 김포로 물러나 살 때에는 방옹(放翁)이라고도 하고 귀양지에 있을 때에는 여암(旅菴)이라고도 하였다.

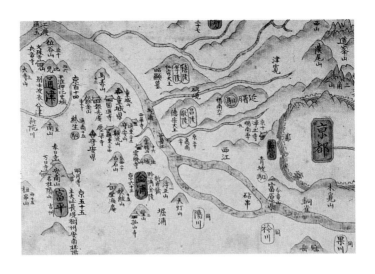

고지도의 김포 김포 왼편에 가현산이 보인다. 가현산의 망해암에서 서해가 보였다. 아들 신익성이 한강에서 배를 타고 왕래한 것으로 보아, 신흠도 뱃길을 자주 이용한 듯하다.

신흠은 서울 인왕산 아래 장의동(藏義洞)에서 태어났다. 이마가 넓고 귀가 컸으며 눈이 계명성(啓明星)을 닮았고, 오른쪽 뺨에 붉은 점이 있었다고 한다. 어릴 때 부친을 잃고 외조부 송기수(宋麒壽)에게서 글을 배웠다. 자라서는 이제신(李濟臣)의 문하에 들어갔다. 이때의 인연으로 훗날 이제신의 딸 전의이씨를 아내로 삼게 된다.

선조 17년(1584) 진사가 되고 그 이듬해 생원이 되었다. 이 무렵 김포 가현산으로 들어가 망해암에서 독서를 하였고 이를 바탕으로 이듬해 별시(別試)와 전시(殿試)에 급제하여 벼슬을 시작하였다. 여러 일로 파직된 적도 있었지만 계축옥사 이전까지는 대체로 평탄한 벼슬길을 걸었다. 문장이 뛰어나 윤근수(尹根壽)의 종사관으로 중국에 다녀왔거니와 홍문관 응교 등 핵심적인 문한(文翰)의 직책을 두루 수행하여 한성부 판윤, 예조판서 등의 요직을 역임하였다.

신흠이 벼슬길에서 물러나게 된 것은 1613년의 계축옥사 때문이었다. 신흠은 선조 임금으로부터 영창대군의 보호를 부탁받은 유교칠신(遺教七臣)의 한 사람이었기에 옥사에 연루될 수밖에 없었다. 다행히 1613년 4월 17일 방면되어 다음날 서강(西江)으로 나가 우거하다가 인근 황신(黃愼)의 별서로 처소를 옮겨 왕명을 기다렸다. 조정에서는 신흠에게 벌을 더하여야 한다는 논의가 일었다. 신흠은 몇 달 동안 하명을 기다리다가 8월에야 선영이 있는 김포로 돌아갔다. 당시 김포에는 계부(季父)가 선영을 지키고 있었는데 신흠은 계부의 농가에 기거하였다.

신흠이 임시로 살던 집은 참으로 초라하였다. 여름철이라 모기와 파리가 우글거렸고 무너진 담에는 비가 줄줄 새었으며 낡은 기와에는 뱀이 기어다녔다. 게다가 세사도 뜻과 같지 못하였다. 집 주위에 석류꽃이 빨갛게 피어 있어 발을 드리우고 즐기는 것이 그나마 위안이 되었다.

신흠은 골치 아픈 현실을 초탈하고자 하였다. 이에 현옹이라 하던 자신의 호를 방옹(放翁)이라 고쳤다. 「방옹시여(放翁詩餘)」가 이때 지은 시조를 모은 것이다. 그가 은거한 곳은 산이 노래하고 악기를 연주한다는 뜻의 가현산(歌絃山)이니, 가현산과 신흠의 노래가 만난 것은 인연이라 할 만하다. 「방옹시여」에 수록된 시조들은 자연을 벗하여 세사의 시름을 잊고자 한 것들이 대부분이다.

가현산 선영

가현산은 김포와 인천 사이에 있는 작은 산인데, 노래하고 악기를 연주하는 산이라는 뜻이니
노래로 시름을 푼 신흠의 뜻과 암합한다. 앞쪽에 부친 신승서의 묘이다.

산촌(山村)에 눈이 오니 돌길이 묻혔어라
시비(柴扉)를 열지 마라 날 찾을 이 뉘 있으리
밤중만 일편명월(一片明月)이 그 벗인가 하노라.

산속 마을에 눈이 와서 돌길도 묻혔다. 찾아올 사람이 없으니 사립문을 열 필요가 없다. 그저 밤중에 한조각 밝은 달만 벗으로 삼는다 하였다. 겨울이 되면 집이 눈에 묻혀 이웃과 두절되었으며, 땔감을 주워 콩죽을 끓이고 김치를 얹어먹고 살았다. 널리 알려진 그의 시조는 바로 이러한 배경에서 제작된 것이다.

만족을 아는 집 하루암과 감지정

신흠은 이듬해 2월 초가 몇 칸을 얻게 되었다. 그 집을 하루암(何陋菴)이라 편액하였다. 하루암 남쪽에는 가현산에서 흘러내리는 물이 작은 개울을 이루고 있었다. 가뭄에도 마르지 않았지만 가시덤불이 뒤덮고 돌이 뒤섞여 있어 지나다닐 수 있는 길이 없었다. 신흠은 잡목을 도끼로 찍어내어 개울이 잘 흐를 수 있도록 하였다. 돌을 쌓아 계단을 만들고 초가를 한 채 지었다. 물이 흘러 못이 된 것이 둘인데 그 가운데 제방을 쌓았다. 제방에는 버들 십여 그루를 심었다. 또 위쪽의 못 북쪽에 작은 대를 쌓았다. 이로써 이곳은 아름다운 땅이 되었다. 공자(孔子)가 구이(九夷)에 살고자 하였는데 제자 자로(子路)가 누추한 곳이라고 하자, 공자가 "군자가 산다면 무슨 누추함이 있느냐(君子居之 何陋之有)"라 하였으니, 군자 신흠이 살자 누추한 땅도 아름다운 땅이 되었다. 다음은 그 못을 보면서 지은 시다.

　　길 하나 풀숲을 뚫고 나 있는데
　　높은 벼랑에 작은 초가 있다네.
　　난초를 심어 밭을 일구려 하고
　　달을 담으려 못을 만들려 하였지.
　　대밭에 부는 바람 비파소리 같은데
　　등불 아래에서 문득 바둑판을 대한다.
　　산속의 집은 맑은 흥치 많아서
　　차를 끓이고 다시 시를 짓노라.

　　一逕穿蒙密　懸厓有小茨
　　藝蘭仍作畝　貯月欲成池
　　竹塢還聽瑟　香燈却對碁
　　山家清事足　煮茗又題詩

신흠, 「못가에서(池上)」, 『상촌집』

　　그해 5월 17일 아들 신익성(申翊聖)이 그를 위하여 산기슭에 집을 지어주었다. 신익성은 선조의 딸 정숙옹주(貞淑翁主)와 혼인하여 부마가 되었기에 동양위(東陽尉)라 불렸다. 신익성은 못을 파고 나무를 심어 부친이 노닐고 쉴 곳으로 만들었다. 그리고 부친에게 물어 그 이름을 감지정(坎止亭)이라 하고 다음과 같이 기문을 썼다.

감지정이라 하는 것은 가현산 동봉(銅峯) 기슭에 있다. 가현산은 『동국여지승람』에 실려 있는데 그 빼어난 것이 경기지방의 최고라 하였다. 그 산의 지맥이 서북에서 구불구불 이어져 빽빽한 무덤을 이룬 곳이 우리 집안의 선영이다. 동남으로 뻗어내려 우뚝 솟아 언덕을 이룬 곳이 부곡(釜谷)의 소나무와 삼나무다. 불룩하게 가운데 일어난 것이 동봉의 기슭인데 실로 골짜기 하나를 차지하고 있다. 두루 살펴보아도 끝이 없는데 촌락이 그 중간에 빼곡하다. 밭두둑이 그 아래에 뻗어 있다. 강과 바다가 앞으로 지나가고 언덕과 구릉이 옆으로 달린다. 천마산(天磨山), 화악산(華嶽山)이 흩어놓은 구슬처럼 어릿어릿한 것이 별처럼 바둑판처럼 늘어서 있다. 나는 산기슭에다 언덕을 평평하게 하고 구덩이를 돋우어 반듯하게 집터를 만들었다. 작은 정자를 지었는데 기와나 서까래로 장식하지는 않았다. 갑인년(1614) 여름 아버님이 편히 쉴 수 있도록 하여 이름을 청하였더니 이 이름으로 하였다.

신익성, 「감지정기(坎止亭記)」, 『낙전당집(樂全堂集)』

신흠은 이 집의 이름을 감지와(坎止窩)라 하고, 정자는 감지정이라 하였다. 그칠 데 그치는 것이 천명을 아는 것이요, 이를 즐기는 것이 군자라는 뜻인데, 신흠은 구덩이에 빠진 다음에야 멈출 줄 알았다는 자괴(自愧)의 뜻을 명(銘)으로 지어 따로 새겨두었다.

신흠은 감지와에 들보를 얹으면서 부른 노래에서, 봄바람이 불면 봄옷을 갖추어 입고 여린 풀과 한가한 꽃을 구경하고, 여름이면 녹음이 우거진 정원을 바라보면서 자리에 기대어 낮잠을 즐긴다고 하였다. 지팡이를 짚고 파란 이내가 낀 들판길을 걸으면서 신선처럼 살겠다는 의지도 말하였다. 신흠은 감지와에 칩거하였기에 서재를 초연재(超然齋)라 하고 좌우에 책을 쌓아두고 살았다. 세상의 구속에서 벗어나고 생사의 갈림에서도 벗어나 초연하게 살고자 하였고, 주로 소강절(邵康節)의 책을 읽었다. 헌(軒)은 해월(海月)이라 하고, 당(堂)은 수심(睡心)이라 하였다. 달빛과 바다의 물빛이 서로 비치어 밝게 빛나듯이 마음을 밝게 하고자 한 뜻과, 마음에 졸음이 있는 것이 천연(天然)이라는 뜻을 부여하고 이러한 의미로 감지와, 수심당, 해월헌에 명(銘)을 지어 새겼다.

작은 정자가 안개 낀 물가에 우뚝 솟아 있는데
오뉴월에도 찬바람이 돌문을 흔드네.
밤은 주먹만큼 커서 가을걷이 걱정 없는데
생선은 한 자나 되어 손님상에 올리겠네.
누가 내 관상 보고 제후의 골격 아니라 했나
기쁘게도 장수를 누릴 팔자까지 타고났는데.
베개에 기대 지겹도록 잠을 자며 소일하는데
온 산에 솔바람 소리 들어보니 시원하다.
小亭高絶壓烟汀 六月寒風撼石扃
園栗過拳秋計足 海魚盈尺客盤腥
誰言相法無侯骨 自喜生年有壽星

欹枕倦眠消白日　萬山松籟聽泠泠

신흠, 「새집을 짓고 나서(新構居成)」, 『상촌고』

　신흠의 집은 워낙 궁벽진 곳이라 8월에도 꾀꼬리가 울음을 그치지 않을 정도였다. 이 때문에 여름에도 시원하였다. 근처에서 큰 생선도 잡히고 알 굵은 밤도 있으니 제후의 팔자가 부럽지 않았다. 이렇게 살면 누군들 장수하지 않겠는가? 그래서 신흠은 이러한 삶을 즐겼다. 대낮에도 지겹도록 자고, 깨어나면 시원한 솔바람 소리를 들었다.

　신흠의 김포 별서에는 가끔 아우 신감(申鑑), 아들 신익성, 조카 신익량(申翊亮) 등이 찾아와 시를 주고받았고 김상헌(金尙憲) 등의 벗들도 종종 편지와 시를 보내어 신흠을 위로하였으니 외롭지도 않았다. 벗 김상헌은 수심당의 의미를 염두에 두고 이렇게 시를 지어 보내었다.

　　꽃은 말없이 지고 새는 절로 우는데
　　꽃 보고 새소리 듣느라 흰머리가 나직하겠지.
　　봄날을 그저 깊은 잠에만 빠져 있으리니
　　잠도 흐릿하니 꿈도 좋아 흐릿하겠지.

　　花落無言鳥自啼　看花聽鳥白頭低

　　三春只得昏昏睡　睡不分明夢亦迷

김상헌, 「현옹의 김포 우거에 부치다(寄玄翁金浦寓居)」, 『청음집(淸陰集)』

새는 울 때 소리를 내지만 꽃은 질 때 소리를 내지 않는다. 묘한 말이다. 흰머리가 나직한 것은 졸고 있기 때문이다. 꾸벅꾸벅 졸면서 새소리를 듣고 지는 꽃을 본다. 자는지 깨어나 있는지 알 수 없으니, 꿈을 꾸었는지도 분명하지 않다. 광해군 시절의 세상을 살자면 취생몽사(醉生夢死)할 수밖에 없었으리라.

전원에서 사는 맛

신흠은 김포에서 책을 뒤적이면서 살았다. 이 책 저 책에서 마음에 드는 글귀를 뽑고 자신의 생각을 적어 「야언(野言)」이라 하였다. 그에게 책은 속된 마음을 낫게 하는 약이었다.

여러 병은 모두 낫게 할 수 있지만 오직 속된 것은 낫게 할
수 없다지. 속된 것을 낫게 할 것은 오직 책뿐이라네.

신흠은 책을 읽는 여가에 꽃과 대나무, 새와 물고기를 길렀다. 이것이 그가 추구한 산림(山林)의 경제(經濟)였다.

뜻에 따라 꽃과 대를 기르고
성격에 맞게 새와 물고기 기르는 것,
이것이 산림의 경제라네.

신흠은 이렇듯 짧고 운치 있는 글들을 모았다. 마음에 드는 청언(清

言)을 모으고 자신의 것을 보태는 일은 허균(許筠)이 『한정록(閑情錄)』을 지었던 것처럼 이 시대의 유행 중 하나였다. 신흠이 지향한 시골의 풍광은 이러하다.

뽕밭과 보리밭 여기저기 하나같이 빼어난데
꿩은 봄볕에 비둘기는 빗속에 우는 것,
이것이 시골살이의 진정한 경물이라네.

대나무로 만든 궤안을 창에 두고 부들로 만든 자리를 땅에 깐다. 높은 봉우리가 구름 속으로 들어가고 맑은 개울물은 바닥이 보인다. 울타리 곁에 국화를 심고 집 뒤에는 원추리풀이 자라난다. 둑을 높이자니 꽃이 걸리고, 문을 옮기자니 버들이 걸린다.

이렇게 아름다운 곳에서 살면 절로 마음이 한가해지고 맑아진다. 이것이 산에 사는 사람이 얻고자 하는 바이기도 하다.

구름이 희고 산이 푸르다. 강물은 흐르고 바위가 서 있다. 꽃이 인사하고 새가 노래를 하니 메아리가 나무꾼의 노래에 답한다. 온 땅이 모두 적막하니 사람의 마음이 절로 한가하다.

손이 흩어지고 문이 닫히고 바람이 자고 해가 지는데

야언 1625년 8월 상순에 쓴 발문에서 인조반정 후 서울로 돌아온 뒤 10년의
유배생활 동안 모아둔 글들을 정리했다고 하였다.

술동이를 설핏 열어두고 시구가 막 이루어지는 것,
이것이 산에 사는 사람의 득의한 점이라.

긴 난간 넓은 정자에 굽이도는 물 돌아드는 돌길,
수북한 화초에 호젓한 대숲, 들판의 새와 강가의 갈매기,
질화로에 향을 태우고 눈 날릴 때 참선을 이야기하는 일,
이것이 진정한 세상이요 또한 담박한 생활이라네.

서리 내리고 바위가 드러나며 못물이 맑고 잔잔한데 고목에
넝쿨이 드리워진 것, 이들이 모두 물 속에 그림자를 드리울

때 지팡이 짚고 나서면 마음과 땅이 모두 맑아진다.

스님과 솔숲의 바위에 앉아 인과에 대해 말하고 화두(話頭)를 잡아 말한다. 한참 뒤 소나무 끝에 달이 걸리면 나무 그림자를 밟고서 돌아온다.

서리 내리고 잎이 질 때 성긴 숲속으로 들어가 나무뿌리에 앉는다. 바람에 날려 붉은 단풍잎이 옷소매에 붙고 들새가 나무 끝에서 날아와 사람을 엿본다. 황량한 땅도 이에 도리어 맑고 시원한 곳이 되는 법.

초여름 원림에서 마음대로 이끼풀을 걷어내고 바위 위에 앉는다. 대그늘 사이로 햇살이 새어들고 오동나무 그림자가 구름을 붙든다. 이윽고 산 위의 구름이 갑자기 일어나 가랑비에 한기가 돈는다. 침상으로 가서 낮잠을 즐기니 꿈 또한 아취가 있다.

이쯤 되면 현실 속의 존재가 아니라 그림 속의 인물이거나 신선이리라. 게다가 한(漢)나라 채옹(蔡邕)이 타던 초동금(焦桐琴)까지 끼고 있으니.

봄이 다하려 할 때 숲속으로 걸어간다.
굽은 길은 호젓한 곳으로 통하여 솔과 대가 어리비친다.

들꽃은 향기를 뿜고 산새는 혀를 놀린다.
초동금 끼고 바위에 앉아 좋은 곡조를 두엇 탄다.
몸이 변하여 문득 선경의 신선이요 그림 속의 사람이 된다네.

거문고를 연주하는 것은 오동나무에 바람 불고 개울물 울리
곳에서만 맞는 법, 자연스러운 소리는 정히 끼리끼리 호응하
는 법. 살구꽃에는 성긴 비, 버들에는 산들바람, 흥이 이르면
흔쾌히 홀로 간다네.

이렇게 산속에 산다면 굳이 벗이 있어야 하겠는가? 벗이 있으면 좋
고 없어도 좋다.

차가 끓어 향이 맑을 때 객이 문에 이르면 좋고,
새가 울고 꽃이 질 때 아무도 없어도 절로 느긋하다.
진정한 샘은 맛이 없고 진정한 물은 향이 없는 법.

마음이 맞는 벗과 산에 올라가 가부좌를 하고 멋대로 이야기
를 나눈다. 지겨우면 바위 끝에 반듯이 누워서 푸른 하늘에
흰 구름이 날아 허공을 두르는 것 본다. 마음이 기뻐서 절로
뜻에 맞다.

문을 닫고 마음에 맞는 책을 읽고,

문을 열고 마음에 맞는 손을 맞고,

문을 나서 마음에 맞는 땅을 찾는 것,

이것이 인간세상 세 가지 즐거움.

산속에서 즐기는 지상선(地上仙)의 즐거움은 이에 그치지 않는다.

좋은 밤 편안히 앉아서 등불을 밝히고 차를 끓이니 온갖 소리가 모두 조용해지고 개울물이 절로 소리를 내는데 이부자리를 깔지 않고 옛책을 문득 가까이하는 일이 첫번째 즐거움이요, 비바람이 길에 그득한데 문을 닫고 비질도 하지 않고서 그림과 역사책을 앞에 가득 쌓아두고 흥이 나는 대로 뽑아 읽으니 왕래하는 사람들도 없어 땅이 고요하고 방도 적막한 것이 두번째 즐거움이요, 빈산에 한 해가 저무는데 함박눈이 살짝 그치자 마른 가지가 바람에 흔들리고 추위에 새들이 들판에서 우짖는데 한 칸 방에서 화로를 끼고 있으니 차가 향긋하고 술이 익는 것이 세번째 즐거움이다.

이렇게 산속에 살고자 할 때 경계할 일이 있다. 골동서화는 물론 술과 벗, 심지어 산수자연조차 탐하지 않아야 한다. 그래야 숨어사는 정취와 흥취와 맛이 생겨난다.

산에 사는 것은 멋진 일이지만 조금이라도 얽매인다면 그 또

한 시장이나 조정이 된다. 서화는 우아한 일이지만 조금이라도 탐내는 마음이 생긴다면 또한 장사치다. 술은 즐거운 일이지만 조금이라도 사람을 현혹한다면 그 또한 감옥이 된다. 손을 좋아하는 것은 통쾌한 일이지만 조금이라도 속티가 나면 그 또한 고통의 바다가 된다.

일이 많아도 한가함을 얻고 젊은 시절 만족을 아는 것은 숨어사는 정취요, 꽃을 심으려 봄날 눈을 쓸고 책을 보려고 한밤에 향을 태우는 것은 숨어사는 흥취요, 벼루라는 밭을 잘 갈면 흉년이 없고 술이라는 골짜기는 늘 봄날이니, 이는 숨어사는 맛이라.

물론 이러한 모든 꿈이 현실일 수는 없다. 그러나 살벌한 정치현실에서 숨고자 하는 선비의 꿈은 이처럼 아름답다.

작은 배 한 척에 짧은 돛과 가벼운 노를 가지고서 배 안에는 그림과 책, 솥과 그릇 같은 골동품, 술과 안주, 차, 포 등을 마구 싣고서 바람이 좋고 길이 편하면 벗을 찾거나 이름난 절을 찾는다. 노래하는 계집 하나, 피리 부는 아이 하나, 가야금 타는 여종 하나를 두고서 아이를 데리고 마음대로 산수에서 왕래하면서 적막함을 때우는 일이 가장 빼어난 흥치다. 우리나라에는 이러한 곳이 없으니 이를 다 갖추기는 어렵다.

다시 돌아온 김포

신흠은 김포에서 조용히 살고자 하였으나 정인홍 등이 그에게 벌을 더하려 하였다. 마침내 1616년 노량진 서복성(徐福成)의 집에서 명을 기다렸다. 12월에 와촌(瓦村) 유년(劉年)의 집에 있다가 이듬해 춘천으로 유배를 떠났다. 유배지에서 신흠은 몸이 불편하여 설사병과 당역(唐疫)에 시달렸다. 유배지를 찾아오던 큰딸이 가평에서 객사하고 큰누이도 저승으로 떠나는 불운을 겪었다. 1621년까지 춘천에서 고단하게 살다가 12월에 시골로 내려가라는 명을 받고 자제들과 함께 이자현(李資玄), 김시습(金時習)이 은거하던 은둔의 땅 청평산(淸平山)으로 들어갔다.

석 달 남짓 산속에 있다가 여름에 다시 김포로 돌아왔다. 배로 돌아오는 길목에 양화나루에서 배를 내려 강가에 있던 이정구(李廷龜)의 집에서 잠시 머무르며 그와 한바탕 시를 주고받은 다음, 김포의 옛집으로 돌아왔다. 아들 신익성의 시에 차운하여 6년 만에 옛집으로 돌아온 감회를 이렇게 노래하였다.

성은 담긴 편지가 갑자기 대궐에서 내려와
채 죽지 못한 이 몸이 전원으로 돌아왔네.
개울가 정자는 옛터에 새로 지었는데
뜰의 소나무를 처음 심던 때가 아직도 기억나네.
울퉁불퉁 돌길에는 폭포가 걸렸는데
그윽한 북쪽 산은 저녁 안개에 잠겼네.

다시 시를 써서 개울에 남기고 싶지만

흐르는 물을 따라 세상에 전해질까 싫구나.

恩書忽降九重天　未死殘骸返舊田

溪樹再新曾築地　庭松猶記始栽年

高低風磴懸飛瀑　窈窕北岑入晩煙

更欲題詩留磵曲　恐隨流水世間傳

신흠, 「김포의 옛집으로 돌아와 동양위의 시에 차운하다
(還金浦故居次東陽韻)」, 『상촌집』

다시 돌아온 집에서 시를 짓고 싶지만, 그 시가 세간에 알려질까 싫다 하였다. 인조반정 이후 신흠은 조정의 반열에 다시 서야 하였다. 이조판서, 대제학, 우의정이 되었지만 부인이 먼저 저세상으로 가버렸다. 부인의 묘소를 김포에서 멀지 않은 통진(通津) 신리촌(新里村)에 썼다. 이후 신흠은 바쁜 벼슬생활에도 휴가를 내어 김포로 돌아와 성묘도 하고 부인의 묘소를 찾았다. 거듭해서 벼슬에서 물러나고자 하였으나 인조는 윤허하지 않았다. 오히려 좌의정을 거쳐 63세 되던 1628년에는 영의정에 올랐다.

그러나 그해 6월 11일 어깨에 등창이 나서 다시 일어나지 못하고, 광주 사부촌(沙阜村)에 묻혔다. 이때 통진에 있던 부인의 묘를 옆으로 옮겨왔다. 오늘날 광주시 퇴촌면 영동리 야산에 합장한 신흠의 무덤이 있고 그 곁에 예스러운 석물이 운치 있게 배열되어 있다. 🔲

강학의 공간
미호의 석실과 김상헌

꽃버들 마을마다 고우니 봄이 가도 또 봄 같아라

건곤은 사심을 끊었으니 풍월은 한가한 사람의 것

정선의 미호 그림 왼편 숲속의 건물이 석실서원인 듯하다. 원래는 이보다
북쪽으로 10리 정도 떨어진 곳에 있었다. 간송미술관에 소장되어 있다.

장동김씨와 석실의 인연

한강을 거슬러 올라가 서울을 벗어나면 미사리가 나온다. 미사리 동쪽은 예전에 벼랑이 죽 이어져 있었는데 두미천(斗尾遷)이라 하였다. 천(遷)은 벼랑이라는 뜻이다. 두미천 협곡이 수십 리 이어지다가 평지에서 물길이 둘로 나뉘고 그 사이 모래톱이 형성되었는데 방장도(方丈島)라 불렀다. 방장(方丈)은 신선이 사는 곳이니, 풍광이 아름다웠음을 이름에서도 알 수 있다. 방장도로 나누어졌던 물길이 다시 합쳐지는 미사리 일대의 한강을 조선시대에는 미호(渼湖)라 하였다.

미호라는 명칭은 17세기 문헌에서 비로소 발견되는데, 김상헌(金尙憲)의 후예들이 많이 거주하였다. 이 시기 미호의 북쪽을 미음(渼陰)이라 불렀다. 오늘날 남양주시 수석1동의 서원마을이라 불리는 곳인데, 마땅히 서원이 있어야 하겠지만 지금은 없다. 근래 야트막한 야산에 '석실서원지'라는 글씨를 새겨둔 그리 크지 않은 돌이 세워졌다. 이것으로 이곳에 조선 후기 학계를 뒤흔들던 석실서원(石室書院)이 있었음을 알게 된다. 지금은 잡초로 뒤덮여 흔적조차 사라졌지만, 지금으로부터 100여 년 전까지만 하더라도 이곳에는 번듯한 서원이 자리잡고 있었다. 석실서원은 병자호란 때 강화도에서 순절한 김상용(金尙容)과 척화신(斥和臣)의 한 사람으로 이름이 높은 김상헌 등의 위패를 모시고 봄가을 제사를 지냈으며, 그 후학들이 모여 책 읽는 소리가 맑게 울려퍼지던 곳이다.

석실서원 뒤편에는 안동김씨의 선영이 있다. 본향 안동을 떠나 서울의 장동김씨(壯洞金氏)로 발돋움하는 계기를 마련한 김번(金璠) 이

안동김씨의 선영 석실서원 뒤편에 조성된 김상헌 선대의 묘역. 앞쪽이 김상헌의
신도비다.

래 그 아들 김생해(金生海), 그리고 손자 김대효(金大孝), 김원효(金元
孝), 김극효(金克孝)가 나란히 이곳에 묻혔다. 원래는 남양홍씨(南陽洪
氏)의 땅이었는데 김번이 홍심(洪深)이라는 사람의 손자사위가 되면
서 장동김씨 집안의 소유가 되었다. 그 뒤 김번의 아들 김생해가 이곳
에 집을 짓고 살았고 또 이곳에 묻혔다. 그리고 손자인 김상용과 김상
헌 형제, 그리고 그 자손들도 차례로 이곳에 안장되었다.

　이 집안이 번성하게 된 것은 김번 부부의 음덕 때문이었다. 『차산
필담(此山筆談)』에 이런 이야기가 나온다. 김번은 매우 가난하였지만
다른 사람의 딱한 처지를 보면 돕지 않고는 견디지 못하였다. 평양부
윤(平壤府尹)으로 있던 친구로부터 극진한 대접을 받고 노자 50냥과

어음 7000관을 받았는데, 집으로 돌아오다가 관청의 빚을 갚지 못해 물에 빠져 죽으려고 하는 부부를 보고 그들에게 어음을 모두 주었다. 이러한 사정을 알게 된 평양부윤이 조정에 김번의 덕행을 알려, 평양의 서윤(庶尹)에 임명될 수 있었다. 이리하여 이 집안이 비로소 벼슬을 시작하게 된 것이다. 부인 역시 현숙하였는데 어느 날 제사상에 올리려고 고기를 사왔다. 그런데 집안의 개가 그 고기를 몰래 먹고 즉사하였다. 독이 들어 있는 고기임을 알고 그동안 삯바느질로 모아놓은 돈을 내어 가게에 있는 나머지 고기를 모두 사다가 연못에 버려 다른 사람들의 목숨을 살렸다고 한다.

김번이 음덕으로 후손의 벼슬길을 열었다면, 김상헌의 부친 김대효는 혼인으로 명문가를 열었다. 김대효는 벼슬이 현감에 머물렀지만, 영의정을 지낸 정광필(鄭光弼)의 집안과 혼인을 맺어 그 손자 정유길(鄭惟吉)의 제자 겸 사위가 되었다. 장동김씨의 현조(顯祖)인 김상용과 김상헌이 그리하여 세상에 나오게 되었다. 김상헌은 원래 김극효의 아들로 김상용과는 친형제이지만 김극효의 백형 김대효의 후사로 들어갔다. 또 자신의 아들이 일찍 죽어 아우 김상관(金尙寬)의 아들 김광찬(金光燦)을 후사로 삼았다. 김광찬은 다시 영창대군의 외조 김제남(金悌男)의 딸과 혼인하여 김수증(金壽增), 김수흥(金壽興), 김수항(金壽恒)을 낳았는데, 김수흥과 김수항은 영의정에까지 올랐다. 김수항의 아들이 이른바 육창(六昌)으로 불리는 김창집(金昌集), 김창협(金昌協), 김창흡(金昌翕), 김창업(金昌業), 김창즙(金昌緝), 김창립(金昌立)이다.

김상헌의 삶

　김상헌(金尙憲, 1570~1652)은 자가 숙도(叔度)이며, 호는 청음(淸陰), 석실산인(石室山人), 서간노인(西磵老人) 등이다. 21세에 진사시에 합격하고 27세에 정시(庭試)에 급제하여 벼슬을 시작하였다. 승문원, 홍문관, 성균관 등에서 청직(淸職)을 두루 거치고 사가독서(賜暇讀書)에 선발되는 영예도 입었다. 탄탄대로를 걷던 그의 벼슬길은 그와 사돈을 맺은 김제남이 연루된 계축옥사로 위기를 맞았다. 계축옥사가 일어난 광해군 5년(1613) 김상헌은 연안부사(延安府使)로 나가 있다가 파직을 당하는 불운을 겪고, 연이어 스승 윤근수(尹根壽)와 생부 김극효가 세상을 떠나는 아픔을 겪었다. 좌절의 시기, 김상헌은 잠시 안동의 풍산(豊山)으로 내려가 있었다.

　그러나 그가 주로 세월을 보내던 곳은 석실(石室)이었다. 1623년 인조반정이 일어났다는 소식을 들은 곳도 석실이었다. 인조반정 이후 김상헌은 벼슬길이 다시 활짝 열렸다. 모친상을 벗고 이조참의에 나아가 대사간, 도승지, 대사헌, 병조판서, 예조판서 등의 요직을 차례로 역임하였다. 그러나 국사나 세사가 늘 자신의 뜻과 같은 것은 아니었기에 스스로 원하였든 혹은 내침을 당해서든 여러 차례 벼슬을 내놓고 석실로 물러나야 했다. 특히 1632년 대사헌으로 있을 땐 이조판서 이귀(李貴)를 탄핵하다가 인조의 미움을 사서 석실로 물러나게 되었다.

　이후 다시 벼슬길로 나서 공조판서와 대제학 등을 지냈지만, 세상은 이미 혼란한 지경에 빠졌다. 특히 1636년의 병자호란은 그의 인생

청원루 김수증과 김상헌이 안동의 풍산에 내려가 살 때의 집으로, 맑고 아득한 풍광을 즐길 수 있다는 뜻이다. 김상헌은 이곳에 구사당을 지어 수양의 공간으로 삼았다.

에서 가장 고통스러운 일이었지만 맑은 절개를 백세(百世)에 드리우게 한 계기도 되었다. 1637년 조정이 청나라에 항복하자 김상헌은 항복의 뜻을 적은 국서를 찢고 벼슬에서 물러났다. 이때 백형 김상용이 강화도에서 순절하였다는 비보를 접하게 된다.

세사에 뜻을 잃은 김상헌은 고향 풍산으로 내려가 학가산(鶴駕山) 서쪽 서미동(西美洞)으로 들어갔다. 그곳의 집은 만석산방(萬石山房)이라 이름하였다. 또 『주역』에서 이른 "군자는 홀로 서도 두려워하지 않고 세상을 피하여 고민하지 않는다(君子獨立不懼 遁世無悶)"는 글귀를 써붙여 자신의 뜻을 밝혔다. 이보다 앞서 1627년에도 풍산에 내려가 있었는데, 이때 살던 집에는 청원루(淸遠樓)와 구사당(九四堂) 등의 현판이 붙어 있었다. 청원루는 증조 김번이 서울을 떠나 만년을 보내던 집으로, 훗날 병자호란 때 이 집안 사람들이 피란하였던 곳이며, 김수증·김수항 등의 손자가 어린 시절 학업을 익히던 집이다. 훗날 이 집은 김수항에게 상속되었는데 김수항이 이를 수리하여 구사당이라 이름하고 송시열로부터 기문을 받아 걸었다. 김상헌은 풍산의 풍광을 즐겼다. 가끔 선영 곁의 삼구정(三龜亭)과 그 곁의 마라담(馬螺潭)을 찾아 노닐었고 경관이 탁 트인 중대사(中臺寺)에도 올랐다.

> 석실선생은 각건 하나뿐이라
> 노년에 원숭이와 학과 어울렸다네.
> 가을바람 낙엽에 인적이 없는데
> 홀로 중대사에 올라 백운 속에 누웠노라.
> 石室先生一角巾　暮年猿鶴與爲群
> 秋風落葉無行跡　獨上中臺臥白雲
>
> 김상헌, 「서쪽 개울의 초당에서 우연히 읊조리다(西磵草堂偶吟)」, 『청음집』

김상헌의 마음은 이처럼 편안하였지만, 나라에서는 충절을 오히려 죄로 몰아 삭탈관작하였다. 69세 노년의 일이다. 이듬해인 1639년 직첩이 환급되고 서용(敍用)의 명이 있었지만, 끝까지 청의 요구에 반대하다가 1640년 71세의 몸으로 심양(瀋陽)으로 압송되었다. 압송 도중 이미 노쇠한데다 부인 성주이씨의 부고를 전해 듣고 병이 깊어져 의주에 1년여 구류되어 있다가 1643년 1월 심양으로 들어갔다.

그로부터 2년여의 세월을 심양에서 보내다가 1645년 환국하여 석실로 돌아왔다. 이듬해 좌의정에 임명되었으나 조정에 들어가지 않았다. 인조를 이어 왕위에 오른 효종이 거듭하여 불렀지만 김상헌은 여든이 넘은 나이를 이유로 들어 석실에 머물렀다. 그리고 1652년 6월 25일 석실에서 생을 마치고, 8월 석실의 선영에 묻혔다.

석실에서의 한적과 풍류

김상헌은 벼슬을 할 때 백악 아래 장동의 서울집에서 생활하였다. 영조의 생모 숙빈(淑嬪) 최씨(崔氏)가 살던 육상궁(毓祥宮)과 담장을 나란히 하였다 한다. 이 집은 그의 5대조 때 구한 것인데, 10칸 정도로 그리 크지 않았다. 중문 바깥에 작은 서재 너덧 칸이 있었고 밖으로는 문을 내지 않았다. 조부 김생해는 늘 이 작은 서재에서 거처하였는데, 벽에 한석봉(韓石峯)이 쓴 '악록유거(岳麓幽居)'라는 글씨를 걸고 최락재(最樂齋)라는 현판을 달았다. 또 중국인 장만선(張萬選)이 써준 '청음서실(淸陰書室)'이라는 현액도 걸어두었으며, "임금의 은혜는 산과 같고, 신하의 마음은 물과 같은 법. 여기에는 지겨움이 없고, 저기에는 사악함이 없다(君恩如山 臣心如水 在此無斁 在彼無惡)"라 팔분체(八分體)로 쓴 글도 내걸었다. 뜰에는 오동나무 한 그루, 살구나무 여러 그루가 있었고, 섬돌 위쪽에는 모란 10여 포기가 있었다. 또 작약 몇 그루, 장미 한 떨기도 심어두었다. 그러나 그외에는 아무런 장식을 하지 않았다. 그저 깔끔하여 먼지 하나 끼지 않았다.

김상헌은 그리 부유하지는 않았던 듯하다. 안동 풍산의 소산(素山)

에 약간의 전장이 있었지만 수십 석 수확할 정도밖에 되지 않아 일용하기에도 부족하여 관곡을 꾸어야 했다. 경기지역에도 선대로부터 물려받은 논밭이 조금 있었는데 타인에게 점유당하였다가 김상헌의 서질(庶姪)이 나서서 땅의 일부를 찾을 수 있었다. 미음에도 1,000평 남짓한 밭이 있었는데 주로 무를 경작하였다. 김상헌은 여기서 수확한 무를 친척들에게 두루 나누어주었다. 이 시기 대부분의 양반가에서는 개간을 통해 재산을 축적하거나 관가에서 곡물을 빌려 이를 다시 높은 이자로 빌려주는 일을 많이 하였지만 김상헌은 그러한 일을 하지 않았다.

김상헌이 노년을 보낸 석실에도 넓은 전장이 있었던 것은 아니었다. 비록 묘전(墓田)이 있었다고 하나 제사에 필요한 물품을 대기에도 부족하였다. 그럼에도 김상헌은 석실의 초라한 집을 좋아하였다. 김수증은 김상헌이 벼슬살이에 즐거움이 없으면 바로 이곳으로 돌아왔다고 하였다. 김상헌은 본격적으로 시를 짓기 시작한 30대에 이미 해마다 한 달은 석실에서 보내었다. "서울에서 겨우 30리 떨어진 곳, 시원스레 도리어 출가한 스님 같다네(只是去京三十里 翛然還似出家僧)"라 한 대로 마음의 평화를 얻을 수 있었기 때문이다. 석실에는 부친이 살던 초당이 있어 그 이름을 도산재사(陶山齋舍)라 하였다.

김상헌이 석실을 본격적으로 경영하기 시작한 것은 1632년 무렵이다. 송시열의 「부지촌기(不知村記)」에 따르면 원래 석실은 적실(賊室)이라고 하였다. 우리말로 하면 도둑골이다. 김상헌은 도둑골이라는 명칭이 싫어 석실로 바꾸었다. 당연히 석실이라는 이름은 김상헌으

석실서원지 1656년 김상용과 김상헌의 제향하기 위하여 세운 서원인데 대원군 때 훼철되고
터만 남았다.

로부터 비롯되었다.

김상헌은 먼저 선영 아래 조상의 사당을 세우고 이후 몇 년에 걸쳐 남쪽 언덕 100여 보 떨어진 곳에 집을 지었다. 남향의 이 집은 누(樓) 2칸, 방 2칸, 마루 1칸으로 구성되어 있었다. 김상헌은 늘 이곳에서 거처하면서 여름이면 마루에 나가 앉아 있곤 하였다. 그 서쪽은 가파른 언덕인데 숲이 무성하였다. 그 앞에는 압각수(鴨脚樹)가 있어 뜰에 그늘을 드리웠다. 안채는 초가 3칸이었는데 솔가지로 울타리를 두르고 사립문을 달았다. 이곳에는 첩이 기거하였다. 바깥채 역시 초가였는데, 김상헌의 아들과 손자가 살았다. 이 집은 병자호란을 겪으면서도 온전히 남아 노년의 김상헌에게 정신적인 안식처가 될 수 있었다.

김상헌은 "작은 집이 바위벼랑 곁에 있는데, 해는 길고 만사는 고요하다(小屋石厓邊 日長人事靜)"라 한 대로 조용하게 살았다. 이후에도 도성에 들어가 벼슬을 할 때도 있었지만 몇 달을 넘기지 않고 바로 이 집으로 돌아오곤 하였다. 그가 남긴 대부분의 저술이 이곳에서 이루어진 것이기도 하다. 심양에서 돌아온 만년에도 정력이 약해지지 않아 손에서 책을 놓지 않았다. 심양에서 지은 시를 모아 『설교집(雪窖集)』이라 하고 왕세정(王世貞)의 글을 뽑아 4책으로 만들어 『길광영우(吉光零羽)』라 하였다. 또 고문(古文) 1책을 엮어 『호천백(狐千白)』이라 하였는데 김수증 형제가 필사하였다.

김상헌이 글을 읽고 시를 짓던 석실로 벗과 제자들이 찾아들었다. 이항복(李恒福), 임뢰(任賚), 조희일(趙希逸), 이경여(李敬輿), 최명길(崔鳴吉), 김육(金堉), 이경석(李景奭), 이식(李植), 이일상(李一相), 조석윤(趙錫胤), 신익전(申翊全), 유계(兪棨), 김익희(金益熙), 윤순거(尹舜擧), 윤선거(尹宣擧), 이행진(李行進), 정두경(鄭斗卿), 조문수(曹文秀), 송시열(宋時烈), 박세채(朴世采) 등 면면이 17세기를 대표하는 문인 학자들이다. 다음은 조희일이 보낸 시에 답하여 석실에서의 삶을 노래한 작품이다.

> 꽃버들 마을마다 고우니
> 봄이 가도 또 봄 같아라.
> 건곤은 사심을 끊었으니
> 풍월은 한가한 사람의 것.
> 취하여 붓 잡고 글을 날리고
> 미친 듯 노래하며 천진하게 사노라.
> 즐거운 맛 얻는 법을 아노니
> 하나하나 마음을 기쁘게 하네.
> 花柳村村好　春歸亦似春
> 乾坤絶私意　風月屬閒人
> 醉墨聊成草　狂歌自任眞
> 須知得歡趣　一一總怡神

> 김상헌, 「석실에서 초여름 죽음의 시에 차운하다
> (石室初夏次竹陰寄詩韻)」, 『청음집』

진(晉)나라 왕질(王質)이라는 나무꾼이 신안(信安)의 석실산에서 신선들이 바둑 두는 것을 보다가 도끼자루 썩는 줄 몰랐다는 고사가 있으니, 석실은 신선의 땅이다. 그래서 석실은 사계절 봄이다. 김상헌은 그곳에서 이렇게 풍월을 즐겼다.

손자가 빛낸 석실

해와 달처럼 높은 김상헌의 충절을 기려 그가 죽은 지 얼마 되지 않은 1656년 석실서원이 세워졌다. 1637년 김상용이 순절하고 1652년 김상헌이 형을 따라 이승을 떠난 지 이태 후에 김상헌이 살던 석실에 그를 모시는 석실사(石室祠)가 세워졌다. 그리고 1656년 양주의 유림들이 중심이 되어 이 사당을 서원으로 승격시킨 것이다. 1663년 사액이 이루어지면서 남쪽으로 약 4킬로미터 떨어진 현재의 미음나루 쪽으로 옮겨졌다. 새로 세워진 석실서원에는 당시 사단의 맹주였던 이경석(李景奭)이 상량문을 썼다. 이경석은 상량문에 붙인 노래의 마지막 대목에서 김상헌의 삶을 이렇게 평가하였다.

들보 위를 보게나,
처마와 기둥이 연하 위에 아스라한데
푸른 산은 우뚝 구름 속에 들었으니
당시의 옥 같은 자태를 마주한 듯하여라.
들보 아래를 보게나.
즐겨 아침에는 창가에서 저녁에는 등불 밝히고
쉼없이 근실하게 저술하신 그 공이여,

흘러가는 물이 주야를 가리지 않는 듯하여라.

拋梁上　簷楹縹緲煙霞上

靑峰突兀入雲心　怳若當年玉立狀

拋梁下　好是朝窓暮檠下

須將不息著功勤　逝水何曾捨晝夜

이경석, 「석실서원의 상량문(石室書院上梁文)」, 『백헌집』

김상헌을 모신 석실서원은 송시열이 봉안문(奉安文)과 묘정비(廟庭碑)를 씀으로써 더욱 빛이 났다. 김상헌 묘소의 석물에 새긴 글도 송시열의 손을 빌렸다. 송시열은 묘지명과 묘표를 지었고, 그 글씨는 송준길(宋浚吉)이 썼다. 이로써 김상헌의 백세청풍(百世淸風)이 길이 전하게 되었다.

김상헌이 살던 석실의 집은 그의 손자 김수증에게로 물려졌다. 김수증은 부친의 상을 치른 후, 주자(朱子)가 부친을 위해 정사를 세운 뜻을 따라 묘 아래 정사를 세우고 그 이름을 도산정사(陶山精舍)라 하였다. 그런데 그 이름이 이황(李滉)의 호와 같기에 꺼림칙하였다. 이에 송시열에게 자문을 구하였더니 우연히 같은 것을 굳이 고칠 필요가 없다 하여 그 이름을 그대로 두었다. 또 김상헌이 심양에 가 있을 때 중국인 맹영광(孟英光)이라는 사람으로부터 받은 〈도령채국도(陶令採菊圖)〉, 곧 도연명(陶淵明)이 국화를 따는 모습을 그린 그림을 중당(中堂)에 걸었다.

송시열은 김수증을 위하여 「도산정사기(陶山精舍記)」를 지어주었다. 그리고 주자의 "내 천년 후에 태어나, 홀로 도연명의 어짊을 탄식하노라. 푸른 산에 집을 짓고서, 술잔 들어 천천히 술을 올리노라(余生千載後 獨歎淵明賢 結廬倚蒼崎 舉觴酹潺湲)"라는 시를 적어 김상헌의 초상과 나란히 두게 하였다. 중양절에는 시골 노인들을 시켜 맑은 물에 찬 국화잎을 띄워 흠향하게 하였다. 송시열은 이와 함께 바위에다 '취석(醉石)'이라 두 글자를 새겨서 산중의 고사로 삼게 하였다. 취석은 도연명이 술에 취해 누웠다고 하는 바위 이름이다. 1668년의 일이다.

김수증은 김상헌이 살던 집 아래쪽에 소나무와 버드나무를 심고 양쪽에 바위 두 개를 세웠다. 그리고 이렇게 새겼다. "도산석실려(陶山石室閭) 고송오류문(孤松五柳門)", 곧 도산 석실의 문, 소나무 한 그루와 버드나무 다섯 그루의 문이라는 뜻이다. 이렇게 하여 후세 사람으로 하여금 이곳을 찾을 수 있게 한 것이다. 김수증은 1672년 이러한 사연을 글로 적어 김상헌의 자취가 영원히 인멸되지 않기를 바랐다.

석실은 이념의 공간으로 자리하였다. 1685년 석실의 산 속에 둔대를 쌓고 그 이름을 양소대(陽昭臺)라 하였는데 '양소'는 밝다는 뜻이다. 그 소식을 들은 송시열은 오랑캐의 시대가 가고 중화 문명의 시대를 기다린다는 뜻으로 풀이하였다. 또 김수증은 석정(石井)의 이름을 열천(洌泉)이라 하였는데 시원한 샘물이 나오듯 밝은 세상이 오리라 기대한 것이다.

김수증은 일흔의 나이를 바라보던 1692년 아예 석실로 거처를 옮기고 김상헌이 가지고 있던 '송백당(松柏堂)'이라 새긴 도장을 찾아 그 글씨로 현판을 새겨 벽에다 걸었다. 김상헌에게 송백당이라 새긴 도

정선의 미호 그림 가운데 기와를 인 건물이 삼산각인 듯하다. 산수의 벽이 있던 김창흡이 미호 석실 곁에 삼산각을 짓고 살았다. 간송미술관에 소장되어 있다.

장이 있었던 것으로 보아 서울이든 석실이든 송백당이라 이름한 건물이 있었겠지만, 그 존재는 잊혀지고 그 손자에 의하여 이렇게 새로 태어나게 된 것이다. 김수증은 본디 석실과 조금 떨어진 미음에 살고 있었다. 그가 송백당으로 거처를 옮긴 후에도 그 처자들은 노비의 집에 임시로 살았다고 하니, 송백당은 매우 조그마한 건물이었던 듯하다. 작은 집이라 오히려 안분자족의 삶을 누릴 수 있었으리라.

  김수증이 석실에 머무르자 조카 김창흡이 자주 들렀다. 김창흡은 1696년 섣달 보름날 중형 김창협과 함께 석실의 강당에서 여러 선비들과 책을 읽은 적이 있다. 이때 큰눈이 내려 하루를 묵게 되었는데, 눈 내린 석실의 풍광을 이렇게 그렸다. 이때 지은 시 제목의 일부다.

오경 무렵 자다가 깨보니 창가의 흰 빛이 이부자리까지 스며들었다. 마침내 밖으로 나가보니 사방에 눈과 구름이 아득하여 물과 뭍이 구분되지 않았다. 밤기운과 새벽빛이 쌓인 흰빛 위에 아득한데 맑고 깨끗하였다. 나는 기둥을 치면서 기이하다고 탄식하였다. 방에 있던 여러 선비들이 모두 독서를 하다 말고 모였다. 엄숙하게 옷깃을 바로하고 동쪽을 향하여 눈도 깜빡거리지 않고 한참을 있었다.

이윽고 한줄기 밝은 기운이 덕포(德浦)에서 일어나 양쪽 강안으로 파고들더니 큰 바다 같은 강물이 잔잔해졌다. 구산(龜山)이 그 사이 가물거리면서 삼켰다 토하는 안개를 거듭 덮어쓰고 있었다. 환상적인 경치가 여기서 끝이 나는가 싶었더니 아직 끝이 아니었다. 먼 동쪽이 열리더니 조금씩 빛을 보내었다. 이슬이 붉은 빛을 머금고 모래톱이 가늘게 주름이 졌다. 떨어지는 달빛이 형형하였다. 서쪽 행랑과의 거리가 100여 척 되는데 시원한 빛이 더욱 사람을 엄습하였다. 섬돌을 따라 서서히 내려와 갑광정(匣廣亭)으로 걸어갔다가 다시 처음 눈길을 열어 바라보던 곳으로 돌아왔다. 잠깐 사이에 묘한 경치가 변화하는 모습이 이와 같았다.

숭겸(崇謙) 조카가 귀퉁이에 있다가 말하였다. "용면거사(龍眠居士)와 같이 그림을 잘 그리는 자라도 이것을 묘사하기는 어렵겠습니다." 내가 말하였다. "어찌 어렵기만 하겠는가? 고금의 시인들도 이 사이에선 시 한 구절도 만들기 어려울 것일세. 그저 조용히 바라보면서 텅 빈 마음으로 기다릴 뿐이겠지." 마침내 배회하다가 서글프게 구경을 마쳤다. 이곳으로 올 때 약간의 시를 얻어 본 것을 적기는 하였지만 오직 이 한곳에서만 시를 짓지 못하여 마음이 애달 팠다.

송백당으로 돌아온 후 문을 닫고 조용히 누웠다. 그래도 맑은 기 운이 스며들어 심장과 간장을 꿰뚫는 느낌은 가시지 않았다. 앞서 본 것을 흘려보내어 사라져 버리게 할 수는 없기에, 마침내 남은 맑 은 흥취를 시로 읊어 오언율시 한 수를 얻었다. 기이하고 맑은 것을 만에 하나도 묘사해 낼 수 없음은 내가 안다.

강마을에 눈이 내렸다. 하얀 눈빛이 창틈으로 들어와 새벽잠을 깨 운다. 벌써 일어나 책을 읽고 있던 사람들도 책을 덮었다. 장엄한 대 자연의 모습에 모두가 넋을 잃었다. 조선 후기 최고의 시인 김창흡조 차 대자연의 장엄함을 시로 묘사할 수 없었다.

김수증이 아낀 조카 김창흡은 형 김창협과 함께 석실서원에서 동산 하나 너머에 있는 삼주(三洲)에 삼산각(三山閣)을 짓고 서원을 왕래하 면서 문인들과 강학하여 석실을 더욱 빛내었다. 삼산각은 바깥마루 가 탁 트이고 가운데 2칸의 방을 넣었으며 삼면에 난간을 두었다. 방 서북쪽 반 칸은 침실로 사용하였다. 처음에는 노자(老子)의 '위도일손 (爲道日損)'이라는 말에서 따서 손와당(損窩堂)이라 이름을 붙이려 하 다가, 나중에 당나라의 시인 유응지(劉凝之)가 40년 동안 청정하게 지 내다가 물러났다는 말에서 청퇴당(淸退堂)이라 이름을 바꾸고 해창도 위(海昌都尉) 오태주(吳泰周)의 글씨를 받으려 하였다. 그러나 오태주 가 지나친 겸손이라 하자 둘 다 걸지 않았다. 대신 조정서(趙正緒)로

석실에서 바라본 미호

이경석은 바다로 흘러가는 강물을 보고 김상헌의 해를 향하는 충심을 떠올렸다.

부터 '삼산각'이라 쓴 대자(大字)를 받아 마루 동서의 처마에 걸었다. 그리고 방 서쪽 벽에는 작은 서루(書樓)를 만들어 광명각(光明閣)이라 하였는데 주자(朱子)의 명(銘)에 나오는 '혜아광명(惠我光明)'이라는 말에서 딴 것이었다. 이와 함께 김창흡은 광명각장(光明閣藏)이라는 인장을 만들어 사용하였다.

김창흡은 이렇게 석실을 빛내었기에 형 김창협과 함께 석실서원에 배향되었다. 그렇지만 석실서원은 김상헌 후손의 부침에 따라 곡절도 많았다. 석실서원에는 김상용, 김상헌 이하 이 집안의 사람들이 여럿 배향되었는데, 이를 두고 김씨사우(金氏祠宇)라는 조롱을 받아야 했고, 심지어 김수항과 김창협 부자는 서원 배향이 부적절하다고 하여 출향(黜享)되기까지 하였다. 경종 1년(1721) 신임옥사(辛壬獄事)로 노론이 실각하였을 때의 일이다. 그러나 영조가 즉위한 후 김수항과 김창협을 복향(復享)하고, 철종 8년(1857) 김창집과 김조순(金祖淳)까지 이곳에 배향되면서 '김씨사우'의 혐의를 더하게 하였다. 게다가 김창흡, 김원행(金元行), 김이안(金履安) 등 그의 후손들도 배향하자는 논의가 여러 차례 있었다. 석실서원이 노론 강학의 중심이었음이 절로 증명이 되는 일이라 하겠다.

특히 김창협의 손자 김원행은 18세기 노론 낙론(洛論)을 대표하는 석실의 대학자였다. 미호는 김원행의 호이기도 하다. 미호의 주인 김원행은 김상헌, 김수항, 김창협, 김원행으로 이어지는 장동김씨 집안의 적통을 계승하여 18세기 학계의 중심이 되었다. 산림의 학자 김원행이 미호에 칩거하자 벗들과 제자들이 다투어 미호를 찾아왔다.

그러나 석실서원의 영광은 1868년 흥선대원군의 서원철폐령에 의하여 끝이 났다. 그리 대단하지 않은 도처의 서원들이 가문의 영광을 위하여 다시 세워졌지만, 석실서원은 '석실서원지'라는 돌 하나로만 남았다. 그렇지만 김창협 형제의 문하에 출입하였던 정선(鄭敾)이 석실서원을 진경산수로 그렸기에 석실서원과 미호의 풍광이 더욱 오래도록 세상에 전해지게 되었다. 📖

물과 바람의 집
이식의 택풍당

꿩이 내 앞에서 재주를 부리고

사슴이 찾아와 나의 벗이 된다네

택풍당 『주역』에서 물과 바람을 상징하는 괘를 택하여 이름짓고 숨어사는
뜻을 깃들였다.

세상이 싫어서 들어온 백아곡

덕수이씨 집안은 택당(澤堂) 이식(李植, 1584~1647)과 그 재종숙 동악(東岳) 이안눌(李安訥)로 인하여 17세기를 대표하는 문한가로 일컬어졌다. 한국 한시사의 최고봉으로 나란히 자리한 단짝친구 이행(李荇)과 박은(朴誾)이 사돈을 맺었기에 이 집안에 규성(奎星)이 끊이지 않게 된 것이다. 이행의 첫째아들인 이원정(李元禎)이 이안눌의 조부이고, 둘째아들 이원상(李元祥)이 이식의 증조부가 된다. 이안눌은 권필(權韠)과 더불어 이 시기를 대표하는 시인으로 문단에 군림하였거니와, 이식 역시 문단의 맹주가 되었다. 이식은 세 차례나 문형(文衡)을 역임하였고, 아들 이단하(李端夏)와 손자 이여(李畬)도 문형에 올라 삼대 문형가의 위업을 달성하였다. 증손 이기진(李箕鎭) 등도 문명이 높았다.

원래 덕수이씨는 평양에 세거하였고 그 선영이 덕수(德水)에 있었다. 이식의 8대조 때 한양으로 이사하여 파주의 임진산(臨津山)에 선영을 정하였다가, 면천(沔川)의 창택산(倉澤山)으로 다시 선영을 옮겼다. 현조(顯祖) 이의무(李宜茂)와 그 아들 이행, 손자 이원상이 차례로 묻혀 창택산은 이씨의 족산(族山)으로 불렸다. 다만 이식의 조부는 외가인 고부(古阜)의 우일장(雨日莊)에서 세상을 떠났는데 상여를 면천으로 옮겨갈 수 없어 외가의 산에 임시로 장사를 지냈다. 그후 1605년 이식의 조모가 여강(驪江)의 별서에서 사망하자 이식의 부친은 부모의 산소를 여주 별업 인근의 원통동(元通洞)에 쓰려 하였으나 그 땅이 송사에 휘말려 뜻을 이루지 못하고 죽었다. 이에 이식은 광해군 5년

이식의 묘역 이식은 지관의 도움을 받아 묘자리를 잡고 조부모와 부모, 자신, 그리고
후손이 묻힐 땅으로 삼았다.

(1613) 지평의 백아곡(白鴉谷)에 땅을 구하여 부친을 장사지내고 이듬
해 조부모의 묘를 이곳으로 이장하였다.

　이로써 이식과 백아곡의 인연이 시작되었다. 백아곡은 원래 망곡(芒
谷)이라 하였다. '망(芒)'이 우리말로 '백아'와 비슷하기 때문에 이식이
이 이름으로 바꾼 것이라 한다. 줄여서 백곡(白谷)이라고도 하였다. 백
아곡은 지평 동쪽 마산(馬山) 아래에 있는데 당시 지평 관아와는 25리
거리에 있었다. 동쪽으로는 원주 및 횡성과 접해 있고 서남으로 여강
과 30리 정도 떨어져 있다. 마산은 오대산에서 산세가 뻗어나가 지평
에서 서쪽으로 꺾여 우현(友峴)이 되고 다시 돌아 악치(惡峙), 지사현
(池寺峴)이 된다. 동쪽으로는 죽장치(竹杖峙)와 구령치(九嶺峙)가 뻗어

있고 서쪽으로는 화현(華峴)과 송치(松峙)가 솟아 있는데 그 안에 동남향으로 백아곡이 있다. 다섯 개의 개울이 고개에서부터 흘러나와 큰물을 이루며 뻗어나간다. 원경하(元景夏) 집안의 선산이 그 남쪽 소송치(小松峙) 너머에 있었다. 훗날 정약용(丁若鏞)이 인근에 오엽정(五葉亭)이라는 정자를 짓고 살면서 지은 「봄날 체천에서 지은 잡시(春日棣泉雜詩)」(『與猶堂全書』)에서 검단산(黔丹山) 북쪽 작설차가 난다고 한 곳이 바로 백아곡이다.

지관 이의신(李懿信) 등의 도움을 받았지만 그 자신도 깊은 관심을 가지고 묘혈을 고른 곳인지라 백아곡 선산에 대한 이식의 애정은 참으로 깊었다. 이에 후손들이 선영을 잘 유지할 수 있도록 유훈을 내렸다. 첫째 불을 금할 것, 둘째 나무하는 일을 금할 것, 셋째 영원히 묘제를 지낼 것, 넷째 한 명의 묘지기를 반드시 둘 것, 다섯째 자신의 전재산은 묘전으로 쓸 것, 여섯째 적서의 차별 없이 묘를 쓸 수 있게 할것 등이 그것이다. 그리고 선영의 연혁, 산세와 풍수, 석물, 유훈, 그리고 이 일대의 풍광을 적은 글 등을 모두 모아 1647년 죽음을 바로앞둔 시점에 『계산지(啓山志)』로 엮었다.

젊은 시절 이식은 세상이 싫었다. 1610년 문과에 급제했으나 고시관이었던 허균(許筠)이 '사돈문정지방(查頓門庭之榜)'이라는 입시부정사건을 저지른 일로 자신까지 구설수에 올라 곤욕을 치르게 되자 세사에 완전히 뜻을 잃었다. 경강(京江)을 오르내리며 "살아서 내 땅을갈아먹고, 죽어서 내 언덕에 묻히리라. 글을 지어 도를 전하되, 역사에 전해지는 것 의지하지 않으리라(生兮耕吾疆 死也埋吾陂 文書自傳道

不仕史筆垂"라는 한유(韓愈)의 시를 외울 뿐이었다.

이식은 열다섯 살 때 관례를 치렀다. 그때 부친이 그의 이름을 식(植)이라 짓고 자를 여고(汝固)라 지어주었다. '여고'는 '너는 굳세어라'라는 뜻으로 '뜻을 세워 흔들리지 않는다(樹立不撓)'는 의미를 부여한 것이었으니, 그 뜻대로 올곧게 살기 위해서 세사에 거리를 둔 것이었다.

이식은 틈만 나면 여강의 강구(康丘) 별서로 내려와 살았다. 그러나 당시 여강 일대는 위험한 땅이 되어 있었다. 1613년 서양갑(徐陽甲), 박응서(朴應犀), 심우영(沈友英) 등 일곱 명의 서자들이 여강 남안에 모여 살면서 스스로를 강변칠우(江邊七友)니 도원결의(桃園結義)니, 혹은 죽림칠현(竹林七賢)이니 하면서 일을 꾸며 조령에서 상인을 살해하고 은자를 강탈하는 등 몹쓸 짓을 하고 다녔다. 이를 기회삼아 이이첨은 역모라 몰아붙이며 영창대군과 국구(國舅) 김제남(金悌男) 등 여러 인물을 죽음으로 몰아넣었다. 관련 인물에 대한 조사 과정에서 심우영의 집에서 이식의 편지가 발견되었다. 심우영은 이식의 처가 사람이었기에 왕래가 없을 수 없었다. 이식은 박승종(朴承宗)의 구원으로 다행히 화를 모면하였지만, 처형 심정세(沈挺世)와 심정세의 장인 김제남이 사사되었다. 처가 사람이었던 심광세(沈光世) 역시 이때 고성(固城)으로 유배되었다. 이후로도 이식은 허균의 역모에 연관되었다는 혐의로 곤욕을 치른 바 있으니 젊은 시절 그는 허균, 심광세, 권필 등과 친분이 깊었던 것으로 추정된다.

당시 조정은 폐모론으로 시끄러웠다. 광해군 8년(1616) 이식은 북평사(北評事)에 임명되었다가 겨울에 해직되자 백아곡으로 들어갔다. 그 이듬해 여름 군직(軍職)의 녹을 받게 되었으나 겨울에 다시 사양하였다. 가족을 이끌고 숨어살 생각을 굳힌 이식은 마땅한 땅을 찾기 위하여 점을 쳤다. 서울에 있어도 불길하고 호남으로 가도 불길하고 영남으로 가도 불길하다는 점괘가 나왔다. 이식은 갈 곳이 없었다. 백아곡은 여주에서 가까웠기 때문에 아예 염두에 두지 않다가, 우연히 백아곡을 넣어 점을 쳐보았다. 마른 버드나무에 새싹이 돋아나고 늙은 홀아비가 젊은 여자를 얻으니 이롭지 않음이 없다는 점괘가 나왔다. 이식은 백아곡으로 가서 택풍당(澤風堂) 터를 잡았다. 터를 잡고 보니 그곳에 마침 오래된 버드나무가 한 그루 있었다. 이식은 주역 점괘가 현실과 부합함에 절로 놀랐다.

물과 바람의 형상 택풍당

택풍당이 완성된 것은 1619년 봄 무렵이다. 그보다 앞선 1617년 백아곡으로 들어온 바로 그해, 서울에 두고 온 세 살 된 아들 농(農)이 요절하였다. 이식은 자신이 점괘를 잘못 풀이한 벌이라 여겨 글을 지어 토신(土神)에게 제사를 지내고 참회문을 지었다. 이 무렵 그의 가정형편은 참혹하였다. 택풍당을 세운 그해 여름에는 무서운 기근이 들어 종숙 이안눌에게 쌀을 꾸러 강화도까지 가야 했을 정도였다. 돌아오는 길에 서울에 들렀다가 병조좌랑에 임명되었지만 병으로 나아가지 못하였다. 그나마 다행인 것은 돌아오는 길에, 마을에 큰 화재가 났지만 택풍당은 무사하다는 소식을 들은 것이었다.

백아곡의 택풍당 택풍당은 홀로 서서 두려워하지 않고 세상에서 숨어 고민하지 않는 집이었다. 그 곁에 아름다운 못이 있었지만 근대에 메웠다고 한다.

그후 이식은 택풍당 건립을 기념하여 「택풍당지(澤風堂志)」를 지었다. 다음은 명문으로 후대의 기림을 받은 「택풍당지」의 일부다.

택풍당은 누각과 같아 높이가 16자 정도고 가운데 방을 한 칸 만들었다. 기둥에 의지하여 흙을 쌓아올려 그 반절쯤 되는 지점에 온돌을 놓고 창을 내었다. 바깥으로 네 기둥을 터서 난간을 두르고 판자를 깔아 마루로 만들었다. 온돌과 비하면 넓이는 반이고 길이는 배가 되었다. 장애물에 가려지지 않아 사방을 둘러볼 수 있다. 마루 아래 동쪽에 축축한 곳이 있어 샘물을 끌어들여 네모난 못을 만들었다. 못 안에는 작은 흙무더기를 쌓고 버들을 심었다. 당 안은 꽉

차고 밝은 텅 비어 있으며 못 가운데 나무가 있으니 모두 택(澤, ☱)과 풍(風, ☴)의 모습에 해당한다. 방 안의 벽 끝에는 『주역』의 64괘와 괘에 대한 풀이를 그려두었다. 남쪽 창 양쪽에는 "홀로 서서 두려워하지 않고 세상에서 숨어 고민이 없다"는 대과(大過) 괘의 풀이를 크게 써두었다.

집의 꾸밈은 소박하다. 지붕은 나무껍질을 대충 깎아 덮었을 뿐이다. 백아곡은 만 겹의 첩첩산중에 있고 당은 백아곡 안에 있다. 사방이 항아리처럼 둘러싸 있다. 소나무가 빽빽하다. 축축한 곳에는 능수버들을 많이 심었다. 아름다운 화훼나 기이한 수석은 없다. 백아곡에는 샘물이 많이 솟아나는데 샘물 소리가 들을 만하다.

동남의 두 언덕에 선영이 있다. 아침저녁 바라보며 사모한다. 당안에 노래와 술이 있더라도 즐거워하지 않는다. 책 약간 질을 두고 근처 마을의 학동 몇 사람을 모아 글을 외우게 하고 지겨우면 골짜기를 나가 개울을 따라 노닐거나 몸을 씻고 돌아온다.

내가 이곳에 집을 정한 이후 이제 12년이 되었는데 그 사이 간혹 벼슬하러 나간 적이 있지만 늘 왕래하며 이곳에 머물렀으니 한 해가 다 가도록 거른 적은 없었다. 두려워하지 않고 고민이 없는 뜻을 아직도 얻지 못하고 있으니, 슬프다. 평범한 사람으로 머물러버리고 신명(神明)을 저버린 것인가? 이러한 뜻으로 내 허물을 적어 뒷사람들에게 보인다.

이식, 「택풍당지」, 『택당집』

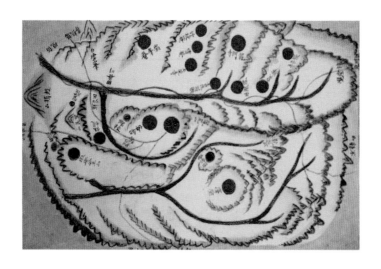

지평읍지의 택풍당 첩첩 산이 에워싸고 양쪽으로 물이 감싼 그 안에 택풍당이 있다.
건지산과 수운암도 보인다.

택풍당은 오늘날 양평군 양동면 쌍학리에 위치해 있으며, 아직도
예전 모습을 상당 정도 유지하고 있다. 고지도에도 택풍당이 그려져
있으니, 택풍당의 명성이 길이 전해졌음을 알 수 있다. 『지평읍지』의
지도에는 양배추처럼 여러 겹으로 쌓인 산중에 택풍당이 있어 풍수에
식견이 없는 이가 보더라도 좋은 위치임을 쉽게 알 수 있다.

1619년 택풍당을 건립한 후 이식은 그곳을 가장 아꼈다. 그해 여름
병조좌랑에 임명되었지만 병으로 나아가지 않고 백아곡을 지켰으며,
인조반정 이후 다시 출사할 때까지 택풍당을 거의 비우지 않았다. 이
식은 이웃한 양근(楊根) 대탄(大灘)에 살던 정백창(鄭百昌), 용진(龍津)
의 봉안역(奉安驛)에 우거하던 임숙영(任叔英), 여주 억덕리(仰德里)에

우거하던 이원익(李元翼) 등과 자주 내왕하였다. 이를 못마땅하게 여긴 사람들이 죄를 씌우려고 '수상칠인(水上七人)' 혹은 '삼학사(三學士)'라 지목하기도 하였다. 이민구(李敏求)는 정백창의 시집에 쓴 서문에서 정백창이 양강(楊江) 상류에 은거하여 한가히 농사짓고 낚시하였는데 임숙영과 이식이 모두 사단의 빼어난 선비로서 시의(時議)에 거슬림을 받아 한적한 곳에 자취를 감추고 삼십 리도 안 되는 곳에 집을 짓고 살았으니 별빛을 아우른 듯이 빼어났다고 하였다. 또 이들은 매양 아름다운 시절과 좋은 절기를 만나면 배를 끌고 말을 몰아 서로 모여 수창했다고 하였다. 특히 1621년 6월 유두일에 남한강에서 엿새나 시주를 즐긴 풍류는 참으로 대단하였으며 그 이듬해 7월 기망에는 다시 양평 부근의 남한강 곧 양강에 모여 문회(文會)를 즐겼다.

그후 1623년 봄 감군빈막(監軍儐幕)으로 임명되었는데 사직하려던 차에 인조반정이 일어났다. 이식은 택풍당을 떠나면서 벽에 축문을 써서 고하였다. 그 정도로 택풍당에 대한 애정이 깊었던 것이다. 그 이후로 간혹 택풍당을 비우고 벼슬살러 나가기도 하였지만 해마다 휴가를 얻어 택풍당을 찾았다. 그럴 때면 집이 고요하여 마음이 상쾌하였다. 1625년에는 벗 조우인(曺友仁)에게 청하여 「택풍당기」를 받아 걸기도 하였다. 정묘호란 중에 피난을 갈 때나 충주부사로 외직을 나갈 때에도 잊지 않고 이곳을 들렀다. 다음은 정묘호란이 끝난 1628년 봄날 쓴 시다.

꽃을 보호하려 울타리를 꽂아두고

개울물 끌어오려 도랑을 텄다네.

꿩이 내 앞에서 재주를 부리고

사슴이 찾아와 나의 벗이 된다네.

가난한 집이라 온갖 일이 서툴러

아직 서쪽 밭도 일구지 않았다네.

이웃 아이가 내 한가한 줄 알고서

글자를 물으러 와 종일 머물지만,

내 병들어 문자를 폐하였으니

무엇으로 네 원하는 것을 들어주랴.

插籬護花卉 疏渠分澗流

山鷄戱我前 麋鹿是我儔

貧家百事拙 尙不理西疇

隣童知我閑 問字終日留

我衰廢文字 何以副汝求

벗과 어울리는 즐거운 시간이 아니면 이식은 택풍당에 머물면서 제
자들을 가르쳤다. 위에 보인 시는 「늦봄이 저물어간다. 내 택당 집에
앉아 있었다. 산중은 적막하여 사람 소리가 없다. 그저 학동 두 명이
옆에 있을 뿐이다. 이때 하늘과 바람이 맑고 고운데 꽃과 버들이 어지
러이 날린다. 내가 또한 답답하던 차에 생의(生意)가 생겨남을 알게 되
었다. 막걸리 세 사발을 마시고 나서 갑자기 소동파(蘇東坡)가 승려를
찬양하며 지은 '빈산에 사람 없는데 물은 흐르고 꽃은 피었네(空山無

人 水流花開'라는 노래가 떠올랐다. 기뻐서 이 여덟 글자를 운자로 삼아 여덟 수의 시를 짓는다」라는 긴 제목으로 되어 있는데, 그중 한 작품이다. 떨어진 꽃잎을 주워 사립에 꽂아도 보고 도랑을 터서 물길을 나누어도 보지만 무료함은 가시지 않는다. 산기슭을 내려온 사슴이나 꿩을 벗할 뿐 농사를 지을 능력도 없다. 그나마 위로가 되는 것은 글을 배우러 오는 아이들뿐이다. 이식은 택풍당에서 이렇게 살았다.

그 뒤 광해군 말기에 문명이 높아져 중국 사신을 맞는 일에 종사관으로 몇 차례 추천되었으나 나아가지 않다가, 인조반정 이후 세상이 달라지자 홍문관에서 문한(文翰)의 일을 주로 맡았다. 사가독서의 영예를 입었으며, 훗날 대제학에도 오르게 된다. 대사성과 이조와 예조의 판서도 역임하였다.

이러한 와중에도 백아곡에서 살겠다는 뜻을 버리지는 않았다. 1641년 봄, 병으로 잠시 벼슬에서 물러나 백아곡으로 들어와 있을 때 아들 이면하(李冕夏)가 선영 아래 집을 하나 지어주었다. 모두 여덟 칸짜리 초옥인데, 그중 서재(西齋)의 창문이 남쪽을 향해 있어 밝고도 조용하여 늙은 눈으로 책을 보기에는 안성맞춤이었다. 이식은 예전에 지었던 『계산지』의 뜻을 취하여 이 서재의 이름을 계산재(啓山齋)라 하였다. 그 뒤로도 벼슬살이를 하였지만 틈만 나면 백아곡의 택풍당과 계산재로 물러나 살았다.

1646년 대제학으로서 공거(貢擧)를 맡은 이식은 문과 별시의 제목에 풍자의 뜻이 있다 하여 이경증(李景曾)과 함께 삭탈관작, 문외출송의 벌을 받게 되었다. 그해 겨울 자신의 집안에서 물력을 대어 공사를 마친 수운암(岫雲庵)으로 올라가 문생과 강학을 하거나 시를 지었다. 이듬해인 1647년 아들 이면하가 지어준 계산재에 머물다가 5월 택풍당으로 돌아와 살았다. 그리고 그해 6월 11일 택풍당에서 영면하였고 백아곡에 묻혔다.

이식이 백아곡에 묻힌 후 백아곡은 그 집안의 선산이 되었다. 아들 이면하는 호를 백곡(白谷) 또는 심유자(深游子)라 하였는데, 백아곡의 이름과 두보의 시 「백제성루(白帝城樓)」의 "취병은 저녁에 마주하기 좋고, 백곡은 깊이 놀아야 할 것일세(翠屛宜晚對 白谷會深游)"의 뜻을 취한 것이다. 둘째아들 이신하(李紳夏)의 아들 이류(李留)도 백아곡에 살았다. 이류는 동쪽 개울에 정자를 세우려 하였던 조부 이식의 뜻을 기려 경한정(耕閒亭)을 세웠다. 이들은 모두 백아곡 여기저기에 묻혔으니, 이로써 백아곡은 덕수이씨의 선영이 되었다.

글로 빛난 백아곡

이식은 백아곡 일대의 아름다운 곳 여덟 곳을 골라 팔경이라 명명하고 이를 그림으로 그려두었다. 그리고 이 일대의 풍광을 「동계기(東溪記)」에서 이렇게 묘사하였다.

조적대(釣寂臺)는 산 뒤쪽의 개울에 있다. 벼랑이 끊어지고 돌이 드러나 있는 곳에 소(沼)를 이룬 곳이 있는데 나무그늘이 있어 낚시하기에 가장 좋다. 한유가 최립지(崔立之)에게 준 편지에서 뜻대로 되지 않을 때 넓은 들판에서 밭을 갈고 적막한 물가에서 낚시를 한

석곡천의 부연 지금은 가마소라 부르는데 활거리라는 마을 동쪽에 있다. 활거리가
「동계기」에 보이는 쾌궁원인 듯하다.

다는 데서 이 말을 찾아 붙였다. 백아곡 입구의 들녘에 작은 언덕이
물가에 임해 있는데 정자를 짓고 이름을 경한정(耕閒亭)이라 하여
마주보게 할까 생각하고 있다.

개울 동쪽이 부연(釜淵)인데 넓이가 10여 무(畝) 정도이고 층층바
위를 안고 있다. 바위는 평평하게 땅에 치우치지 않게 자리하고 있
어 멀리서 바라보면 유장한 느낌이 든다. 못 서쪽에 두 개의 바위가
마주하고 있는데 마치 홀(笏)을 세워둔 듯하다. 꽃과 풀이 그 사이
를 덮고 있다. 예전에 선비 노연령(魯延齡)이 물러나 살며 정자를 지
었는데 10년 만에 죽고 자식이 없어 정자도 폐치되었다. 지금은 청
풍부사 이행건(李行健)의 전장에 딸려 있다. 그렇지만 고송과 단풍

숲에는 마을사람들이 함께 노닌다. 개울을 따라 위로 5~6리를 가면 봉우리가 동그랗게 솟아 있다. 이곳 사람들은 건지산(蹇芝山)이라 한다. 산 밑에는 바위로 된 섬이 있는데 위는 평평하고 아래는 깎아지른 듯하다. 앞으로 개울물을 끼고 북쪽으로는 푸른 절벽이 층층이 쌓여 있다. 그림을 그린 듯하여 사랑스럽다.

산 서쪽의 개울은 서화현(西華峴)에서 나오는데 골짜기가 매우 으슥하다. 예전에는 괘궁원(掛弓院)이라 이름한 곳이 있었다. 고개에서 도적을 막기 위한 것이었다. 바위가 개울 복판에 있는데 그 위에 고송이 우뚝 서 있다. 바위를 안고 뿌리를 그곳에 서리고 있다. 바람이 불거나 여울물이 쳐도 뽑히지 않고 산불이 나도 타지 않는다. 물이 그 좌우에 감아돌아 술잔을 띄우고 계회를 즐길 만하다. 송석정(松石亭)이라 이름하였는데, 노동(盧仝)의 「정삼을 만나 산에서 노닐다(逢鄭三游山)」 가운데 "시원한 물이 흐르는 바위 위의 한 그루 소나무(寒流石上一株松)"라는 구절에서 따왔다.

개울을 따라 남쪽으로 돌면 두 개울이 합쳐지는 곳이 나온다. 솔숲과 반석이 있다. 예전에 몇 명의 벗들과 연구(聯句)를 지었던 곳이다. 여기에서 남쪽으로 여러 개울이 합하여 하천이 되는데 양쪽 골짜기가 나뭇단을 묶어놓은 듯한 모습이다. 높은 봉우리와 깎아지른 벼랑이 기이하고 빼어남을 다툰다. 물은 그 밑동을 뚫고 고여 있기도 하고 치고 나가기도 한다. 여울과 못이 이어지고 골짜기마다 기이한 형상이다. 그 서쪽에 가장 높은 곳이 조봉(鵰峰)이다. 봉우리 아래 천 길 절벽이 서 있는데 그 밑은 낚시터나 누대로 삼을 만하다. 모래톱에 문득 앉아 바라보노라면 매우 웅장하다.

다시 몇 리를 가면 승담(僧潭)이 있는데 가장 넓다. 벼랑이 자못 넓어지는데 정자나 집을 지을 만하다. 다시 1리쯤 가면 구암(鳩巖)이 있다. 구암은 하천 동쪽에 있는데 바위봉우리가 천 척 높이로 우뚝 서 있다. 한쪽 면은 움푹 들어간 벼랑인데 깊은 못 속으로 바로 꽂혀 있다. 알록달록한 새들이 둥지를 짓고 그 안에서 새끼를 키운다. 사람들은 엿볼 수가 없다. 못 서쪽에 백사장과 푸른 솔숲이 있고 꽃나무가 섞여 자란다. 늘어앉아 먼 곳을 구경할 만하다. 백아곡에서부터 벗들을 이끌고 술병을 차고 새벽에 나가 저녁에 돌아온다. 그물을 던져 물고기를 잡고 활을 쏘아 새를 잡는다. 꽃을 꺾고 과실을 딴다. 동산에서 할 수 있는 것은 다 취할 수 있을 듯하다.

동쪽 개울의 빼어남은 여기서 끝이 난다. 여기에서 안정강(安井江)까지는 4~5리 정도인데 백아곡에서 너무 떨어져 있어 다 보지 못하였다.

이식, 「동계기」, 『택당집』

이식이 아름다운 동계의 여러 곳에 노닐면서 시문을 제작한 것은 1616년 무렵부터지만, 그 이전에도 인근을 지나간 적이 있었다. 그중 부연(釜淵, 釜潭 혹은 가마소라고도 한다)에 석곡촌(石谷村)이라는 마을이 있었는데 이식은 1611년 이곳이 살 만한 곳임을 알고 눈여겨보아 두었다. 동계는 오늘날 석곡천이라 부르며, 건지산 아래 양동면 석곡리가 곧 석곡촌이다. 1619년 봄날에는 처가 사람인 심명세가 가족을 이끌고 남쪽으로 내려가는 것을 전송하여 조적대에서 시회를 열었다. 이때 이식은 고시 6편을 지어 그를 전송하였고, 임숙영이 이를 기려 서문을 지어준 바 있다. 그러니 몇 년 후 이곳에 집을 정한 이래 동쪽 개울을 더욱 사랑하게 된 것이다. 1624년에는 화가 이신흠(李信欽)을 불러 자신이 사랑하던 동계의 팔경을 그림으로 그려달라고 하여 여덟 폭 병풍을 만들었다. 동계를 후세에 그림으로 영원히 전하고자 한 것이다. 그러나 불행히 이 그림의 행방은 알려져 있지 않다.

이식은 백아곡 인근의 수운암에도 자주 나들이하였다. 그가 지은 「수운암기(岫雲庵記)」에 따르면, 백아곡에서 수운암을 바라보면 늘 구름이 어른거리고 수운암에서 아래를 내려다보면 뭇 산들이 빙 둘러 있어 땅과 강물이 모두 은은하고 아침저녁 이내가 서려 있었다고 한다. 수운암은 전적으로 이식의 힘으로 지은 절이다. 암자를 짓는 데 들어간 물력이 모두 그의 집안에서 나왔거니와 오로지 선영을 보호하기 위한 것이었기 때문이다. 처음 선영을 조성하고 곧바로 절터를 찾아 절을 짓고자 하였지만 뜻을 이루지 못하다가 인조 12년(1634) 지해(志海) 등의 승려가 이곳에 초가를 짓고 살자 모친상을 당한 1638년 비로소 절을 지었는데 묘신(妙信)이라는 승려의 도움을 받았다. 그러나 그 이듬해 불이 나서 잿더미가 되어버려 윤선(允禪)이라는 비구니의 주선으로 20여 칸의 절로 중창하였다. 선영에 암자를 두어 승려가 마음대로 하게 하였으니 예의가 아니라고 생각하여 꺼림칙했지만, 주자(朱子)의 한천사(寒泉寺)와 도연명(陶淵明)의 여사(廬社)로 자위하고 「귀거래사」의 말로 다시 암자의 이름을 취하였다.

지금 수운암은 찾을 수 없다. 그러나 수운암을 통하여 후손들이 택풍당을 길이 지키도록 한 뜻은 이루어졌다. 이식이 사랑한 택풍당이 예스러운 자태로 아직도 호젓하게 서 있기 때문이다. 게다가 이식이 사랑한 동계도 아직 깨끗함을 잃지 않고 있다. 📑

석곡천

이식이 동계라. 불렀던 개울로 풍광이 아름다워 그림으로 그려둔 바 있다.

멀리 건지산이 보인다.

농부로서의 삶과
장유의 해장정사

들밥을 내어오니 배가 부르고

막걸리는 혼자 따를 만하네

장유의 신도비
현전하는 신도비 중 규모가 가장 큰 것으로 알려져
있다. 송시열이 짓고 심익현의 글씨로 새겼다.
귀부가 특히 아름다우며 용을 아로새긴 상단부가
부원군으로서의 위상을 말해 준다.

삶의 이력

시흥시 조남동, 인천에서 수원으로 가는 42번 국도에서 산기슭으로 조금 들어가면 우리나라에서 가장 큰 신도비가 있으니, 조선 중기의 큰 문인 장유(張維, 1587~1638)를 기려 세운 것이다. 우암(尤庵) 송시열(宋時烈)이 짓고, 청평위(靑平尉) 심익현(沈益顯)이 썼다. 전자(篆字)는 광성부원군(光城府院君) 김만기(金萬基)의 글씨다. 그곳에서 동쪽으로 70미터 가량 산으로 들어가면 장유의 봉분이 있고 그 곁에 현종이 쓴 표액(表額)과 장유의 아들 장선징(張善澂)이 쓴 음기(陰記)로 된 표석, 그리고 정두경(鄭斗卿)이 찬한 지석이 있다.

묘역에서 동쪽으로 약 500미터 지점에 효종의 비 인선왕후가 부친 장유의 명복을 기원하기 위하여 건립하였다는 법련사(法蓮寺) 터가 있다. 시흥문화원 자료에 의하면 묘역에서 북쪽으로 약 1킬로미터 지점에 위치해 있는 현재의 법련사는 1989년에 건립한 것이라 한다. 그리고 그 법련사 아래에 장유의 종택(宗宅)이 있다. 이곳은 지금도 안산과 접경지역이거니와 조선시대에는 안산에 속하였다.

장유는 덕수장씨(德水張氏)로, 고려 말 귀화한 회회족(回回族) 장백창(張伯昌)을 시조로 삼는다. 중종 때 조광조(趙光祖)와 뜻을 함께한 장옥(張玉)이 장유의 고조다. 증조와 조부는 크게 현달하지는 못하였지만 부친 장운익(張雲翼)이 판서를 지내면서 명문으로 성장하였다. 부친은 39세의 아까운 나이로 죽을 때 형조판서의 지위에 있었으니, 오래 살았으면 정승의 지위에도 충분히 올랐으리라.

젊은 시절 장유는 벼슬길에 곡절이 많았다. 광해군 1년(1609) 문과에 급제하여 벼슬길에 나아갔지만 김직재(金直哉)의 옥사에 연루되었다. 그의 매제(妹弟) 황상(黃裳)이 역모에 가담한 혐의가 있었기 때문이었다. 이에 1612년 고향 안산으로 내려가 학문과 저술에 전념하였다. 그후 그가 적극적으로 가담한 인조반정이 성공하자 10여 년의 안산 칩거를 마치고 다시 출사하였다.

1623년 인조가 등극하자 바로 정사공신(靖社功臣) 2등에 책훈되고 이조좌랑으로 복귀하였다. 이후 인조의 최측근으로 대사간, 대사헌, 대사성 등 언론의 핵심적인 지위를 차지하였다. 1627년 정묘호란이 일어나자 이조판서로 임금을 호종하여 강화도로 피신하였고, 난이 평정되자 양관대제학(兩館大提學)에 올랐다. 잠시 나주목사로 좌천되었으나 곧바로 형조판서로 복귀하고, 이후 이조판서, 예조판서, 공조판서를 두루 역임하였다. 1636년 병자호란이 일어나자 비국당상(備局堂上)으로 다시 인조를 호종하여 남한산성으로 들어가 있다가 난이 끝난 후 우의정에 올랐다.

판서를 지낸 부친에 이어 장유가 우의정에 이르렀고, 아들 장선징도 판서를 지냈으니, 3대에 걸쳐 크게 현달하였다고 하겠다. 더욱이 그의 딸은 효종과 혼인하여 인선왕후가 되었고 자신은 왕의 장인으로 신풍부원군(新豊府院君)에 봉해졌으니, 부귀영달은 누릴 만큼 누렸다.

그러나 그의 노년은 그렇게 영예롭지 못하였다. 강화도에서 순절한 김상용(金尙容)이 그의 장인이지만, 장유는 최명길(崔鳴吉)과 함께 강화론(講和論)을 주장하였다. 전란에 죽어가는 민중을 목도한 그

법련사 1650년 인선왕후가 아버지 장유의 명복을 빌기 위해 세운 사찰로. 터만 남아
있었는데 근래에 중수하였다.

로서는 명분만을 좇아 척화론(斥和論)을 택할 수 없었던 것이리라. 엇
갈리는 주장 속에 마침내 강화협정을 맺는 것으로 결론지어졌고, 당
대 최고의 문장력을 지닌 그에게 굴욕적인 삼전도비(三田渡碑)에 새
길 글을 지을 일이 맡겨졌다. 그러니 명나라에 대한 충절을 강조한 17
세기 산림들에게 호의적인 평을 받지 못한 것은 어쩔 수 없는 일이었
으리라. 다만 청나라에 포로로 잡혀갔다 돌아온 환향녀(還鄕女) 며느
리를 받아들일 수 없다 하여 조정의 반대를 무릅쓰고 억지로 이혼을
시킨 것은 심한 감이 없지 않다. 그가 생전에 마지막으로 한 일이 이
것이었다. 그리고 젊은 시절부터 안고 살아온 병으로 고생하다가
1638년 이승을 떠났다.

안산의 해장정사

장유는 1612년 김직재의 옥사에 연루되어 안산으로 내려갔다. 서울로 올라가 필운대(弼雲臺) 인근에서 생활한 지 6년 만이었다. 장유가 안산으로 내려온 지 한 달쯤 지난 어느 날 시골노인 몇이 술을 들고 와서 이렇게 말하였다.

선생은 서울에서 나고 자라 아름다운 조정의 여러 부서를 출입한 지 오래입니다. 근래 비록 집에서 한가하게 시간을 보내게 되었지만 밖으로 나가면 의관을 차려입고 수레를 타고 노닐 수 있고 안으로 들어오면 따뜻한 방에서 거처할 수 있지요. 조용하게 사는 것이 맞을 터인데, 하루아침에 시골에서 욕되게 살게 되어, 염전을 이웃으로 삼고 오두막집을 거처로 삼아, 재와 똥과 먼지가 문과 뜰에 굴러다니고 모기와 뱀, 거미가 휘장에 붙어 있는 곳에 살게 되었습니다. 게다가 사귀는 벗들과 소원하게 되었으니 가히 영락하였다고 하겠습니다. 삼가 선생을 위하여 안되었다고 여깁니다.

장유, 「해장정사기(海莊精舍記)」, 『계곡집』

이에 장유는 자신이 시골로 돌아온 것은 위험에서 벗어나 편안함을 취한 것이요, 괴로움에서 벗어나 안락한 데로 나아간 것이니 몸과 마음에 맞다 하였다. 그리고 이렇게 말하였다.

이제 돌아와 보니 찌그러진 집은 비바람을 막을 만하고, 자갈밭은 풀죽을 끓이기에 족하다오. 매번 밭갈고 김매는 여가에 한 칸 방을 소제하고 향을 태우고 조용히 앉아 도서의 뜻을 캐고, 시를 읊조리고 노래하지요. 또 성품이 노자(老子)와 장자(莊子)의 허황한 뜻을 좋아하여 삼교(三敎)를 연구하여 같고 다른 것을 참작하니, 이 또한 정신이 집중되고 기력이 조절되어 육신이 온전해졌소. 엉겅퀴를 캐고 복령을 뜯어 먹을 것을 채우고 때때로 숲속과 못가로 산보를 다니지요. 물고기와 새들도 사람에게 친하고 구름과 안개도 마음을 기쁘게 한답니다. 시골로 돌아온 이래 몸은 나날이 건강해지고 마음은 나날이 태평해집니다.

장유, 「해장정사기」, 『계곡집』

장유는 전원생활이 마음에 들어 농부로 살겠다고 하였다. 그리하여 이러한 뜻으로 「해장정사기」를 지어 붙었다. 이 글에서 그는 6년간의 벼슬살이에서 얻은 것은 모함뿐이고, 하루도 편안한 날이 없었다고 하였다. 그 때문인지 안산에 물러나 살면서는 극도로 말을 아낀 듯하다. 그래서 집 이름도 묵소(默所)라 하였다.

안산의 별업은 그의 고조 때 마련한 듯하다. 그곳에는 고조 장옥이 세운 호호정(浩浩亭)이라는 정자가 있었다. '호호'는 드넓은 하늘을 이르는 말로 『중용』에서 도(道)에 비유한 바 있으니, 드넓은 하늘과 바다를 바라보고 도를 깨우치겠다는 뜻을 깃들인 듯하다. 장유는 이 정자에 애착이 많았다. 호호정 곁에는 향단목(香檀木) 한 그루가 있었다. 고조 장옥이 직접 심은 것이었다. 장유는 이 나무를 두고 지은 시

장유의 종택 시흥시 조남동 법련사 아래 장옥이 마련한 땅에 그 후손들이 대대로 살았다.

에서 "용틀임하는 듯한 이 나무가 너무 좋아, 귀거래의 흥취가 곱절이나 더했다네. 정자가 더욱 빛이 나는 것은, 늙고 큰 나무가 온갖 풍상 겪었기 때문이라네(爲愛虯龍狀 歸田興倍長 亭臺生氣色 老大飽風霜)"라 하였다. 그 나무 앞에서 고고했던 조상의 얼을 되새기며 그렇게 살고자 하는 뜻을 다졌으리라. 그러나 삶의 자세는 서로 달랐다. 장옥은 안산 별업을 풍류의 장으로 삼았지만, 장유에게는 안산 별업이 생활의 공간이었다.

풀 베어 집 지은 지 얼마 되었나
솔과 대가 이미 그늘을 이루었네.

사계절은 꽃을 따라 변화하는데
외로운 회포는 늙을수록 깊어가네.
소나기가 시 지을 재료를 재촉하고
숲속의 새는 술 따르기를 권하네.
만나는 이는 모두 시골 노인인데
누가 내 마음 알아줄는지.

誅茅今幾日　松竹已成陰

四序隨花變　孤懷向老深

急雨催詩料　幽禽侑酒斟

相逢渾野叟　誰識此中心

장욱, 「호호정에 쓰다(題浩浩亭)」, 『유정유고(柳亭遺稿)』

　장욱은 소나무와 대나무가 그늘을 드리우고 사계절 아름다운 꽃이
피는 곳에 호호정을 짓고 살았다. 소나기 소리를 들으며 시를 짓고,
숲속의 새 울음소리를 듣고는 술을 마셨다. 고조 장욱이 100년 전에
한 말에 대해 장유는 다음과 같이 그 뜻을 이었다.

　옛 집은 오직 뽕나무 가래나무뿐
　황량하게 몇 평 그늘을 드리웠네.
　못과 누대는 물색이 남았는데
　꽃과 대는 유심한 맛이 고와라.
　들밥을 내어오니 배가 부르고

막걸리는 혼자 따를 만하네.

시골로 돌아온 것 정말 잘한 일

굴레에서 벗어나니 천성인 것을.

舊業惟桑梓　荒凉數畝陰

池臺留物色　花竹媚幽深

野饁還堪飽　村醪自可斟

歸田眞得計　脫屩認天心

장유, 「봄날 안산의 별업에서 선조의 호호정 시에 삼가 차운하여 장씨 어른께 보이다
(春日安山別業敬次先祖浩浩亭韻因示張丈)」, 『계곡집』

장옥이 좋아하던 소나무와 대나무 대신 뽕나무와 가래나무가 등장하였다. 소나무와 대나무는 그저 눈으로 보고 즐길 뿐이지만, 뽕나무와 가래나무는 생활에 필요한 것이다. 시를 짓고 노래를 부르며 풍류를 즐기는 대신 들판에 나가 농사를 지으면서 들밥을 먹고 막걸리를 마셨다. 장유는 농부로서의 삶을 산 것이다.

농부로서의 삶

장유의 별서는 멀리 소금 굽는 연기가 아른거리고 꽃나무가 무척 아름다운 곳이었다. 그러나 장유는 아름다운 산수를 자랑하지 않고 하인들과 더불어 농사를 지었다. 벼도 심고 밀도 심었다. 토란을 심고 밤을 길렀다. 그는 전가(田家)의 가을을 맞아 농부로서의 삶을 이렇게 노래하였다.

400년 된 측백나무 장유와 같은 시대를 살았던 고목으로, 법련사 앞에 있다.

바다마을은 밀이 맞지 않아
높은 밭이라야 심을 수 있지.
화전이 거름보다 나으니
흙을 북돋을 필요도 없다네.
그저 겨울에 눈만 많으면 그뿐
파란 싹이 얼까 걱정은 없다.
넓은 들에 벼를 심어야 하랴
술 담기에는 이로도 충분한데.
내년에 다행히 가을걷이하면
열 식구 실컷 취하고 먹겠네.

澤國不宜麥　高田猶可種

燒畬勝糞壤　不勞事培壅

但得冬雪多　豈怕靑苗凍

兼須百畝秫　足充麴蘗用

明年幸有秋　十口醉飽共

장유, 「농가의 가을 흥취(田家秋興)」, 『계곡집』

　장유는 이렇게 평생을 보내려 하였다. 한가하면 책을 읽고 글을 지었으며 시를 읊조리고 낚시를 하면서 유유자적하였다. 이 시기 그가 지은 시는 주로 고시(古詩)다. 굳이 형식을 따지는 근체시를 지으려고 하지 않았다. 자유분방하게 살고자 한 것이다. 장자(莊子)에게 더욱 마음을 주었다. '자연'으로 돌아가 '자연'으로 살고자 한 것이다. 다음 작품이 이러한 그의 뜻을 잘 말해 준다.

형옥이 옥돌 속에 숨어 있어

늘 막돌과 이웃하여 있었지.

하루아침 변화를 만나서

갈고 쪼개어 국보가 되었다.

여러 성과 바꿀 만큼 값비싸졌지만

천진을 해친 것 아니던가?

번거로운 문양은 흰 바탕을 망치는 법

아름다운 이름이 몸을 해치는 법.

우언
장유는 인위적인 것을 싫어하고
자연에서 질박하게 살고자 하였다.
우언도 허구적인 인물인 초나라
공자와 동곽선생을 등장시켜 이러한
주제를 담아낸 작품이다.

도사는 숨는 것을 귀히 여기니
세상에 처함에 화광동진한다네.

荊玉隱璞中　長與頑石隣

一朝遭卞和　琢磨爲國珍

雖增連城價　無乃毀天眞

繁文滅素質　美名戕其身

至人貴沈冥　處世混光塵

장유, 「감흥(感興)」, 『계곡집』

　이 시의 주제는 『노자』에 나오는 화광동진(和光同塵)이다. 거울에
먼지가 끼면 빛이 나지 않아 먼지와 한가지가 된다는 말이다. 곧 시속

(時俗)을 따라 처하면서 그 존재를 드러내지 않는 것이 바람직한 처세라는 뜻이다. 장유는 안산의 별업으로 내려와 그렇게 살고자 하였다. 그 때문에 변함없이 우정을 유지하던 정홍명(鄭弘溟)에게 시를 지어 보내며 이러한 뜻을 밝혔다. 김상헌(金尙憲)과의 교유도 깊었기에 장유가 안산에서 지은 시를 석실(石室)에 살던 김상헌이 차운하여 서로의 불우한 처지를 강개한 심정으로 토로하기도 하였다.

　　장유는 자신의 빛을 드러내지 않고 농부들과 섞여 살고자 하였다. 이러한 생활은 장유로 하여금 농부로서 17세기 안산 농촌의 모습을 풍속화처럼 그리게 하였다.

　　　농부가 흰 삿갓을 쓰고
　　　아내는 푸른 삼베 치마를 입었네.
　　　박을 삶고 오이 썰어 새우와 섞어 내니
　　　낡은 사발에는 막걸리가 철철 넘치네.
　　　푸른 풀 언덕은 뽕잎으로 그늘지고
　　　여기저기 앉으니 농사이야기 시끌벅적.
　　　이 집은 저 집보다 김맨 것이 늦었다나,
　　　아랫배미가 윗배미보다 벼가 잘 자랐다나.
　　　젊은이 술을 돌려 늙은이는 취하여
　　　짧은 소매로 너울너울 춤을 추네.
　　　일년을 고생하고 하루를 즐기니
　　　오늘은 농가가 온갖 근심 사라졌다.

그대 보지 못하였나,

작년 아전이 세금 걷으러 왔을 때

노인부부 사흘 굶었다고 미쳐 날뛰던 일.

농가의 즐거움을 어찌 쉬 얻으리?

실컷 마시고 급하게 돌아가지 말게나.

田翁白竹笠　　田婦靑布裙

烹魴斫瓜薦鰕魚　老瓦盆盛秔酒渾

靑莎原頭桑葉陰　坐來四座農談喧

東家耘罷西家晩　低田禾比高田繁

少年行酒長老醉　短袖起舞何蹲蹲

一年作苦一日歡　田家此夕百憂寬

君不見去年吏到索租時　翁姥狂奔三日飢

田家樂事豈易得　勸君醉飽無遽歸

장유, 「호미를 씻으며(洗鋤)」, 『계곡집』

　장유는 농사꾼 시인이 되어 시골살이의 애환을 그들과 함께하였
다. 그러나 이러한 농부로서의 삶은 10여 년 만에 끝났다. 장유는 향
촌생활을 청산하고 조정으로 돌아갔다. 전란과 당쟁의 와중에서 몸
과 마음은 고통스러웠지만 높은 벼슬을 얻었다. 그의 아들 장선징도
판서에 올랐으며 딸도 왕비가 되었다. 장선징의 사위 이관명(李觀命)
도 우의정에 올랐다. 우리나라에서 가장 큰 장유의 신도비가 옛 영화
를 증명하고 있다. ▐

장 유 의 묘

낙락장송이 드리운 숲속에 묘가 있는데 양쪽의 문인석이 문지가 있다.

부친 장운익의 묘들 그 옆에 있다.

3. 강학과
이념의 공간

남간정사

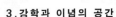

억만 번 글을 읽던
김득신의 취묵당

내 자손들이 나의 독수기를 읽으면

내가 책을 읽는 데 게으르지 않았다는 것을 알 것이다

취묵당 취하여도 입을 다무는 집이라는 뜻으로, 김득신은 이곳에서 같은
글을 수만 번이나 읽었다.

목천의 복구정에서 청주의 도정협으로

괴산을 끼고 흐르는 강을 예전에는 괴강(槐江)이라 불렀다. 괴강이 흐르는 괴산읍 능촌리에 임진왜란 때 전공을 세운 김시민(金時敏) 장군을 제향하는 충민사(忠愍祠)가 있고 그곳에서 멀지 않은 강언덕 한적한 곳에 취묵당(醉默堂)이 있다. 취묵당은 우리 문학사에서 가장 노둔한 시인 김득신(金得臣, 1604~84)이 살던 곳이다.

김득신은 자가 자공(子公), 호는 백곡(栢谷) 혹은 구석산인(龜石山人)이라 하였다. 백곡은 오늘날 천안군 목천면 백전리(柏田里) 그의 세거지에서 따온 것이고, 구석산인은 괴산군(당시는 淸安縣) 좌구산(坐龜山) 아래에 있던 마을 구석산촌(龜石山村)에서 따온 것이다. 본관은 안동(安東)으로 김치(金緻)의 아들이다. 김치는 고려의 명신 김방경(金方慶)의 14대손이며, 진주대첩으로 이름 높은 김시민의 아들이다. 원래는 김시회(金時晦)의 아들로 태어났으나 김시민이 후사가 없어 양자로 들어갔다.

김득신은 김치와 목첨(睦瞻)의 딸 사이에서 태어났다. 목서흠(睦敍欽), 목장흠(睦長欽), 목대흠(睦大欽) 등 이름난 문인들이 그의 외숙이다. 부인은 기묘명현(己卯名賢)의 한 사람인 김정(金淨)의 현손이다. 김득신은 오늘날 괴산군 괴산읍 능촌리와 청안면 사이에 있는 좌구산 아래 자고협(鸕鴣峽)에서 유년시절을 보내다가 서울의 용산으로 올라와 수학하였다.

그는 어려서부터 노둔하여 10세가 되어서야 공부를 시작하였다. 그럼에도 석 달이 지나도록 『십구사략(十九史略)』 첫번째 장 26자를

충민사 임진왜란 때 큰 공을 세운 김시민 장군을 제향하는 사당. 김득신은 김시민의 손자다.

익히지 못해 입을 떼지 못하였다. 외숙 목서흠이 와서 보고 아예 공부를 그만두라고까지 하였다. 그의 부친은 어린 김득신이 좌절하지 않도록 장래 세상에 크게 문명을 날릴 것이라 하면서 적극적으로 공부를 시켰다.

김득신은 참으로 노둔하였지만 성실한 사람이었다. 삼각산 중흥사(重興寺)에서 평생의 지기 박장원(朴長遠), 김진표(金震標) 등과 함께 노닐며 공부하였지만 과거에 오르지는 못하였다. 1630년 무렵에는 책상자를 메고 괴산 인근의 속리산 사찰에 가서 10여 년 동안 독서하였고 다시 호서에 가서 10년 독서하였으며 다시 서울로 올라와 4년 정도 과거에 매달렸지만, 그래도 과거에는 오르지 못하였다.

그러던 중 병자호란이 일어나 경상도 선산(善山)으로 피난을 갔다가 이듬해 목천의 백전리로 돌아왔다. 안정복(安鼎福)의 『목천현지(木川縣誌)』에 따르면 백전리에는 그의 조부 김시민의 집터가 있었다 한다. 또 그 「인물(人物)」조에 증조부 김충갑(金忠甲), 종조부 김시진(金時進)과 그 아들 김면(金緬), 김치 등의 이름이 등재된 것으로 보아 증조부대부터 이미 이곳에 별업이 있었음을 알 수 있다. 김득신이 이곳에서 살던 집이 복구정(伏龜亭)이다.

『목천현지』에 따르면 복구정은 현치(縣治)에서 동쪽으로 병천(幷川)을 건너 읍내면(邑內面) 중구봉(重九峰) 아래에 위치해 있으며 인근에 쌍청정(雙淸亭), 연춘역(延春驛), 은석산(銀石山) 등이 있었다. 사기담(沙器潭), 여기추(女妓湫)를 지난 물길이 구정교 아래에 이르고, 동으로 백전을 지나 병천이 되어 청주로 흘러들었다. 백곡이 위치한 백전리가 물길로 연결되어 있다. 백전리는 오늘날 병천면 가전리 백전마을로 그의 조부 김시민이 이곳에서 태어났다. 그 집 앞에 거북 모양의 바위와 두 그루 괴목이 있는데 괴목 앞으로 큰 하천이 흘러 못을 이루고 못가에는 바위가 있어 큰 뱀이 살았다고 한다.

복구정은 누가 언제 창건했는지 알 수 없는 정자로, 1534년경에 완전히 부서져 다시 세웠으나 병자호란 때 다시 불타 1654년 김득신이 목주현감으로 온 이희년(李喜年)의 도움을 받아 김구연(金九淵), 서진(徐鑪), 유인광(柳仁光) 등과 힘을 합쳐 다시 세웠다. 그 곁의 바위가 엎드린 거북 모양이라 하여 '복구'라는 이름이 붙었다는 이야기도 있지만, 이상(李翔)의 「복구정기(伏龜亭記)」에는 땅속에 거북 모양의 바위가 묻혀 있어 '복구'라 이른 것이라 하였다.

복구정 주변은 경관이 매우 아름다웠다. 김득신의 「복구정중창기(伏龜亭重創記)」를 종합하면 그 풍광은 이러하다. 복구정 아래 맑은 못이 있는데 물고기 노는 모습이 보이고 새들이 왕래하며 푸른 절벽이 못 오른편에 둘러 있다. 금빛 제방이 왼편에 넓게 펼쳐져 있으며 왜송들이 늘어서 있고 오래된 괴목이 서 있다. 백촌이 복구정에서 5리쯤 떨어져 있는데, 복구정 아래의 물이 백촌에 이르러 큰 강을 이룬다. 강이 평평하게 흘러 못이 되고 그 못이 휴암(鵂巖)을 빙 둘러 있는데 백촌의 백성들이 못 아래 제방을 쌓았다. 울산탄(蔚山灘) 아래 절을 세웠는데 시야가 탁 트였다. 강물 속에 호랑이가 싸우는 듯한 형상의 바위와 구름무늬의 절벽이 있었다. 김득신은 이처럼 아름다운 복구정에서 아름다운 시를 제작하였다.

백곡리의 거북바위 김득신의 고향 병천 백곡마을에 있다. 이곳에 엎드린 거북이라는
뜻의 복구정이 있었다.

쩌녁해 모래톱에 지니
자려 가는 새 먼 숲에 깃드네.
당나귀 타고 돌아가려 하지만
문득 앞산에 비 내릴까 겁나네.
落日下平沙 宿禽投遠樹
歸人欲騎驢 更怯前山雨.

김득신, 「복구정에서(龜亭)」, 『백곡집(栢谷集)』

해는 서산에 지고 새는 둥지를 찾아가는데, 당나귀를 탄 시인이 길
을 재촉하고, 그 너머 앞산에 뿌연 빗발이 밀려오는 광경이 눈에 잡힐

듯하다. 이렇게 아름다운 땅이었지만 김득신은 그곳에 눌러 있지 못하였다. 나는 새처럼 서울로 가지 못하고 백곡에 처박혀 있는 신세를 한탄하고, 근심에 머리는 희어지는데 할 수 있는 것이라고는 시를 짓고 술에 취하는 일뿐이었으니, 마음이 매우 답답하였을 것이다. 이에 김득신은 답답한 마음을 달래고자 그해 바로 관동으로 유람을 떠났다.

그후 인조 20년(1642) 봄 39세의 늦은 나이에 진사과에 합격하지만 그다지 유쾌하지 않았다. 오히려 온갖 귀신들이 장난을 부려 운명이 어긋나 버렸으며, 한유(韓愈)와 사마천(司馬遷)의 글을 천 번이나 읽고 겨우 진사과에 합격했다고 자조하였다. 이해 가을 정시(庭試)에 응시하기 위하여 서울로 올라갔으나 낙방하여 다시 목천 백전리로 낙향하였다. 자신의 불우한 처지를 시와 술로 달래는 것이 일과였다. 가끔 지기(知己) 박장원, 정두경(鄭斗卿) 등과 어울려 시회를 즐겼다.

그러다가 1643년 8월에는 청주 도정협(桃汀峽)으로 거처를 옮겨 초당 도정정(桃汀亭)을 짓고 살았다. 1645년에 음서로 숙녕전(肅寧殿) 참봉(參奉)에 임명되어 처음 벼슬길에 나아갔다. 인조 연간에 백의(白衣)의 신분으로 제술관에 임명되었으나 명나라가 망해 버려 장도에 오르지 못했으니 이것이 첫 벼슬이었다. 당시 김득신은 음관(蔭官)으로 벼슬에 오르는 것이 달갑지 않아 나아갈 생각이 없었지만 외숙이 홀로 된 노모의 봉양을 들먹이며 출사를 강권하여 어쩔 수 없이 응낙하였다. 그렇지만 술도 없고 벗도 없는 숙녕전 참봉 생활에 고달픔을 느꼈기에 흰한 달빛을 보고서도 얄미운 마음이 들었으며 그저 목마른 말처럼 어디론가 치달리고만 싶었다고 술회하였다. 뛰어난 재주도 없으면서 고관대작의 지위에 올라 좋은 술과 고기로 인생을 즐기는 자들을 보고 자신의 불우한 처지를 강개하기도 하였다.

결국 사직하고 책상을 지고 이곳저곳을 떠돌며 문과에 오르기 위하여 공부를 하였다. 여러 번 과거에 응시하였으나 합격의 행운이 따르지 않았다. 신세가 이러하다 보니 시도 절로 곤돈(困頓)해졌다. 「행장초(行狀草)」에서는 이를 두고 그의 시명이 이미 세상에 높았기에 사람들이 그를 가리켜 시가 사람을 곤궁하게 한다는 '시능궁인(詩能窮人)'에 해당하는 사람이라 지목하기도 하였다고 적고 있다.

김득신은 청주 도정협에서 살던 중 1657년 모친을 여의었다. 1625년 부친을 잃고 외롭게 살다가 이해 모친까지 잃게 된 것이다. 탈상 후 김득신은 다시 시와 술로 소일하였지만 과거공부를 손에서 놓지 않았기에 1662년 3월, 59세의 늦은 나이이지만 문과에 합격할 수 있었다. 연로한 나이 때문에 성균관의 학유(學諭)에 임명되었으며 승진하여 성균관과 승문원, 병조, 공조, 예조 등에서 벼슬을 하였고 풍기(豊基), 정선(旌善) 등의 외직도 맡았지만, 얼마 있지 않아 벼슬에 뜻을 버렸다. 그리고 1664년 괴산으로 내려갔다.

취묵당에서 입을 닫고 억만재에서 책을 읽는 즐거움

원래 김득신은 부친이 거처하였던 괴산 방하현(方下峴)에서 살고자 하였으나 벼슬에 대한 미련 때문에 뜻을 이루지 못하다가, 1662년 과거에 급제하고 8월에 괴산의 방하현 관음탄(觀音灘) 위쪽 개향산(開香山) 작은 산록, 선영 옆에 두 칸의 초당을 지었다. 원래 이곳은 크고 작은 소나무와 바위가 늘어서 있었는데 작은 소나무는 베고 큰 것만 남기고, 작은 바위는 없애고 큰 바위는 구멍을 뚫으니 기괴한 형상이 나오게 되었다. 초당에 앉아서도 우뚝 솟은 성불산(成佛山), 남쪽과 동쪽에 펼쳐진 벌판, 이탄(梨灘)과 광탄(廣灘)의 여울, 물가의 나무, 어부들의 집이 보이며 나는 새와 노는 물고기의 모습까지 눈앞에 펼쳐지지 않은 것이 없었다.

이에 김득신은 당호를 취묵당(醉默堂)으로 정하고 1663년 2월 현판을 걸었다. '취묵'은 취해서도 입을 다물지 못하고 깨어 있어도 입을 다물지 못하면 화에 걸려들게 마련이니, 술에 취해서도 입을 다물 수 있고 깨어 있으면서도 입을 다물고 있으면 화를 당하지 않을 것이라는 뜻이다. 김득신은 취묵당에 살게 된 경과를 아래와 같이 적었다.

지난 신축년(1601) 선구께서 괴산의 방하현으로 들어가서 4년을 머물고 선영을 장만하였다. 그로부터 거의 50년이 지난 후 나는 선구이 살던 터에 이어 살고자 하였으나 과거에 오르지 못하였기 때문에 평소의 바람을 이루지 못하였다. 임인년(1662) 봄 과거에 오르고자 한 뜻이 이미 이루어졌기에 8월 목천의 백곡장에서 괴산의 방하현으로 날듯이 내려왔다. 광탄 위의 작은 산기슭을 보니, 축축 늘어진 크고 작은 소나무가 둘러서 있고, 성내어 달리듯 크고 작은 바위가 포개쳐 있었다. 아이를 시켜 작은 소나무는 잘라내고 큰 소나무는 남기고, 작은 바위는 뽑아버리고 큰 바위는 깎아 구멍을 내었다. 더러운 흙을 치우고 잡초를 태웠더니 기이한 지세와 형상이 드러나게 되었다. 사람들은 모두 그곳에 집을 지을 만하다고 하였다. 청안의 태수에게 청하여 도목수를 빌려 가래나무 몇 그루를 베어 두 칸의 집을 지었다. 그 안에서 둘러보면 성불산이 높이 솟은 모습, 남쪽과 동쪽 교외가 뻗어나간 모습, 이탄과 광탄의 급류, 물가에 서 있는 나무숲, 늘어서 있는 어부의 집, 구름이 일어나고 새가 날아다 니며 물고기 노닐고 사람이 돌아다니는 모습 등이 두루 보여 어느 하나 시야에 들어오지 않는 것이 없었다. 그러니 평소의 바람이 이 미 이루어진 것이다. 통쾌하기가 마치 마고선자(麻古仙子)의 힘을 빌 려 가려운 데를 긁은 것 같았다.

빠뜨릴 수 없는 것이 집의 이름이다. 무슨 이름으로 내걸 것인가? 굳이 눈에 보이는 것을 가지고 이름으로 삼을 필요는 없다. 무릇 세 상사람들은 술에 취하든 깨어 있든 입을 다물지 못한다. 화를 당하 지 않도록 경계할 줄 모르니 어찌 근심스럽지 않은가? 취하여서도 입을 다물 줄 알고 술에서 깨어나도 입을 다물 수 있어 병마개를 닫 듯 입을 닫는 것을 일상의 습관으로 삼을 수 있다면 반드시 화의 조 짐을 만나지 않을 수 있을 것이다. 그렇지 않다면 술에 취해도 입을 다물지 않고 술에서 깨어도 입을 다물지 않아 재앙이 일어날 것이 니 어찌 겁나지 않겠는가? 취한 가운데 입을 다물지 못하고 깨어나 서도 입을 다물지 못한다면 몸소 들판에 물러나 산다 하더라도 성 시에서 살면서 말을 조심하지 않는 이와 다름이 없을 것이다. 이런 이유로 구당(久堂) 박중구(朴仲久, 박장원)가 임인년 여름 네 번 편 지를 보내어 나에게 입을 다물지 않는다고 주의를 주었다. 나는 그 말을 믿고 당호를 취묵당이라 하였으니, 대개 술에 취해서도 입을 다물겠다는 뜻을 잊지 않으려 한 것이다. 만약 취해서도 입을 다물고 깨어나서도 침묵하며 망령된 말을 하지 않아 몸이 재앙을 피할 수 있다면, 이는 박중구가 내려준 은혜일 것이다. 어찌 나를 경계한 뜻을 저버릴 수 있겠는가? 계묘년(1663) 2월 하순 당의 주인이 벽에 써서 스스로의 경계로 삼는다.

김득신, 「취묵당기(醉默堂記)」, 『백곡집』

취묵당에서의 생활은 무척 만족스러웠던 듯하다. 김득신은 취묵당 주변의 경관을 팔경시로 노래하였다. 이곳의 팔경은 옹암에서의 꽃구경(甕巖看花), 불암에서의 눈구경(佛巖賞雪), 강어귀의 장삿배(江口商船), 나루의 고기잡이 불빛(渡頭漁火), 들판 다리로 지나가는 행인(野橋行人), 갯가 모랫벌의 놀라 나는 기러기(浦沙驚雁), 우협의 아침 이내(牛峽朝嵐), 용추의 저녁비(龍湫暮雨) 등이다. 김득신의 부친도 이곳에 살 때 침류정(枕流亭)을 세우고 풍류를 즐긴 적이 있다. 그의 부친은 그곳의 아름다움을 아차산에서 고사리 캐는 일(嵯峨採薇), 종담에서 낚시하는 일(鍾潭釣魚), 자봉에서 달맞이 하는 일(子峰迎月), 선암에서 지는 꽃을 보는 일(禪巖落花), 화양동으로 은자를 찾아가는 일(華陽隱訪), 화동으로 봄을 찾아 나서는 일(花洞尋春), 긴 숲에 저녁 무렵 내리는 비를 보는 일(長林暮雨), 늘어선 산봉우리에 걸린 아침나절의 구름을 보는 일(列峀朝雲), 들판에 방목하는 말을 구경하는 일(平郊牧馬), 끊어진 다리로 지나가는 승려를 보는 일(斷橋歸僧) 등으로 10경을 정하고 시를 읊조린 바 있으니, 그 풍류를 이은 것이라 하겠다.

> 궁벽한 괴산에서의 고단한 삶
> 어찌해야 적막함을 없앨 수 있나?
> 어부들은 어시장에 모여드는데
> 봄날 화전불은 돌밭을 태우네.
> 소나기가 푸른 들판에 드리웠는데
> 뭉게구름은 파란 하늘에 뻗쳐 있네.
> 오늘 아침에는 시든 얼굴이
> 술 마시고 나자 홍조를 띠었네.
> 弔影槐州僻 何能送寂寥
> 漁翁江市集 春火石田燒
> 急雨垂蒼野 層雲亘碧霄
> 今朝衰謝面 酒後帶紅潮

김득신, 「취묵당에서(醉默堂)」, 『백곡집』

김득신은 박장원에게 편지를 보내 성밖으로 맑은 강이 흐르는데 가랑비가 갠 날 울타리 아래 고운 풀이 돋아 있고 가는 이내가 빛을 더하며 꾀꼬리가 푸른 버들숲에서 울고 제비가 푸른 못에 날며 돌배나무가 골짜기에 피어 있어 그윽한 향이 진하고 보리가 익어간다 하였다. 이에 박장원은 그의 귀향을 축하하고 「괴강취묵당팔영(槐江醉默堂八詠)」을 지어 보내고, 「취묵당서(醉默堂序)」를 지어주었다.

취묵당 앞의 괴강

앞쪽 강물이 빨라 관음탄이라 하였다. 가운데 구릉 너머에 취묵당이 있다.

취묵당에서 김득신은 독서에 전념하였다. 그가 지은「고문삼십육 수독수기(古文三十六首讀數記)」에 따르면 1634년부터 1670년까지 36 년 동안『사기(史記)』「백이전(伯夷傳)」을 1억 1만 3천 번(오늘날의 계산 으로는 11만 3천 번이다) 읽은 것을 위시하여 웬만한 글은 만 번 이상 읽어야 직성이 풀렸다 한다. 그래서 김득신은 취묵당의 서재 이름을 억만재(億萬齋)라 하였다. 억만 번을 읽은 김득신의 일화는 후대 큰 관심거리가 되었다. 서경순(徐慶淳)은『몽경당일사(夢經堂日史)』에서 이런 일화를 적고 있다.

　　백곡 김득신이 문장으로 세상을 울렸는데, 일찍이「백이전」한 편 을 1억 1만 3,000번을 읽었으나 그래도 거침없이 외우지 못했다. 하 루는 친구를 방문하니 친구는 집에 없고 단지 11세 되는 어린 종이 문 앞에 나와 있었다. 백곡이 그 종에게 누가 왔다 갔다고 하라 일 러놓고도 그 어린것이 잊어버릴까 싶어서 "내 전갈을 외우겠느냐?" 하였다. 그 아이종이 즉시 그 말을 되풀이하는데 차례가 틀리지 않 으니, 백곡의 말이 "쩌런 총명, 쩌런 총명이라야「백이전」을 가르칠 만하다" 하였다.

정약용(丁若鏞)은 김득신의 억만 번 독서를 의심하였다. 그는「김백 곡독서변(金柏谷讀書辨)」에서「백이전」을 하루 백 번 읽으면 1년에 36,000번, 3년에 108,000번을 읽을 수 있다고 하고 산술적으로는 3년 이면 113,000번을 읽을 수 있지만 일상생활을 전폐하고 읽을 수만은 없으므로 4년 정도 걸릴 것이라고 추정하였다. 또 「백이전」을 제외한 나머지 글을 읽은 횟수를 합하면 모두 517,000번이므로, 순수하게 20년이 넘는 세월이 걸린다고 하며 김득신의 말을 믿지 않았다. 그러나 황덕길(黃德吉)은 「김득신의 독수기 뒤에 쓰다(書金伯谷得臣讀數記後)」에서 억만 번을 읽었다는 김득신의 기록을 사실로 믿고, 둔한 재주로 성공한 대표적인 인물로 김득신을 들었다. 안정복도 그의 다독을 크게 칭찬하여 「상헌수필(橡軒隨筆)」에서 자세히 다루었다.

가난하지만 뛰어난 시인

김득신은 괴산에 집을 정한 이후 근처의 성불암(成佛菴), 애한정(愛閑亭), 집허당(集虛堂) 등에서 노닐며 평온하게 살았다. 가끔씩 벗을 만나러 외지로 나가는 때를 제외하면 대부분의 시간을 괴산에 머물러 있으면서 시를 짓는 일로 소일하였다. 1665년 8월에는 흥이 일어 금강산 유람을 다녀와 「금강산록(金剛山錄)」을 지었다. 기생 명아(明娥)와 로맨스를 즐기기도 했다. 가끔 서울로 찾아가 그녀를 만나 정을 나누었다.

그러나 풍류를 즐기기에 김득신은 너무 가난하였다. 괴산군수에게 자신의 가난함을 호소하며 도움을 청하기도 하였다. 노년에 쓴 시에 가난을 하소연한 구절이 빈출하는 것을 보면 결코 풍요로운 생활을 누리지는 못한 듯하다. 1671년에는 전염병으로 백전리에 살고 있던 가족들이 참변을 당하는 고통을 겪었다. 김득신은 이해 1월 26일 백전리의 집을 떠나 괴산에 와 있었는데 다음달 2일에 부인이 죽었다는 소식을 들었다. 그러나 전염병이라 돌아가지도 못하고 그 답답함을 시로 통곡하였다. 괴산으로 돌아가면서 "처음에 가려고 했던 것은 처를 죽음에서 구하려 했던 것이지만, 죽고 난 뒤 비록 간다 해도 어찌할 수 없기 때문이라" 하였다.

또 10월 18일에는 지기 박장원이 죽었다. 그날은 김득신의 생일이었다. 가족들이 술과 안주를 올렸는데 김득신은 꿈이 불길하다며 슬퍼하였다. 과연 5일 후 부음이 당도하였는데, 불길한 기분에 사로잡혔던 바로 그날 박장원이 세상을 떠났다는 소식이었다. 김득신은 그의 죽음을 슬퍼하며 30운의 장시(長詩)를 지어 추도하였다.

다시 그렇게 10년을 가난하고 외롭게 살았다. 1684년 7월 설사병에 걸려 고생하였는데 약을 복용하여 차도가 있었으나 왼쪽 허벅지에 생긴 큰 종기가 터져 8월 30일 저세상으로 갔다. 「행장초」에는 이렇게 되어 있지만, 『숙종실록』에는 8월 29일 명화적(明火賊)에게 피살당하였다고 하였다. 묘지명에는 29일 죽었다고 기록되어 있는데 죽음의 원인에 대해서는 역시 설사병에 등창이 겹쳤다고 적고 있지만, 『백곡집』 부록에 실린 「수록(搜錄)」에는 개에게 물려 죽었다고 되어 있다.

김득신은 유년기를 보낸 청안현 좌구산 선산에 묻혔다. 묘갈은 이수광(李晬光)의 증손인 이현석(李玄錫)이 찬한 것을 족질(族姪) 김봉지(金鳳至)의 글씨로 세웠다. 묘갈명(墓碣銘)에 따르면 김득신은 외모가 기고(奇古)하고 품성이 청고(淸高)하여 방외(方外)의 선비 같았다고 하였다. 김득신은 스스로 경계로 삼은 "나는 내 마음을 속이지 않고 남을 속이지 않는다. 말한 것은 반드시 실천하며 얼굴을 찡그릴 일은 하지 않고 권귀한 자의 문으로 달려가지 않는다"는 말을 실천하면서 살았다. 이현석은 묘갈명에서 그의 삶을 이렇게 요약하였다.

> 무회씨와 갈천씨의 백성이요
>
> 두보와 맹교의 시라.
>
> 80년 마음가짐 하루와 같았으니
>
> 억만 번 글 읽음이 정말 기이하였네.
>
> 無懷葛天之民 老杜孟郊之詩
>
> 行心八十年今如一日 讀書億萬數兮奇之又奇

이현일, 「가선대부 동지중추부사 안풍군 김공 묘갈명
(嘉善大夫同知中樞府事安豐君金公墓碣銘)」, 『백곡집』

당시 사람들은 이 묘갈명을 보고 진실한 표현이라 하였다. 무회씨와 갈천씨의 백성이라 함은 김득신이 명석하지 못하다는 말이요, 두보와 맹교의 시라 함은 가난했지만 뛰어난 시인이라는 말이다. 이 두 마디로 김득신의 삶을 가장 잘 요약했다고 하겠다.

김득신은 가난하고 노둔하였음에도 열심히 책을 읽었고 뛰어난 시를 지었으나, 그 후손은 잘되지 못하였다. 김득신은 소장한 책에 사세문과(四世文科)라는 장서인을 찍었는데 김충갑(金忠甲), 김시민, 김치, 그리고 자신까지 4대가 내리 문과를 했다는 자부심에서 나온 것이다. 방손 김유헌(金由憲)이 훗날 억만재 터를 찾아 김득신이 취묵당에서 쓴 「독수기(讀數記)」를 읽고 크게 부끄러워한 적이 있다. 김득신이

취묵당 원래는 초가였지만 기와를 얹어 복원하였다. 억만 번 글을 읽은 억만재가 그 안에 있다.

「독수기」에서 "내 자손들이 나의 독수기를 읽으면 내가 책을 읽는 데 게으르지 않았다는 것을 알 것이다"라 하였기 때문이다. 김유헌은 김 득신이 책을 읽은 횟수에서 억은 십만인데, 그 수를 백분의 일로 줄이 더라도 천이 되므로 자손이 이와 같이 몇 종의 책을 열심히 읽는다면 선비로서 이름을 얻을 수 있을 것인데 그렇게 하지 못하고 있다고 안 타까워하였다.

김유헌의 탄식대로 후손들은 김득신의 간곡한 가르침을 잇지 못한 듯하다. 아들 김천주(金天柱)가 음직(蔭職)으로 낮은 벼슬을 지냈고 손 자 김가행(金可行)은 현감에 이르렀지만 그것이 끝이었다. 그 뒤로는 과거에 오른 이가 없어 절로 가문이 쇠락하였다. 『한국계행보』에는

취묵당의 독수기 현판 1억1만3천 번을 읽었다는 「백이전」을 비롯하여 평생 읽은 글 중에 만 번 이상의 것만 적었다. 후손 김유헌이 김득신의 글을 편집한 것을 후에 새긴 것이다.

그 후손 중에 김명호(金命浩)가 시명이 높았고 『화사(花史)』라는 책을 남겼다고 되어 있지만, 김명호가 누구인지 『화사』가 어떤 책인지 알려져 있지 않다.

김유헌은 이미 취묵당이 허물어져 터만 남아 있다고 하였지만, 오늘날 취묵당은 괴산읍 능촌리 괴강 강가에 그런대로 예스러운 모습으로 남아 있다. 김득신의 후손이 벼슬에 올라 선조의 이름을 빛내지는 못하였지만, 취묵당을 다시 우리 문화사의 흔적으로 남긴 것은 다행한 일이다. 게다가 괴산과 증평에서 그 후손들이 다시 집안을 일으키고 있다. 🔖

자천대와 숭정처사 채득기

낮에 이내 일어나고 새들이 돌아올 제

지도리 없는 거적문과 울 없는 가시삽짝

적막한 산곡간에 자작촌이 더욱 좋다

무우정 공자의 제자 증점이 무우-(舞雩)에서 바람을 쐬고 싶다고 한 말을
따서 무우정이라 하였다.

함창을 빛낸 채수

15세기에는 함창(咸昌)에서 많은 인물이 나왔다. 그중 한 사람이 채수(蔡壽, 1449~1515)다. 채수는 자가 기지(耆之), 호가 난재(懶齋)이며, 본관은 인천(仁川)이다. 고려조에 예부상서와 보문각(寶文閣) 대제학을 지낸 채보문(蔡寶文)이 그의 선조다. 부친 채신보(蔡申保)는 집현전의 신진문사들과 널리 교유한 명환으로, 글씨에 뛰어나 당시 대궐의 현판글씨가 대부분 그의 붓에서 나왔다. 서거정(徐居正)의 『태평한화골계전(太平閑話滑稽傳)』(순암본)에 실려 전하는 애정소설 「채생전(蔡生傳)」이 그를 모델로 한 것으로 추정되니, 그 풍류를 짐작할 수 있다.

명문가의 후손으로 태어난 채수는 이른 나이에 문과에 장원급제하고 사헌부 감찰(監察)로 벼슬을 시작하여, 사헌부와 홍문관 등 청직을 두루 역임하였으며, 사가독서(賜暇讀書)의 영예도 입었다. 문형(文衡)에 오르기 위해 반드시 거쳐야 하는 예문관 응교(應敎)와 홍문관 제학(提學)을 지냈으며, 승정원 도승지, 성균관 대사성, 호조 및 예조 참판도 지냈다. 중종반정 이후에는 공신에 들어 인천군(仁川君)에 봉해졌다. 판서나 정승의 반열에 오르지는 못하였으나 이만하면 명예와 권력을 모두 누린 셈이다.

서울에 있을 때 채수는 남산 자락에서 살았다. 그는 정원에 석가산(石假山)과 인공폭포를 만들고 집 안에서 산수를 즐겼다. 채수는 음성과 충주에도 상당한 규모의 전장을 가지고 있었다. 부친 채신보가 세조 4년(1458) 함창현감에서 물러난 뒤 음성과 청주에서 터를 잡고 살 때 마련한 것으로 추정되니 부친 덕택이라 하겠다. 그러나 채수는 부친이 물려준 집을 버리고 함창을 자신의 고향으로 삼았다.

채수가 함창에 집을 정한 것은 성종 13년(1482)의 일이다. 이해 8월 채수는 대사헌으로 있으면서 폐비 윤씨(尹氏)의 일을 논하다가 파직당하였다. 고신(告身)을 빼앗긴 채수는 장인 권이순(權以順)이 살던 함창으로 내려갔고, 3년 후 다시 벼슬길에 오를 때까지 함창의 처가에서 살았다.

그후 연산군이 즉위한 1494년 모친상을 당하였는데, 탈상도 하기 전에 함창으로 돌아가 집을 지을 재목을 구하였다는 이유로 이주(李胄)의 탄핵을 받았다. 비슷한 문제로 연산군 4년(1498)에도 이창윤(李昌胤)의 탄핵을 받았다. 부친의 무덤이 음성에 있는데도 함창에 살면서 제사조차 직접 지내지 않고, 집을 지을 재목 때문에 다투다가 사족

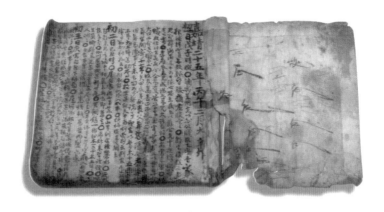

묵재일기와 설공찬전 불교의 윤회화복설을 담고 있어 소각된 것으로 알려진 채수의 「설공찬전」이 이문건의 「묵재일기」 뒷면에 한글로 필사되어 있는 것이 최근 발견되었다. 채수의 부친 채신보를 주인공으로 삼은 채생전도 전한다.

김지서(金之瑞)를 타살하기에까지 이르렀다는 것이 그 내용이다. 사실 여부는 확인할 수 없지만 아마도 이 무렵 이미 함창에서 여생을 보내려고 계획하였던 것은 분명한 듯하다. 그러다가 중종반정이 일어난 1506년, 병으로 사퇴하고 함창으로 완전히 물러났다. 이때에 이르러 비로소 귀거래를 하게 된 것이다. 채수는 중종 6년(1511) 소설 「설공찬전(薛公瓚傳)」을 지었다가 파직을 당하였는데, 아마도 함창에서 한가하게 살 때 지었던 것이 이때 문제를 일으킨 것으로 추정된다.

마음이 통쾌한 집 쾌재정

채수가 함창에 쾌재정을 지은 때는 55세 되던 중종 2년(1507) 봄이다. 쾌재정은 오늘날 상주시 이안면 가장리에 있다. 『동국여지승람』에는 이안부곡(利安部曲)의 서쪽이라 하였고, 양희지(楊熙止)의 글에는 함창 객관 남쪽이라 하였다. 마을 서편 구릉의 봉우리에 자리잡아 이안평야를 한눈에 조망할 수 있고, 발밑으로는 이안천이 흐르는 곳이었다. 채수는 이곳에 쾌재정을 지으려 마음먹고 미리 성현(成俔), 양희지 등의 벗에게 시를 구하였다. 다음은 양희지가 그에게 보낸 작품이다.

새로 지은 정자에 이르기 전에
그 이름 쾌재정이라 이미 들었네.
신선이 평지에 사는 것인가?
주렴이 하늘에 걸려 있겠지.
원근의 푸른 산이 여기서 합하고

그 사이 백발로 누워 있겠네.

훗날 내 남쪽으로 내려가면

달을 불러 술 한잔 하게나.

未到新亭上　聞名已快哉

神仙平地在　簾幕半天開

遠近靑山合　中間白髮頹

南歸早晩路　呼月與巡杯

양희지, 「성현이 채수의 새로 지은 정자에 부친 시에 차운하다

(次成罄叔倪寄題蔡耆之新亭韻)」, 『대봉집(大峯集)』

채수는 쾌재정에서 왼편에 거문고를 놓고 오른편에 학을 데리고, 방에는 도서를 가득 쌓아두고 자질(子姪)과 더불어 한가하게 살았다. 채수는 쾌재정에 다음과 같은 기문을 지어 붙였다.

냇물이 동쪽으로 달려 무지개를 드리운 것 같고, 산이 냇물에 임하여 마치 누에의 머리같이 된 곳에 날아오를 듯한 정자가 있으니 그 이름은 쾌재정이다. 동쪽으로는 학가산(鶴駕山), 서쪽으로는 속리산(俗離山), 남쪽으로는 갑장산(甲長山), 북쪽으로는 대승산(大乘山)이 바라다보인다. 강과 산이 서리고 얽혀 발밑에 벌리어 서 있다. 그 주인은 누구인가. 채기지다. 젊어서 과거를 보아 장원을 차지하였고 지위가 군(君)에 이르렀으니 영광이 분에 넘친다. 늙어 벼슬을 그만두고 고향에 돌아왔다. 입고 먹는 것을 겨우 채우면 그뿐 다른

쾌재정 마음이 통쾌해지는 정자라 하였는데, 지금도 이 정자에 오르면 사방이 탁 트여 마음이 통쾌해진다.

욕심은 없다. 거문고와 바둑, 시와 술로 즐기니 한가한 사람이다. 시비를 따지고 헐뜯거나 칭찬하는 말은 전혀 알지 못한다. 여유 있게 놀며 한가로이 여생을 마칠 만하다.

채수, 「쾌재정기(快哉亭記)」, 『나재집』

쾌재정은 마음이 통쾌한 집이다. 소식(蘇軾)의 아우 소철(蘇轍)이 황주(黃州)에 쾌재정을 지었는데 그곳에 오르면 산과 구릉이 파도치듯 일렁이고 풀과 나무가 줄지어 있으며, 안개가 덮였다가 햇살이 돋기도 하는데 어부와 나무꾼의 집을 두루 볼 수 있기에 마음이 통쾌하여 그렇게 이름붙인 것이다. 채수의 쾌재정 역시 그러하여 그곳에 오르면 통쾌하게 산과 강을 바라볼 수 있었다. 다음은 그가 66세의 나이로 죽음을 앞둔 시기에 지은 작품으로 지금 쾌재정의 현판에 걸려 있다.

늙은 내 나이 이제 예순여섯
지난 일 생각하니 아득하구나.
젊은 시절 재주 겨룰 이 없다 여겼고
중년에는 공명이 홀로 높다 하였지.
흘러가는 세월은 잡아둘 수 없고
산길은 아득하여 말이 나아가지 않네.
어찌하면 세상일 다 버리고
봉래산 꼭대기에서 신선의 벗이 될까?
老我年今六十六　因思往事意茫然
少年才藝期無敵　中歲功名亦獨賢
光陰衰衰繩難繫　雲路悠悠馬不前
何似盡抛塵世事　蓬萊頂上伴神仙

채수, 「쾌재정에 올라(題快哉亭)」, 『난재집』

채수는 이곳에서 살다 여생을 마쳤다. 실록에서는 "항상 처향(妻鄕)에 있으면서 말과 웃음이 평일과 다름이 없으며, 냇가에서 손님과 술을 마시고 고기를 잡아 회를 쳐서 접대하였으니 그 삼가지 못함이 이와 같았다"라고 비판하였으나, 오히려 그의 소탈한 삶을 짐작할 수 있다. 그렇게 살다가 세상을 떠나 함창의 율곡(栗谷)에 묻혔다.

채수의 묘 채수의 선영과 고향은 충주의 소산이었지만, 함창을 좋아하여 그곳에서 살다가 그곳에 묻혔다. 입구에 신도비가 서 있다.

숭정처사 채득기의 사연

채수가 죽은 후 그 후손들은 차차 중앙관직과 멀어졌고 뛰어난 인물이 나오지 않았다. 그러나 채수의 딸들이 김감(金堪), 김안로(金安老), 이자(李耔) 등과 혼인한 것을 보면 당시로서는 최고의 문벌을 이루었다 하겠다. 채수의 아들 채소권(蔡紹權)은 판서를 지냈고, 손자 채무일(蔡無逸)은 고모부 김안로와 사이가 좋지 않아 고초를 겪다가 김안로가 실각한 후 비로소 벼슬에 다시 나아갔다. 크게 현달하지는 못하였지만 그림에 뛰어나 중종의 어진을 그렸다. 이들은 모두 부친 곁에 나란히 묻혔다.

차츰 기울던 이 집안의 가세는 채득기(蔡得沂, 1605~46)가 나오면서 다시 한번 세상에 그 존재를 알리게 된다. 채득기가 사랑한 땅은 상주 사벌(沙伐) 낙동강가에 있는 경천대(擎天臺)라는 절벽이다. 경천대 바위 위에 오르면 무우정(舞雩亭)이라 이름붙인 운치 있는 정자가 있다. 지금으로부터 400여 년 전 이 정자의 주인이 바로 채득기였다.

공자(孔子)가 제자들에게 자신이 원하는 삶을 말해 보라 하자 증점(曾點)이 "늦봄 봄옷이 갖추어지면 동자 5∼6인을 데리고 기수(沂水)에서 목욕하고 무우(舞雩)에서 바람을 쐬며, 시를 읊조리고 돌아오고 싶습니다"라 하였다. 이에 공자가 자신도 동참하고 싶다고 한 말이 『논어』에 나온다. 채득기의 이름 '득기(得沂)'는 기수에서의 삶을 추구하라는 뜻이다. 그의 자인 영이(詠而)도 『논어』의 같은 대목에서 가져왔고, 호 우담(雩潭)도 마찬가지다. 이름부터가 물가에 살면서 목욕을 하고 바람을 쐴 팔자였다.

채득기는 먼 조상 채신보가 마련한 충주의 만계(灣溪)에 있던 집에서 태어났다. 어려서부터 영특하여 학업과 문장에 뛰어났는데 천문과 지리, 의약, 복서(卜筮), 음률, 병법 등 잡학에도 능통하였다. 특히 『주역』에 조예가 깊었다. 그러나 과거공부에 힘을 기울이지 않아 벼슬길에는 나아가지 못하였다.

1636년 남한산성이 함락되었다. 채득기는 주역점을 쳐보고 그 조짐을 먼저 알았다. 이에 세상에 대한 실낱같던 미련마저 완전히 접고 상주의 무지산(無知山)으로 들어갔다. 그곳 개울가에 대를 쌓고 두문불출하면서 책만 읽었다. 훗날 그가 책을 읽던 곳을 별좌대(別坐臺)라 불렀다. 조정에서 한때 그를 빙고(氷庫)의 별좌(別坐)에 임명한 바 있기 때문이다. 그러나 채득기가 그 사실을 알았더라면 수치스럽게 생각하였을 것이다.

채득기는 별좌대에 미련을 두지 않고 상주의 천주봉(天柱峯) 아래 우담으로 거처를 옮겼다. 상주의 낙동강 상류에 있는 천주봉은 그다지 높지 않지만 그윽한 곳이었다. 기암괴석이 저절로 대를 이루었기에 자천대(自天臺)라 불렸다. 그러나 채득기가 이곳에 살자 그 이름이 경천대(擎天臺)로 바뀌었다. 채득기의 기상이 하늘을 떠받들 만하다고 여긴 사람들이 훗날 이렇게 이름붙인 것이다. 물론 채득기 당시에는 그냥 자천대였다. 삐죽삐죽한 바위에 둘러싸인 절벽 아래 강물이 소(沼)처럼 고여 있었다. 사람들은 그 속에 용이 산다고 믿고 가물 때면 기우제를 지냈다.

채득기는 가족들을 이끌고 이곳에 정착하였다. 작은 정사(精舍)를 짓고 그 이름을 무우정이라 하였다. 그리고 대 위에 '대명천지(大明天地) 숭정일월(崇禎日月)' 여덟 글자를 새겼다. 이 때문에 사람들은 그를 숭정처사(崇禎處士)라 불렀다. 채득기는 자천동으로 들어온 심회를 이렇게 밝히고 있다.

서쪽 선영 아래 살다가
남으로 오니 고향이 가깝네.
불을 지피지 않아 새벽에 솥이 얼고
거적도 없어 밤에 침상이 싸늘하다.
나라 걱정에 등에 혹이 생기고

시절을 근심하여 분이 장에 그득하다.

인간만사 다 끝장이 났으니

신속 집을 지키자 맹서하노라.

西住先塋下　南來近故鄕

不炊晨凍鼎　無席夜寒床

憂國瘦生背　傷時憤滿腸

人間萬事已　自誓保山莊

채득기, 「병자년 이후 자천동으로 옮겨 거주하면서(丙子後移栖自天洞)」, 『우담집』

　　1643년 봉림대군과 소현세자 등이 볼모로 잡혀 심양으로 끌려갈 때 호종하는 신하로 채득기가 뽑혔다. 그러나 병으로 가지 못했는데, 이 때문에 3년간 보은(報恩)에 유배되었다. 유배에서 풀려나자 조정으로부터 다시 심양으로 떠나라는 명령을 받았다. 권상일(權相一)의 『청대일기(淸臺日記)』에 따르면 의술이 뛰어났기 때문이라 한다. 채득기는 가사 「천대별곡(天臺別曲)」을 지어 다시 불러준 임금에 대한 충성과 자천대에 대한 사랑을 읊었다.

　　가노라 옥주봉(玉柱峯)아 있거라 경천대(擎天臺)야.

　　요양(遼陽) 만릿길이 멀어야 얼마 멀며

　　북관(北館) 일주년이 오래다 하랴마는

　　상봉산(翔鳳山) 별건곤(別乾坤)을 처음에 들어올 때

　　노련(魯連)의 분(憤)을 겨워하여 진세(塵世)를 아주 끊고

발 없는 구리솥 하나 젓나귀에 실어내어

추풍석경사(秋風石徑斜)에 와룡강(臥龍岡) 찾아와서

천주봉 암혈(巖穴) 아래 모옥(茅屋) 수칸 지어두고

고슬단(敲瑟壇) 행화(杏花) 곁에 정자터를 손수 닦아

낮에 이내 일어나고 새들이 돌아올 제

지도리 없는 거적문과 울 없는 가시삽짝

적막한 산곡간(山曲間)에 자작촌(自作村)이 더욱 좋다.

심양에서 그린 자천동의 우담십경

심양으로 간 채득기는 자신이 노닐던 우담을 거듭 자랑하였다. 당시 이소한(李昭漢), 최명길(崔鳴吉), 김육(金堉)과 심양에서 고락을 함께했기에 교분이 깊었다. 이들은 채득기의 우담을 상상하여 시와 글을 지어 아름답게 꾸며주었다. 채득기는 「천대별곡」으로 우담을 자랑하고 다시 「우담십경」으로 벗들의 머릿속에 우담의 모습을 심었다. 그가 지은 「우담십경」은 이러하다.

첫째는 호곡춘화(虎谷春花)다. 회곡춘화(會谷春花)라고도 하는데, 자천대 동쪽 범바위[虎巖] 위에서 봄꽃을 즐기는 일이다. 둘째는 용담추월(龍潭秋月)인데 우담추월(雩潭秋月)이라고도 한다. 자천대 동쪽 우담 아래에 있는 용담에서 가을 달빛을 완상하는 일이다. 셋째는 자천대 남쪽 상봉산 남쪽에서 꾀꼬리 소리를 듣는 남간유앵(南澗流鶯)이고, 넷째는 자천대 동쪽 와룡강(臥龍岡)에서 겨울에도 푸른 소나무를 보는 동령한송(東嶺寒松)이다. 다섯째는 천대이석(天臺異石)으로,

자천대 위쪽 봉일정(捧日亭) 주위의 기이한 돌을 즐기는 일이다. 여섯째는 평사낙안(平沙落雁)이니 자천대 너머 학사(鶴沙)라는 모래밭에 내려앉는 기러기를 보는 것이요, 일곱째는 옥주봉에 걸린 아침 구름이라는 뜻의 옥주조운(玉柱朝雲)이다. 여덟째는 구암에 내리는 저녁 비라는 뜻의 구암모우(龜巖暮雨)다. 아홉째는 전탄어화(箭灘漁火)이니 자천대 북쪽의 옥탄(玉灘)에서 고기잡이를 위해 불을 피워놓은 것이다. 열째는 죽암청경(竹庵淸磬)으로, 죽암에서 들려오는 맑은 경쇠소리라는 뜻인데 원암청경(圓庵淸磬)이라고도 하였다. 채득기는 이 열 가지 아름다운 풍광 하나하나에 시를 지었다. 아래에 그 첫번째 것을 보인다.

산을 두른 푸른 절벽이 흙섬돌을 보호하니
비단에 수를 놓은 듯 꽃들은 그 얼마인가?
바람이 은은한 향기를 불어 코를 찌르니
이 몸이 강 너머 집에 있는 줄도 모르겠구나.
環山翠壁護沙除　多小花容錦繡如
風送暗香時襲鼻　不知身在隔江廬
채득기, 「범바위의 봄꽃(虎谷春花)」, 『우담집』

　벗 김상헌은 이 시에 차운하여 열 편의 시를 지어 우담을 빛내주었다. 김상헌은 「우담십경」에서 채득기가 지은 위의 시에 이렇게 답하였다.

꽃을 꼭 섬돌 가득 심어야 하랴
강 북안에서 꽃구경이 강 남안과 다르랴.
온 밤 불던 봄바람에 꽃이 다 피거든
봄빛을 모두 실어 내 집으로 보내주게.
栽花不必滿階除 北岸看花南岸如
一夜東風開欲遍 摠輸春色向吾廬

김상헌, 「범바위의 봄꽃(虎谷春花)」, 『청음집』

김상헌은 또 무우정에 붙일 기문도 써주었다. 다음은 그 기문의 일부다.

낙동강은 황지(黃池)에서 발원하여 여덟아홉 고을을 지나 천리 백리를 흘러 강으로 들어간다. 그 사이 강을 에워싸고 지은 집이 헤아릴 수 없이 많다. 사람들은 스스로 빼어난 땅을 차지했노라 생각하였지만 채득기는 두루 다니며 살펴보고 그 기이함이 미진하다고 여겼다. 그러다가 우연히 상주의 북쪽 회곡(檜谷)의 남쪽, 매호(梅湖) 아래 그윽한 땅을 만나게 되었다. 세 개의 봉우리가 그 뒤에 솟아 있고 큰 강이 그 앞을 지나간다. 절벽이 병풍처럼 둘러 있고 기암괴석이 펼쳐져 있다. 그 가운데 널찍하고도 시커멓게 물이 고인 곳이 우담이다. 구름과 안개가 일어나는데 가물 때 기도를 하면 효험이 있다. 바위가 평평하여 의지할 만한 곳이 관어대(觀魚臺)다. 물이 매우 맑아 헤엄치는 물고기를 헤아릴 수 있다. 험준하게 절로 솟구친 것이 자천대다. 기이하고 교묘함이 특이하여 인공으로는 만들 수가 없기에 이이름이 붙었다. 그 위에 새로 정자를 얹고 무우정이라 하였다. 대개 증점이 기수에서 목욕을 하고 싶다는 뜻을 취한 것이니, 세상은 달라졌지만 취향은 같은 것이다.

자천대 아래 석굴이 있는데 그 안이 넓어 5, 60인 이상이 들어간다. 더울 때 이곳에 들어가면 싸늘하여 얼음을 안고 있는 듯하다. 바위구멍이 문을 이루어 겨우 한 사람 정도 지나갈 수 있는데, 예전에 사람들이 이곳에서 무사히 병란을 피하였다고 한다. 나무하고 농사 짓는 늙은이들이 지금까지 이렇게 말한다. 그 곁에 작은 굴이 있다. 굴 안에는 맑은 샘물이 있는데 맛이 달고 시원하다. 절터가 아직도 남아 있다. 산에서부터 정자까지, 정자에서 우담까지 흰 모래로 띠를 두르고 푸른 소나무로 울타리를 삼았다. 또 아름다운 나무와 희한한 꽃, 이름난 꽃과 기이한 풀이 봄가을 화장을 하고 예쁘게 꾸며 아래위로 어리비친다.

김상헌, 「채씨의 우담 새 정자에 부친 기문(蔡氏雩潭新亭記)」, 『청음집』

최명길 역시 기문을 지어 무우정을 빛내었다. 최명길은 심양에서 채득기로부터 우담에 대한 이야기를 듣고 그 풍류를 상상하면서, "거칠고 묵은 것을 베어 없애고 대나무와 매화나무, 뽕나무, 밤나무를 심고는 그곳에서 늙어 죽고자 하였다. 에워싸고 있는 것은 모두 산인데 가장 빼어나고 기이한 것이 자천대다. 나뭇단을 묶어놓은 듯한 바위가 솟구쳐 구름을 찌른다. 땅이 너무 높아 오래 머물기 어려울 정도다. 그 아래 너럭바위가 있는데 지세가 평평하고 넓어 백여 명이 앉을 수 있다. 마침내 그곳에 풀을 이어 집을 짓고 무우정이라 편액한 뒤 열 가지 경치를 읊은 시를 붙여 꾸몄다. 그리고 스스로 자를 고쳐 '영이(詠而)'라 하였으니, 대개 그 이름이 같은 것에 인하여 사모의 뜻을 깃들인 것이다"라 한 다음 채득기의 풍류를 이렇게 상상하였다.

봄날 따스한 때면 강산이 더욱 곱다. 바위틈에 꽃이 서로 빛을 드리우고 개울가의 버드나무가 아름다움을 다툰다. 물고기가 파닥거리고 온갖 새들이 지저귄다. 시골 아이들과 농부들이 앞서거니 뒤서거니 하면서 함께 간다. 술병과 안주그릇을 끼고 나가 마음대로 즐기고 구경한다. 구암(龜巖)에 걸터앉아 용혈(龍穴)을 살피고, 옥주봉을 두루 돌아 기이한 바위를 찾아본다. 층층절벽에 의지하여 드리운 소나무를 잡고 오른다. 맑고 시원한 못에서 세속의 때를 벗기고 천 길 높은 언덕에서 속세의 먼지 묻은 옷을 턴다. 돌아와서는 무우정에서 소요한다. 술잔을 씻어 한잔 마시고 거문고를 타며 노래를 한다.

최명길, 「무우정기」, 『지천집(遲川集)』

그후 채득기는 심양에서 돌아와 우담에 살면서 이식(李植), 허목(許穆), 조경(趙絅) 등 명망가들과 널리 교유하였다. 당대 최고의 문장가 이식 역시 기문을 보내어 그 뜻을 칭상하였다.

채군의 고조부인 난재(懶齋)선생은 박학다식하고 절개가 굳었는데 성군을 만나 공명을 종정(鐘鼎)에 새겼다가 관(冠)을 걸어두고 은거하기로 결심하고 함창에 쾌재정을 지었다. 그 정자는 우담의 상류에 있다. 세상에 전하는 말로는 선생이 앉은 채 신선이 되어 갔다 하고, 식자들은 선생이 급류에서 용퇴하였다고 하니 그 또한 신선이다. 지금 채군이 비로소 낮은 벼슬을 얻기는 했지만 나아갈 생각을 하지 않고 암혈(巖穴)에 은거하면서 안빈낙도하고 거북이나 물고기와 벗이 되어 살고자 한다. 그러니 훌륭히 뜻을 이은 것이 아니겠는가?

이식, 「무우정기」, 『택당집』

이식은 채수가 쾌재정을 짓고 신선처럼 살았던 것처럼 그 손자 채득기도 무우정에서 신선처럼 살고 있다고 하였다. 채득기는 심양에서 돌아와 다시 은자로서 자천대에서 살다 갔다. 『청대일기』에 따르면, 심양에서 채득기와 인연을 맺었던 봉림대군이 등극하기 전에 관노를 보내어 자천대의 모습을 그려 올리도록 하고 훗날 그를 크게 쓰려고 하였으나, 대군이 등극하기 전에 먼저 저세상으로 가버렸다고 한다.

무우정의 뒷이야기

채득기의 증손 채휴징(蔡休徵)은 18세기 초반 할아버지의 유적을 빛내었다. 『청대일기』에 의하면 '대명천지 숭정일월'이라는 자천대의 글씨는 채득기가 아니라 채휴징의 솜씨라 한다. 채휴징은 자천대의 유적을 정리하여 「자천동산수록(自天洞山水錄)」를 엮어 자천대 일대의 모습이 지금까지 글로 전해질 수 있게 하였다. 채휴징은 28곳의 아름다운 땅과 그에 걸맞은 아름다운 이름을 들며 일일이 설명하였는데, 그 내용을 요약하면 이렇다.

자천동은 우담 일대를 이르는 말이다. 자천대의 주봉은 천주봉이다. 우뚝 솟은 절벽이 하늘을 지탱하는 듯하여 이 이름이 붙었다. 그 한 지맥이 상봉산인데 봉황새가 천 길 높이를 난다는 뜻이니 채득기의 기상이 서린 이름이다. 천주봉이 강을 향하여 끝나는 곳에 자천대가 있다. 3층의 바위가 하늘로 솟구쳐 자천동에서 가장 아름다운 곳이다. 자천대 위에는 '대명천지 숭정일월'이라는 글씨가 새겨져 있다. 자천동 입구는 영귀문(詠歸門)이다. 이 골짜기로 들어오면 공자도 부러워했던 증점의 풍류를 배워 시를 읊조리면서 돌아오게 된다는 뜻이다. 채득기가 자천대 남쪽에 쌓은 것이 「천대별곡」에 나오는 고슬단이다. 고슬단 곁에 살구꽃이 있다고 하였으니, 채득기가 살구나무 그늘에서 거문고를 타던 곳이다. 난가석(爛柯石)은 자천대 가운데 층인데 돌을 쪼아 바둑판 모양으로 만들었기에 바둑을 두느라 도끼자루 썩는 줄 모른다는 뜻으로 이렇게 이름붙인 것이다. 회란대(回瀾臺)는 자천대 북쪽 강물이 휘감아도는 대를 가리킨다. 와룡강(臥龍岡)은 강 위쪽에 바위봉우리가 돌기한 모습이 마치 용이 처마처럼 물을 덮고 있는 듯하여 생긴 이름이다. 그 아래는 100여 명이 앉을 수 있을 정도로 넓다. 강물은 이곳이 가장 깊은데 그 아래에서 기우제를 지낸다.

경천대의 낙락장송

천연의 힘으로 이루어졌다고 하여 자천대라 하였는데, 나중에 하늘을 떠받든다는 뜻을

더하여 경천대라 하였다. 낙락장송이 채득기의 절조를 상징하는 듯하다.

죽암(竹菴)은 초가로 된 절이다. 천인대(千仞臺)는 자천대 동쪽 바위인데 천 길 높이로 솟아 있어 이런 이름이 생겼다. 조양대(朝陽臺)는 죽암 동쪽에 있는데 해가 가장 먼저 비치기 때문에 이른 것이다. 구암은 옥주봉 아래 있는데 그 모습이 엎드린 거북처럼 생겼고, 그 위에 수백 명이 앉을 수 있다. 관어대는 자천대 아래의 평평한 바위로 그곳에 앉아 물고기가 노니는 모습을 구경할 수 있다. 미구(薇邱)는 고사리가 많이 나는 옥주봉 서쪽 뜰이며, 율원(栗園)은 자천대 뒤쪽 뜰인데 산밤이 많이 난다. 유정문(幽靜門)은 땅이 궁벽지고 사람이 없어 문이 늘 닫혀 있기에 생긴 이름이다. 향로봉(香爐峯)은 자천대 북쪽 구암 위에 있는데 신선이 화로를 들고 있는 것처럼 고색창연하여 이런 이름이 붙었다. 봉일정(捧日亭)은 자천대 위쪽에 있는 소나무를 가리키는데 동쪽으로 햇살을 받들기 때문에 붙은 이름이다. 경호(鏡湖)는 자천대 앞의 강물이 거울처럼 맑아서 이름붙인 것이고, 매정(梅亭)은 그곳에 좋은 매화가 있어 이름붙인 것이다. 문진파(問津波)는 자천대 동쪽 좌우의 나루를 가리키고 오동제월(梧桐霽月)은 가을비가 내린 후 날이 개었을 때 무우정에 오르면 흰 달빛이 영롱한 광경을 두고 이른 것이다. 여기에 우담과 옥탄, 호암 등을 더하여 28곳이 된다. 훗날 효종이 채득기가 살던 곳의 풍광을 그림으로 그려 병풍으로 삼았다고 한다.

자천동 인근에도 명소가 여러 곳 있었다. 그 하나로 상주의 명현 정경세(鄭經世)를 모신 도남서원(道南書院)이 가까이에 있다. 또 자천대 북쪽 강 너머에는 김우굉(金宇宏)이 지은 개암정(開巖亭)이 있었다. 자천대에서 동남쪽으로 흘러가는 강가에서 7리쯤 떨어진 곳에 청룡사

(靑龍寺)가 있었고, 더 아래 동북으로 10리 떨어진 예천땅에는 처사 손흥지(孫興智)가 세운 용두정(龍頭亭)도 있었다. 북쪽 10리에는 매악산(梅岳山)이 있고 그 아래 정기룡(鄭起龍)의 정자 매호정(梅湖亭)이 있었다. 남쪽 6리에는 사벌(沙伐)의 왕이 쌓았다는 병풍산성(屛風山城)이 있고 그 아래 조흥원(趙興遠)의 광탄정(廣灘亭)이 있었으며, 동쪽 7리에는 조굉(趙竤)이라는 사람이 지은 반구정(伴鷗亭)이 있었다.

이렇게 아름다운 땅도 사람이 없으면 빛을 잃는 법이다. 채득기 당대에 이미 가세가 기울었거니와 채득기의 후손들도 세상에 이름을 떨치지 못하였다. 그의 절개도 서서히 잊혀지고, 무우정도 퇴락하였다. 무우정을 중수한 사람은 18세기 중엽 상주목사로 온 이협(李埉)이다. 그가 무우정에 이르렀을 때 경천대 위에는 채득기가 심어놓은 아름다운 나무와 꽃이 자라고 있었지만 정자의 터조차 온전하지 않았다. 그저 '대명천지 숭정일월'이라 새긴 작은 비석만 보일 뿐이었다. 이에 감개한 이협은 마을의 유지들과 함께 정자를 중수하고 기문과 시를 지어 걸었다.

당시 고을의 큰 선비로 『청대일기』를 남긴 권상일도 낙성을 기념하는 시를 지었다. 1723년 그가 자천대를 찾았을 때 자천대 아래에는 돌로 만들어진 세면함, 바둑판 등이 있었는데, 그 아래 흙을 덮고 단을 만들어 사람들이 앉을 수 있게 하였으며, 고송과 매화나무, 대나무, 오동나무 등이 좌우에 늘어서 있었다고 한다. 또 그 곁에 몇 칸의 초가가 있고, 그 남쪽 몇백 보 떨어진 곳에 작은 바위봉우리가 있는데 그 아래에는 거북바위가 있으며 다시 남쪽 100보 떨어진 곳에 용바위

경천대비 증손자 채휴징이 '대명천지 숭정일월'이라는 글씨를 새겼다. 조선이 중화문명을 잇고 있다는 자부의 뜻을 담고 있는 이 여덟 글자는 조선 후기 도처에 새겨졌다.

와 용혈 등이 있어 기우제를 지낸다고 하였다. 또 건너편에 있던 김우굉의 개암정은 터만 남아 있었다고 하였다.

다시 세월이 흘러 19세기 중반 유주목(柳疇睦)이 「자천대기(自天臺記)」를 지어 이후의 경과를 적었다. 이에 따르면 경천대 위에 소나무가 동쪽으로 늙은 가지를 드리우고 있는 봉일대(捧日臺)가 있고 그 곁에 '대명천지 숭정일월'에 다시 '경천대'를 더하여 열한 글자를 새긴 비석이 있었다고 한다. 이 무렵 채득기의 9대손 채주구(蔡疇龜)가 채득기의 문집을 편차하고, 자천대를 정비하면서 유주목에게 기문을 받아 무우정에 내걸었던 것으로 보인다. 🏯

봄을 함께하는 집
송준길의 동춘당

작은 뜰의 고운 풀에서 물성을 살피고

성긴 비 살구꽃에서 천기를 찾으시네

동춘당 봄을 함께하는 집이라는 뜻인데, 봄은 인(仁)을 상징하므로
어질게 사는 삶을 추구한 것이기도 하다.

송촌의 쌍청당과 은진송씨

거대한 도회지 대전의 역사는 그리 길지 않다. 회덕(懷德)을 중심으로 공주와 진잠 등을 편입하여 1914년에야 군이 되었다. 그러니 대전의 중심은 회덕이다. 회덕은 글자 그대로 덕을 품었다는 뜻이니, 덕이 높은 선비의 땅이라 하겠다. 조선 후기 사상계의 태두 송준길(宋浚吉)과 송시열(宋時烈)이 회덕에 세거하였거니와, 이들이 회덕을 대표하는 인물이다.

은진송씨는 송준길의 8대조인 송명의(宋明誼)가 회덕으로 장가를 들면서 회덕과 인연을 맺게 되었다. 회덕이 은진송씨의 터전으로 세상에 널리 알려지게 된 것은 송명의의 손자인 세종 때의 학자 송유(宋愉)에서 비롯된다. 송유는 젊은 시절 서울로 올라와 벼슬을 하였으나, 세종 14년(1432) 벼슬에 뜻을 버리고 낙향하여 회덕의 백달촌(白達村)에 집을 정하고 살았다.

당시 회덕은 회천(懷川)이라 불렸다. 회천의 백달촌은 산이 높고 물이 깊으며 흙이 비옥하였다. 때맞춰 농사를 지으면 항상 풍년이 드는 살기 좋은 곳이었다. 백달촌은 후에 송씨들이 집중적으로 살게 되면서 송촌(宋村)으로 이름이 바뀌었다. 오늘날 대전시 동구 중리동이다. 비래암(飛來菴) 옆의 물줄기가 동쪽 담산(澹山)에서 흘러나와 서쪽으로 10리를 흘러 갑천(甲川)으로 들어가는데, 송유는 그 한가운데 북쪽에 쌍청당(雙淸堂)을 지었다. 쌍청당은 바람과 달이 모두 맑은 집이라는 뜻이다. 앞에는 느릅나무와 버들, 뒤에는 소나무와 대나무를 심고 계단과 뜰에 기이한 화초를 심었다.

바람과 달이 맑은 쌍청당이 널리 알려지게 된 것은 음악가로 이름난 박연(朴堧) 때문이다. 박연은 1444년 가을 송유의 집에 들러, 그 이름을 쌍청당이라 하고 사언시(四言詩)를 남겼다. 당시 박연과 친하였던 안평대군(安平大君), 김수온(金守溫) 등이 이를 기리는 시를 지었다. 송유는 이러한 영예를 후세에 전하기 위하여 박팽년(朴彭年), 김수온 등 당대 최고의 문인들에게 글을 청하였다. 이듬해인 1445년 쓴 박팽년의 기문에 따르면, 쌍청당은 모두 7칸으로 되어 있는데, 가운데 1칸은 온돌을 깔아 겨울에 쓰기 편하게 하였고, 오른편 3칸은 대청을 만들어 여름에 쓰기 좋게 하였으며, 왼편 3칸은 각각 부엌과 욕실, 그리고 제기(祭器)를 보관하는 곳으로 삼았다. 송유는 시사(時祀)를 지내거나 기일(忌日)이 되면 이곳에서 재계하고 명절에는 술을 마련하여 마을사람들과 함께 즐겼다.

은진송씨 집안은 송유 이후 현달한 인물은 없었으나 그렇다고 벼슬이 끊어지지는 않았다. 그리하여 후손들이 정성껏 쌍청당을 지킬 수 있었다. 송여림(宋汝霖)은 1524년 증조부가 물려준 쌍청당을 정비하였다. 이를 기념하여 당시 충주목사였던 박상(朴祥)이 「중수쌍청당기(重修雙淸堂記)」(『눌재집(訥齋集)』)를 지었다. 이에 따르면 건물의 제도는 그대로 두되 지붕을 새로 이고 썩은 서까래와 기둥을 고쳤으며, 주춧돌을 바로 놓았다고 한다. 그리고 1563년 송여림의 손자 송남수(宋柟壽)가 지붕을 새로 이었다. 그러나 이 건물은 정유재란 때 화재로 소실되었다. 그후 1616년 송남수의 증손자 송규렴(宋奎濂)이 중건하였으며 1708년 송규렴의 증손자인 종손 송필흡(宋必熻)이 옛 제도대로 중수하고 송규렴의 아들 송상기(宋相琦)가 지은 기문을 걸었다.

17세기에 이르러 뛰어난 후손들이 배출되면서 쌍청당의 영예는 더욱 빛을 발하였다. 송여림의 현손이 송규연(宋奎淵)·송규렴(宋奎濂)이며, 송규렴의 아들이 송상기다. 송여림의 아우 송여즙(宋汝楫)의 고손자가 송준길이고, 송여림의 사촌인 송여해(宋汝諧)의 손자가 송기수(宋麒壽)·송구수(宋龜壽)·송인수(宋麟壽)이며, 송구수의 증손자가 송시열이다. 촌수가 멀어졌는데도 이들 은진송씨는 대를 이어 가까운 곳에 살면서 쌍청당을 가꾸었다.

쌍청당의 볼거리로는 낙락장송이 압권이었다. 송시열의 「쌍청당 안산의 옛 소나무에 대한 이야기(雙淸堂案山古松說)」(『宋子大全』)에 따

쌍청당 달과 바람이 맑은 집으로, 박팽년은 달과 바람처럼 맑은 사람만이 쌍청당에서 즐길 수 있다고 하였다.

르면 송촌은 토질이 소나무에 알맞아 쌍청당 주위가 온통 소나무였다고 한다. 그러나 마을이 커지고 사람들이 많아지면서 소나무가 서서히 사라져 송시열 당대에는 쌍청당 앞산에만 일곱 그루 정도 남아 있었다. 송시열은 자손들이 이 나무들만이라도 잘 보호하여 오래 견디어주기를 바라는 뜻에서 이 글을 지었다.

비록 아름다운 소나무는 사라졌지만, 후손들은 이름난 사람들의 글로 쌍청당을 다시 아름답게 꾸몄다. 17세기 쌍청당에는 박연에서부터 권필(權韠)에 이르기까지 거의 200년에 걸쳐 제작된 시가 걸려 있었다. 8대손 송규렴은 이를 더욱 길이 전하기 위하여 이 시들을 엮어 목판으로 간행하였으니 그것이 곧 『쌍청당제영록(雙淸堂題詠錄)』이다. 그리고 동족인 송시열로부터 서문을 받아 책머리에 얹었다.

봄을 함께하는 집 동춘당

송유의 후손들이 모여 이룬 송촌동 남쪽에는 지금도 송준길이 살던 동춘당(同春堂)과 종택이 남아 있다. 송준길(宋浚吉, 1606~72)은 자가 명보(明甫)이며 동춘당은 그의 당호다. 기호의 제제다사(濟濟多士)를 배출한 김장생(金長生)의 제자이며, 정경세(鄭經世)의 사위이자 제자이기도 하다. 부제학을 지내고 시문에 뛰어났던 신응시(辛應時)가 그의 고모부이고 나명좌(羅明佐)와 민유중(閔維重)이 그의 사위며 조석윤(趙錫胤)과는 사돈간이다.

송준길은 서울의 정릉동(貞陵洞)에서 태어났다. 정릉동은 김장생과 김집(金集) 등이 태어난 곳이니 스승과 출생지를 같이한 인연이 있다.

어린 시절 송준길은 부친 송이창(宋爾昌)을 따라 진안(鎭安), 신녕(新寧) 등의 임지에서 생활하다가 아홉 살 무렵 고향인 송촌으로 돌아가 송시열과 함께 기거하며 학업을 익혔다. 그후 부친을 따라 문의(文義), 영주(榮州) 등지로 옮겨 살다가 21세 때 부친이 벼슬을 그만두자 송촌으로 돌아왔다. 청년 시절 옥천(沃川)에서 송시열과 함께 지낸 적도 있다. 또 장인 정경세가 살던 상주에도 자주 찾아가 가끔 장인과 그 벗 이준(李埈) 등과 뱃놀이를 즐겼다.

그 사이 여러 차례 벼슬이 내려졌지만 모두 나아가지 않았다. 병자호란 때 공주의 사한리(沙寒里) 오도산(吾道山) 아래 선영으로 피난을 갔다가 이듬해 다시 경상도 안의(安義)의 노계촌(蘆溪村)과 영승촌(迎勝村), 원학동(猿鶴洞) 등지로 옮겨다니면서 살았다. 특히 안의삼동(安義三洞)의 하나인 원학동은 그가 노년을 보내고자 마음먹은 곳이기도 하다. 그러나 그 뜻을 접고 1638년 공주의 사한리로 돌아와 살았다.

송준길은 회덕의 송촌에서 여생을 보내기로 작정하였다. 회덕 선구천(船龜川) 앞에는 부친 송이창이 세운 집이 있었다. 송이창은 1597년 법천(法泉)에 작은 집을 지었으나 전쟁 중에 소실되었다. 송이창은 그 집을 다시 수리하지 않고 이듬해 청좌와(淸坐窩)라 이름한 작은 집을 새로 지었다. 못을 파서 연꽃을 심고 시주(詩酒)를 즐겼다. 그후 송이창은 1616년 읍호정(挹灝亭)을 세웠다. 읍호정이라는 이름은 조경란(趙慶蘭)이 짓고 편액은 김상용(金尙容)이 전서로 썼다. 그리고 이곳을 만년에 은거할 곳으로 삼았다. 송시열은 읍호정이 송준길의 조부가 만든 것이라 하였는데 조익(趙翼)은 부친이 세운 것이라 하였다.

두 사람의 말이 다르지만 송시열이 직접 눈으로 보았고 또 그 부친이 자주 들르던 곳이니 송시열의 말이 옳으리라.

송이창은 겨울에 거처하기 위하여 읍호정 아래 망신거(望辰居)도 함께 장만하였다. 망신은 북극성을 바라본다는 뜻이니, 곧 대궐을 향한 충심을 드러낸 것이다. 그 편액은 김상용이 팔분체(八分體)로 썼다.

이 무렵 송이창은 연산(連山)으로 물러나 있던 김장생과 깊이 교유하였고 송시열의 부친인 송갑조(宋甲祚)와 매우 가까이 지내어 송준길과 송시열의 우의를 두텁게 하였다. 훗날 송준길이 이곳을 다시 보수하여 거처하였는데, 송시열에게 부탁하여 기문을 지어 걸었다. 이 기문에 따르면 이 일대에 아름다운 풍광이 많아 이십경(二十景)이라 하였는데 송남수가 번다하다 하여 십이경(十二景)으로 줄였다고 한다. 그러나 십이경이 어떤 것이었는지는 불행히 남아 있지 않다.

송이창을 이어 회덕에 살게 된 송준길은 1643년 2월 동춘당을 세웠다. 그로부터 10년 후 조익이 송준길의 청으로 기문을 지었다.

송군의 집은 송촌 상류에 있다. 그 부친이 다시 집 하나를 지었는데 마루와 서까래가 트여 사방이 다 바라다보였다. 집은 조용하고 따스하여 겨울이나 여름이나 모두 좋았다. 이른바 군자가 편안히 쉴 수 있는 곳이었다. 그 집은 난리 후에 퇴락하였는데, 송군이 중건하여 새롭게 하였다. 그 제도는 한결같이 예전처럼 하였다. 또 그 땅은 계룡산 동쪽, 봉무산(鳳舞山) 북쪽에 있다. 이름난 산이 눈길 안에 있고 흐르는 물이 집 아래 있다. 산은 사계절과 아침저녁 기상이 천만 가지로 변화하고 한 줄기 물길이 마을을 감싸고 맑게 굽이돈다. 이 모든 것을 즐길 만하다. 이에 그 이름을 동춘(同春)이라 하였는 데 '사물과 더불어 봄을 함께한다(與物同春)'는 뜻을 취한 것이다.

조익, 「동춘당기(同春堂記)」, 『포저집(浦渚集)』

동춘당은 계룡산과 봉무산 사이에 있으니 용과 봉황새가 좌우에서 호위하는 형세다. 조익은 봄이 인(仁)에 해당되므로 송준길의 뜻이 인을 구하는 데 있다고 하며, 송준길이 이곳에서 큰 학자로 성장하기를 기대하였다. 남용익(南龍翼)이 동춘당에 들러 하루를 유숙하면서 쓴 다음 시도 만물과 봄을 함께하는 그의 뜻을 기린 것이다.

동춘당 아래 봄옷을 입어보니
춘흥이 일어 기수에서 목욕하는 듯.
작은 뜰의 고운 풀에서 물성을 살피고
성긴 비 살구꽃에서 천기를 찾으시네.
샘물은 콸콸 수맥이 처음부터 우렁찬데
어린 새 파닥파닥 날갯짓을 배우네.
가는 곳마다 똑같은 흥취가 있으니
놀러 온 이로 하여금 돌아갈 것 잊게 하네.

同春堂下試春衣　春興悠然想浴沂

芳草小庭觀物性　杏花疎雨覓天璣

原泉活活初肥脈　雛鳥翩翩漸學飛

동춘당

사물과 봄을 함께하는 집이라는 뜻이다.

隨處一般眞趣在 却令游子澹忘歸

남용익,「밤에 동춘당에서 자면서 선생이 시를 써주기를 청하여 삼가 한 수를 짓는다
(夜宿同春堂先生請留詩敬題一律)」,『호곡집(壺谷集)』

봄옷을 입고 기수(沂水)에서 목욕하고 돌아오겠다고 한 증점(曾點)
의 흥을 배우고 뜰에 자라는 풀과 가랑비에 핀 살구꽃을 살펴 생의(生
意)를 탐구하고자 하였다. 이것이 동춘당에서 송준길이 지향한 학자
의 삶이었다.

이보다 앞서 송준길은 1639년 송촌 동쪽 비래동(飛來洞) 폭포 위에
비래암(飛來菴)을 지었다. 그후 1647년 승려 학조(學祖)의 도움을 받아
비래암을 중창하였다. 송준길은 놀러 온 사람들에게 벽에 낙서를 하
여 새집을 더럽히지 말라고 당부하는 글을 써서 벽에 붙였다. 비래암
은 강학을 위한 공간이었다. 이곳에서 송시열 등과 어울려 학업을 익
힌 바 있거니와, 1648년에는 유계(兪棨)가 서울에서 살다가 병으로 낙
향하는 길에 들러 송시열 등 40여 명의 명유와 회합을 가졌다. 송준길
은 이 일을 기념하여 참석한 사람들의 성명을 벽에다 썼다. 그러나 세
월과 함께 건물이 퇴락하여 송병헌(宋炳憲) 등이 다시 중수하였고, 이
러한 경과를 송시열이 기문으로 써서 걸었다.

비래암에는 수각(水閣)이 붙어 있었는데, 오늘날까지 남아 있는 옥
류각(玉溜閣)이 바로 이것이다. 옥류각의 현판은 김수증이 썼다. 훗날
송상기가 옥류각을 중수하면서 지은 상량문에 따르면, 송씨들의 터
전인 비래동은 북쪽으로 계족산이 뻗어 천 겹으로 푸른빛이 이어 있

옥류각 옥 같은 물방울이 떨어지는 집이라는 뜻이다. 송준길의 마음이 그와 같이 맑았다.

고 응령(鷹嶺)이 서쪽에 솟아 한 송이 푸른 연꽃이 피어 있는 형상이었다고 한다. 이후 비래암은 은진송씨들의 강학처로 사용되었으며, 송능상(宋能相)이 비래암에서의 강학을 기록한 책자를 남긴 바 있다.

송준길은 동춘당에 기거하면서 출사하지 않고 학문에 전념하였다. 1649년 효종이 즉위하면서 부사직(副司直)의 벼슬을 받아 사헌부에서 장령(掌令)과 집의(執義), 세자시강원에서 진선(進善) 등을 지냈으나 곧바로 그만두고 물러나 강학과 저술을 업으로 삼고 간혹 계룡산이나 백마강 등 인근의 명승지를 유람하면서 흥을 풀었다.

조정에서는 송준길이 지방에서 한가하게 살도록 내버려두지 않았다. 찬선(贊善), 대사헌, 판서, 참찬(參贊) 등 벼슬을 높여가면서 계속 그를 불러들였다. 간혹 대궐로 나아가 경연(經筵)에 입시하거나 다른 직무를 본 때도 있었지만 송준길이 실제 관직에 있었던 기간은 얼마 되지 않는다. 그렇게 살다가 1672년 12월 2일 동춘당에서 숨을 거두었고, 연기의 죽안리(竹岸里)에 안장되었다.

쌍청당의 후예들이 모여 산 회덕의 송촌

송촌에는 송준길 외에도 이름난 송씨들이 여기저기 흩어져 살고 있었다. 그중 가장 이름난 곳이 송시열이 강학하던 남간정사(南澗精舍)다. 원래 송시열은 부친이 벼슬에서 물러나 머물던 옥천(沃泉)의 구룡촌(九龍村)에서 태어나 그곳에서 살았다. 그는 젊은 시절 구룡촌에서 100여 리 떨어진 곳에 살고 있던 김장생을 찾아가 10여 년 동안 학문을 익혔다. 1632년 송준길이 함께 살 것을 권하자 송촌으로 집을 옮겼다. 그의 선영이 회덕에 있었으니 고향으로 돌아온 셈이다. 송시열은 이미 8세 때 송준길과 함께 송이창의 청좌와에서 수업한 바 있거니와, 송촌으로 집을 옮긴 후로도 아침저녁 모여 학문을 닦았다. 얼마 후 구룡촌으로 돌아가 있다가 1635년 제자들을 이끌고 다시 비래동으로 들어가 서재를 열었다. 서재 앞에 못을 파고 연꽃을 심었으며 담장을 쌓고 대나무를 심어 두문불출하고 책만 읽으면서 이곳에 정착할 마음을 품었다.

그러나 송시열은 한곳에 머물러 살 팔자가 아니었다. 병자호란이 종식되자 대의를 잃었다 하여 황간(黃澗)의 냉천리(冷泉里)로 들어가 살다가 구룡촌으로 돌아갔고, 1648년에는 진잠(鎭岑)의 성전리(星田里)로 들어가 몇 년 살다가 다시 구룡촌으로 돌아갔다. 이듬해에는 회덕 남쪽 쌍청당에서 10리쯤 떨어진 소제(蘇堤)에 집을 짓고 살았다. 선영이 있던 판교(板橋)에서 5리 정도 떨어진 곳이다. 이 무렵 모친상을 입어 쌍청당 아래 무덤을 정한 까닭에 이곳엔 제법 오래 머물렀다. 송시열은 소제의 집에 첨배재(瞻拜齋)라 편액하고 효심을 부쳤다.

그 사이 조정에서는 끊임없이 벼슬을 내렸고, 송시열은 그때마다 사직의 상소를 올렸다. 나이 쉰을 넘긴 이후에야 본격적으로 정치 일선에 나섰지만 물러나는 것을 무기로 삼았기에 조정에 머문 날은 많지 않았다. 여산의 황산촌(黃山村)과 공주의 원기(遠基)에도 잠시 살았고 청주의 침류정(枕流亭)에 우거하다가, 1666년 그곳에서 5리 떨어진 속리산 화양동(華陽洞)으로 들어갔다. 그러다가 정세가 불리하게 전개되자 장기(長鬐)와 거제(巨濟)로 유배되기도 하였다. 1680년 경신환국으로 다시 권세를 잡았지만 일은 그의 뜻대로 이루어지지 않았다. 벗 이유태(李惟泰), 제자 윤증(尹拯) 등과 절교를 하였으니 마음이 편할 리 없었다.

불편한 마음에 1686년 여든의 나이로 새로 마련한 집이 흥룡촌(興龍村)의 남간정사다. 흥룡촌은 그가 젊은 시절 학업을 익힌 곳이다. 흥룡촌에 집을 정하자 윤선거(尹宣擧)가 흥룡이라는 이름에 왕이 태어났다는 의미가 있으니 흥농(興農)으로 바꾸라 하였다. 그러나 송시열은 흥농동이라는 이름이 마음에 들지 않아 도연명의 시어를 빌려 희농동(羲農洞)이라 이름하였다. 그러나 후대에는 송시열의 뜻과 달리 흥농동으로 알려지게 되었다.

송시열은 김수증(金壽增)으로부터 팔분체로 쓴 편액을 받아 처마에 걸었다. 남간정사라는 이름은 주자(朱子)의 운곡(雲谷) 남간(南澗)에 빗댄 것으로, 당시 그곳이 외남면(外南面)에 속해 있었기에 일컬은 것이었다. 평소 송시열은 주자와 한 몸이 되고자 하였기에 주자가 지은 절구시「남간」을 같이 새겨 건 것도 당연한 일이었다. 그리고 수천 권의 책을 비치하고 『주자대전(朱子大全)』과 『주자어류(朱子語類)』를 외웠다. 제자 이희조(李喜朝)에게 이러한 뜻으로 기문을 지어달라고 청하여 다시 처마 밑에 걸었다.

원래 송시열은 자호(自號)가 없었다. 일찍이 김익희(金益熙)가 송시열과 논쟁을 하는데 하도 고집이 세어서 "자네의 말이 대체로 이러하니 말에 잘못[尤]이 적기는 어려울 것이야. 내가 자네 집에 '우(尤)'자를 붙여줌세"라 하였다. 송시열은 그 뜻이 너무 과분하다며 사양하였는데 그 뒤 김익희가 우암(尤菴)이라 적은 편지를 보냈다. 그러나 송시열은 이 호를 쓰지 않았다. 편액에 호를 쓴 적도 없었다. 판교의 첨배재와 남간정사에만 호를 적되 남간노부(南澗老夫)라고 작게 썼다. 남간노부로 자처하였건만 송시열이 남간정사에 산 기간은 2년 남짓에 불과하였다. 1689년 정국이 바뀌어 제주로 유배되어 가던 중 사약을 받고 이승을 떠났다.

송준길과 송시열의 제자이면서 동족인 송규렴과 그 아들 송상기도 송촌에 살았는데, 그들이 살던 집은 지금까지 남아 있다. 송유가 살던 쌍청당에서 서쪽으로 대덕군 쪽에 있는 계족산 아래 읍내동에 송규렴의 제월당(霽月堂)이 있다. 송규렴(宋奎濂, 1630~1709)은 자가 도원(道源), 호가 제월당이며, 송유의 장손인 송국전(宋國詮)의 막내아들이자

남간정사 주자가 운곡의 남간에 거처하였기에 송시열은 자신의 서재를 이렇게 이름하였다.

제월당 송규렴은 쌍청당의 바람과 달 중에 달빛만을 가져와 제월당이라 하였다.

김상헌(金尙憲)의 손녀사위다. 1664년 홍문관 부수찬의 벼슬을 버리고 회덕에 내려와 살았다. 그후 다시 벼슬길에 나아가 송준길과 송시열의 변론에 앞장서다 여러 차례 시련을 겪었지만, 대사간·대사헌·예조판서 등 청현직(淸顯職)을 두루 역임하였다. 그가 1698년 벼슬길에서 완전히 물러나 회덕에 제월당을 짓고 살자 처남 김창협(金昌協)이 기문을 써서 보내주었다.

제월당은 호서의 회덕에 있으니, 곧 선생이 사시는 마을의 집이다. 선생의 말씀으로는 그 처마가 조금 들려 있어 동남쪽이 탁 트여 맑은 날 저녁이면 달을 가장 오래 볼 수 있기 때문에 이렇게 이름붙

옥오재 송상기는 달빛이나 옥과 같이 맑은 마음을 지니고자 사는 집의 이름을 옥오재라
하였다.

인 것이라 한다. 선생은 성품이 맑고 고요하여 40여 년 동안 조정에
있었지만 물러날 때가 많고 나아갈 때가 적었다. 만년에 변고가 많
아지자 이 때문에 더욱 세상에 뜻을 두지 않아 벼슬이 여러 번 내려
졌지만 일어나지 않고 고고하게 누워 여유 있고 한가하게 뜻대로
살았다. 속세의 득실과 애환이 마음의 짐이 되지 않았기 때문에 맑
게 갠 달빛[霽月]과 어울려 이 집에서 즐길 수 있었다. 기둥과 난간
이 높은 서울의 누정이라도 달빛에 어찌 어울리지 않겠는가마는 오
직 선생만이 이 달빛을 독차지하였다고 하겠다. 또 들으니, 일찍이
송씨의 선대에 은거한 군자가 있어 바람과 달로 그 집을 이름하여
쌍청당이라 하였다 한다. 그러하니 선생이 이 집에 그 하나만을 취

하여 이름붙인 것이 아니겠는가? 이에 그 회포가 맑아져서 앞뒤로 한 가지 흥취가 될 것이요, 달빛을 두고 송씨 집안에 전승되는 물건이라 하더라도 좋을 것이니, 누가 간여할 수 있겠는가?

김창협, 「제월당기(霽月堂記)」, 『농암집(農巖集)』

송규렴도 꽤나 현달하였거니와 아들 송상기(宋相琦, 1657~1723)는 더욱 명성이 높았다. 송상기는 자가 옥여(玉汝), 호가 옥오재(玉吾齋)며, 부친과 함께 송시열과 송준길의 제자다. 이하곤(李夏坤)이 그의 사위다. 대사간, 대사헌, 도승지, 대제학을 지냈으며 육조의 판서도 두루 역임하였다. 이들 부자는 세상을 떠난 뒤 공주 삼미천(三美川)에 묻혔지만, 생전에는 고향 회덕을 매우 사랑하였다.

송상기는 자신이 거처하던 회덕의 집 이름을 옥오재(玉吾齋)라 하였다. 그가 옥오재를 건립한 시기는 밝혀져 있지 않지만 1689년 기사환국(己巳換局)에 외삼촌 김수항(金壽恒)과 스승 송시열이 차례로 죽음을 맞던 무렵이었을 것으로 추정된다. 옥오재라는 명칭은 김수항이 붙여준 것인데, 송상기는 자신이 직접 지은 기문(記文)에서, 스스로를 옥으로 여긴다는 말은 군자가 자중자애(自重自愛)함을 가리키는 것이라 하고, 밝은 창 아래 향을 피우고 좌우에 도서를 펼치고 있노라면 먼지 하나 이르지 않는데 그것이 바로 곧 자신을 옥으로 여기는 뜻이라 하였다.

그로부터 다시 300여 년의 세월이 흐른 오늘날에도 회덕의 송촌에는 송씨들이 살고 있다. 송유와 송준길, 송시열, 송규렴 등이 살던 집도 비교적 온전하게 남아 있다. 비록 주변의 경관이 크게 바뀌고 기둥과 서까래도 새것으로 교체되었지만, 여전히 고졸한 선비의 풍치를 간직한 옛집들이다. 경부고속도로가 이들 송씨의 터전을 양쪽으로 갈라놓은 것이 아쉬울 따름이다. 🗒

화양동 돌에 새긴
송시열의 마음

개울가에 바위벼랑 펼쳐진 곳

그 사이에 서실을 지어놓고

조용히 앉아 경전의 뜻을 찾는다

암서재

송시열은 금사담에 바위틈의 서재라는 뜻의
암재를 지었는데 훗날 암서재라 불리게 되었다.

화양구곡을 찾아서

화양동은 본디 황양동(黃楊洞)이라 하였다. 황양목(黃楊木)이 많이 나기 때문이다. 황양동 파곶(巴串)의 아름다운 경관이 호서의 으뜸이었고 그 위쪽의 선유동(仙游洞)도 널리 일컬어진 곳이었다. 황양동을 화양동으로 바꾼 사람은 이춘영(李春英)이다. 이춘영은 물명으로 이름을 삼는 것이 바람직하지 않다 여겨 이렇게 바꾸었다.

물길과 산세가 이어지고 갈라지는 화양동에, 조선 후기 사상계에 군림하여 조선에서 유일하게 '자(子)'의 칭호를 얻어 송자(宋子)로 일컬어진 송시열(宋時烈)의 자취가 뚜렷이 남아 있다. 화양동은 선유동과 함께 이 일대의 이름난 승지로, 화양동의 승경은 화양구곡(華陽九曲)으로 대표된다. 화양구곡은 경천벽, 운영담(雲影潭), 읍궁암(泣弓巖), 금사담(金沙潭), 첨성대(瞻星臺), 능운대(凌雲臺), 와룡암(臥龍巖), 학소대(鶴巢臺), 파곶 등을 이르며, 구곡은 하류에서 상류로 올라가면서 전개된다.

제1곡은 화양동으로 흐르는 개울에서 가장 하류 남쪽에 있는 경천벽이다. 하늘을 받치고 있는 듯이 깎아지른 절벽이다. 여기서 북으로 1리쯤 거슬러 올라가면 2곡인 운영담이 나온다. 운영은 주자(朱子)의 시 「방당(方塘)」의 "하늘빛과 구름 그림자가 함께 서성인다(天光雲影共徘徊)"에서 나온 말이다. 이곳은 비교적 주위가 평평하여 예전에는 농사짓는 사람이 살고 있었다.

운영담에서 다시 거슬러 남으로 조금 가면 읍궁암이 있다. 개울 남쪽에 있는 읍궁암은 희고 둥그스름한 큰 바위다. 읍궁암에서 다시 동쪽으로 수십 걸음을 옮기면 금사담이다. 맑은 물이 고여 있는데 모래가 유난히 희어 이런 이름이 붙었다. 읍궁암과 금사담은 매우 가까운 곳에 있어 둘을 합쳐 제3곡이라고도 한다.

금사담에서 남쪽으로 개울을 건너 동으로 수십 걸음 떨어진 곳에 첨성대가 있다. 개울 남쪽 낙양산 기슭에 층층바위가 포개어져 대(臺)처럼 되어 있다. 백 길의 높이로 그 아래 불상이 새겨져 있는 석감(石龕)이 있고, 물길이 만 갈래로 갈라져도 반드시 동쪽으로 흐른다는 뜻의 '만절필동(萬折必東)'이라는 선조의 어필 네 글자가 새겨져 있다. 또 그 곁에는 중국 황제의 글씨가 새겨진 바위도 있다.

능운대는 첨성대에서 개울을 건너 북으로 조금 올라간 곳에 있다. 바위가 우뚝 솟아 물가에 높게 임해 있어 이 이름이 붙었다. 다시 2~3리를 거슬러 올라가면 와룡암이 개울 북쪽에 있다. 10여 길이나 되는 높다란 바위가 개울가에 뻗어 있는데 구불구불하여 용의 형상과 같다. 와룡암에서 다시 동쪽으로 거슬러 개울을 건너면 학소대가 나온다. 개울가에 포개진 바위가 봉우리를 이루는데 그 위에 큰 소나무가 서 있다. 예전에는 그 앞에 청학이 새끼를 치고 있었다.

가장 상류에 있는 파곶은 개울 가운데의 흰 바위를 말한다. 개울물이 이 바위를 꿰고 있는 모습이 마치 파자(巴字)와 같아 이 이름이 붙었다. 오늘날은 파천이라 부른다. 평평한 옥쟁반처럼 펼쳐져 있으며, 깨끗하고 먼지가 없어 수천 명이 앉을 수 있다. 우묵한 곳이 있어, 예전부터 철없는 이들이 이곳에서 가끔 밥을 해먹었다. 이곳은 화양구곡 가운데 가장 아름다운 곳이다. 이재(李縡)가 한천정(寒泉亭)이라 이

금사담 화양구곡의 4곡으로 모래가 유난히 희어 금사담이라 하였다. 민진원의 글씨를 새긴 것이다.

름붙인 작은 정자를 짓고 살았다.

화양구곡에는 모두 글씨가 새겨져 있다. 파곶을 제외한 나머지 팔곡에 이름을 붙인 것은 송시열의 제자 권상하(權尙夏)요, 전서로 글씨를 쓴 이는 민진원(閔鎭遠)이다. 읍궁암에는 예서로 쓴 큰 글씨도 함께 새겨져 있는데 윤헌주(尹憲柱)의 글씨다.

우암의 발길이 머물던 곳

화양동의 주인으로 조선 후기를 호령하였던 송시열(宋時烈, 1607~89)은 옥천의 구룡촌(九龍村) 외가에서 태어나 26세까지 외가에서 살았다. 그의 외가는 선산곽씨다. 송시열은 송준길(宋浚吉)의 집에서 함께 공부하였고 연산으로 가서 김장생(金長生)에게 수학하였으며 김장생이 죽은 후에는 그 아들 김집(金集)의 문하에서 학업을 익혔다. 젊은 시절 양평의 용문산 용문사(龍門寺), 옥천의 서대산 서대사(西臺寺), 청주의 금천사(金泉寺)와 공림사(空林寺), 황간의 간천사(乾川寺), 연산의 고운사(孤雲寺), 회덕의 고산사(高山寺), 계룡산의 동학사(東鶴寺), 진산(珍山)의 청림사(靑林寺) 등 산사를 다니면서 학업을 익혔다. 1637년 이후로는 황간의 냉천(冷泉)과 진잠(鎭岑)의 성전(星田)에 머물기도 하고 옥천의 구룡촌으로 돌아와 살기도 하였다. 그러다 1653년 이후 회덕의 소제(蘇堤)에 집을 정하였다. 이렇게 거처를 옮겨다니는 와중에도 그의 문하에는 학자들이 끊이지 않았다.

이보다 앞서 송시열은 인조 13년(1635) 훗날 효종이 되는 봉림대군의 사부로 임명되어 효종과 인연을 맺었다. 그후 산림에서 학업에 몰두하다가 1649년 효종이 즉위하면서 벼슬길에 나아가 북벌정책을 추진하였다. 그러나 1659년 효종이 급서한 뒤 현종과 원만한 관계를 유지하지 못하고 낙향하였다. 공주의 원기(遠基)와 여산(礪山)의 황산(黃山) 등지에 잠시 머물렀다. 물론 낙향한 와중에도 조정에서는 거듭하여 그에게 벼슬을 내렸거니와 송시열은 끊임없이 조정에 글을 올려 자신의 견해를 강한 어조로 전달하며 막대한 영향력을 행사하였다.

송시열이 화양동에 거처를 정한 것은 현종 7년(1666) 8월이다. 처음에 송시열은 청주의 청천(靑川) 화양동 입구에서 조금 떨어진 곳에 있는 침류정(沈流亭)을 빌려 살았다. 이 정자는 원래 관찰사를 역임한 황서(黃瑞)의 소유였다. 이곳을 빌려 살면서 지세가 넓고 물과 바위가 아름다운 화양동에 작은 집을 새로 지었다.

송시열은 화양동에 거처하는 동안 제자들과 함께 대야산이나 속리산 등 주변의 아름다운 곳을 가끔 유람하였다. 그러나 한가하게 물러나 사는 것이 그의 성격에 맞지 않았고 조정에서도 거듭하여 그를 불렀기에 화양동에 머물러 있지만은 않았다. 회덕에 있을 때에는 판교(板橋)에 주로 살았고, 또 선조의 묘가 있는 청주의 마암(馬巖)이나 문의(文義)의 사산(沙山)으로 자주 나들이를 하였으며, 가끔은 형이 군수로 있던 보은의 노곡(老谷)에 가기도 했다. 서울에 있을 때에는 사직동이나 소격서(昭格署) 인근에 집을 빌려 살았고, 근교에 머물 때에는 수원의 만의동(萬義洞)이나 양평의 서산(西山), 광주의 궁말(宮村) 등지에서 지냈다. 경신환국 이후에는 물러나 회덕 소제에 마련한 남간정사(南澗精舍)에서 살았다.

정국이 불리하게 바뀌었을 때는 여러 차례 유배를 갔다. 북으로 함경도 덕원(德源)에 유배된 적이 있거니와, 1674년에는 승하한 현종의 지문(誌文)을 쓰지 않으려 하다가 경상도 해안의 장기(長鬐)와 거제도로 유배되기도 하였다. 그곳에서 가시나무 울타리를 치고 사는 위리안치를 당하였다. 그후 1680년 청풍으로 이배되었다가 유배에서 풀려나 화양동으로 돌아왔다.

화양동을 찾는 손님 자리에 자목(刺目)을 걸어두었는데, "내 집에 들어오는 자는 조정의 일을 말하지 말고 감사와 고을의 일을 말하지 말며 타인의 장단과 득실을 말하지 말라. 오직 경사(經史)를 담론하고 의리를 분변하며 산수를 평하고 농사에 대해 말할 뿐이라" 하였다. 문을 닫고 소제한 다음 시서를 읊조리며 마치 그렇게 살다가 최후를 맞으려는 듯이 하였다. 물론 실제 그러했던 것은 아니다. 다시 중앙정계의 중심에 서서 영중추부사(領中樞府事), 봉조하(奉朝賀) 등에 올랐다. 그러다가 1688년 화양동에 들른 것을 마지막으로 다시는 그곳으로 돌아오지 못하였다. 송시열은 1689년 기사환국(己巳換局)으로 완전히 실각하여 제주도로 유배갔다가 다시 서울로 압송되어 오던 중 정읍에서 사약을 받고 쓰러졌다.

화양계당과 암서재

송시열은 현종 7년(1666) 8월 화양동으로 거처를 옮겼다. 효종이 승하한 후에도 그의 영향력은 여전하였지만, 현실정치에서 물러나 있는 동안 머무를 휴식의 공간이자 재기를 위한 이념의 공간이 필요했던 것이다.

송시열이 집을 정하였을 당시 화양동은 제9곡인 파곶만 널리 알려져 있을 뿐, 인근의 선유동이 더욱 이름이 높았다. 송시열이 화양동을 찾은 것도 파곶이 호서 제일의 승지라는 것을 들어 알고 있었기 때문이다. 송시열이 처음 집을 정한 곳은 2곡인 운영담 위쪽으로, 오늘날 만동묘(萬東廟)가 있는 곳이다. 송시열은 이곳에 다섯 칸 초당을 짓고, 달리 이름을 붙이지 않고 그저 화양계당(華陽溪堂)이라고만 불렀다.

송시열은 화양계당과는 별도로 금사담 위쪽에 작은 서재를 세웠다. 개울이 바라다보이게 지은 세 칸짜리 집으로, 동방(東房)·서당(西堂)·협당(夾堂)이 전부였지만 송시열은 이곳을 가장 좋아하였다. 그는 이곳에서 명 태조 때의 복식인 난삼(襴衫)을 입고 평정건(平頂巾)을 썼다. 모든 행위의 준거를 주자에게서 찾은 그이기에 주자가 한가히 누각 아래 잣나무를 읊조릴 때의 행적을 따르기도 하였다. 송시열은 이 서재에서 시를 한 수 지어 나무에 새겨 걸었다.

개울가에 바위벼랑 펼쳐진 곳
그 사이에 서실을 지어놓고
조용히 앉아 경전의 뜻을 찾다가
시간을 아껴 높은 곳에 오르노라
溪邊石崖闢　作室於其間
靜坐尋經訓　分寸欲躋攀

송시열, 「화양동 바위 위의 정사에서 짓다(華陽洞巖上精舍吟)」, 『송자대전(宋子大全)』

이 서재가 암서재(巖栖齋)다. 암서재는 송시열이 붙인 이름은 아니다. 그저 암재(巖齋)라 불렀을 뿐이다. 송시열이 죽은 후 어느 때인가 허물어져 버렸는데 숙종 41년(1715) 문인 김진옥(金鎭玉)이 고을원으로 와서 중건을 하고 목판에 새겨진 위 시를 다시 처마 밑에 걸었다. 그로부터 6년 후에 수제자 권상하(權尙夏)가 이곳을 암서재라 이름하고 기문을 지었다.

송시열의 초상 45세 때의 모습을 정조 때 다시 그린 것이다. 송시열의 눈빛이 날카로워 정조는 초상화를 그리는 화원이 그의 눈빛을 보기 어려워 눈을 제대로 그리지 못한 것인지 물은 바 있다. 리움에 소장되어 있다.

화양동의 수석은 영호남의 으뜸이다. 우암선생이 병오년에 개울 남쪽에 정사를 지었다. 모두 속세를 벗어난 그윽한 땅이었다. 정사의 동쪽 가까운 곳에 비스듬한 석대(石臺)가 있다. 그 높이는 수십 척인데 그 위에 백여 사람이 앉을 수 있으니 이 또한 조물주의 솜씨다. 선생이 일찍이 이곳에 세 칸 작은 서재를 지어 때때로 노닐고 쉬었는데 매우 즐거워하였다. 선생이 이렇게 말씀한 적이 있다.

"회덕의 고향에서 화양동으로 들어오고 나니 심신이 맑아져 마치 선경에 있는 것 같았다. 회덕을 돌아보니 정말 먼지구덩이였다. 정사를 이 서재로 옮기고 나니, 이 서재가 참된 선경이고 정사는 도리어 먼지구덩이로 여겨졌다. 참으로 맑고 기이한 곳이다. 굳이 다시 도화원(桃花源)으로 가는 길을 찾을 필요가 있겠는가?"

석대 아래 소가 있어 가끔 네모난 배를 띄우고 물결 따라 오르락내리락하였다. 그 물이 바닥까지 보일 정도로 맑아 물고기를 헤아릴 수 있었다. 밤에 헌창(軒窓)에 기대면 달빛이 낮과 같이 영롱하게 비치어 마치 수정으로 만든 세상 같았다. 선생이 이에 지팡이를 끌고 시를 읊조리니 그 소리가 마치 금석(金石)이 울리는 듯이 맑았다. 시원스레 속세를 벗어나 홀로 우뚝 서 있고 싶은 마음이 들었으리라. 주자가 무이산(武夷山)의 초가에서 누리던 맑은 흥취와 비교하면 어느 것이 낫겠는가?

권상하, 「암서재의 중수기(巖棲齋重修記)」, 『한수재집(寒水齋集)』

암 서 재

송시열은 암서재를 가장 사랑하여 도화원을 찾을 필요가 없다고 자랑하였다

송시열이 이곳에서 시를 읊조리면 그 소리가 마치 금석(金石)이 울리는 듯하여 맑았다고 한다

이념의 표상 비례부동과 환장암

회덕의 고향도 먼지구덩이로 여기고, 처음 터를 잡았던 평탄한 땅의 초당조차 먼지구덩이로 여긴 것은 은자의 마음이다. 창에 밝은 달빛이 비치면 작은 배를 띄우거나 지팡이를 끌고 나가 맑게 시를 읊조린 것은 은자의 흥이다. 그러나 송시열은 은자가 아니었다. 효종의 죽음으로 꿈을 실현할 수 없었던 송시열은 이곳을 이념의 표상으로 만들어갔다.

그 첫번째 일이 현종 15년(1674) 정월 화양동의 바위에 명 의종(毅宗)의 어필인 예가 아니면 움직이지 않는다는 뜻의 '비례부동(非禮不動)' 네 글자를 새긴 것이다. 송시열이 명 의종의 어필을 손에 넣게 된 경위는 이러하다. 민정중(閔鼎重)이 중국에 사신으로 갔을 때 유묵(遺墨)을 구입하러 다니다 어떤 사람이 의종의 이 어필을 가지고 있는 것을 보고, 눈물을 흘리며 가지고 있던 돈을 모두 주고 사려고 하였다. 그러나 그 사람은 돈으로 따질 수 있는 것이 아니라 하고 민정중에게 그냥 주고 달아나 버렸다. 민정중은 이를 백 겹으로 싸서 소중히 가지고 돌아와 화양동에 있던 송시열에게 바쳤다. 중화(中華)의 혼이 조선으로 들어온 사건이었다. 송시열은 백배를 올리고 모사하여 나무에 새긴 다음 진본은 따로 보관하였다. 이날이 1671년 3월 18일로 바로 의종의 기일이었다. 그후 몇 년에 걸쳐 이를 바위에 새길 방도를 모색하다가 민정중의 도움을 받아 1674년 첨성대 바위 아래에 새겼다.

의종은 명나라 마지막 연호 숭정(崇禎)을 쓴 황제이기에 송시열에게 그 어필의 의미는 더욱 깊었을 것이다. 송시열은 그 곁에 환장암

(煥章庵)을 세우고 승려로 하여금 수호하게 하였다. 환장암은 능운대 오른편에 있어, '비례부동'이 새겨진 바위와 개울을 사이에 두고 마주 보게 되어 있다. 환장암이라는 편액은 송시열이 직접 쓴 글씨를 새긴 것이다. '환장(煥章)'은 『논어』의 "환하도다, 문식이여(煥乎文章)"라는 말에서 취한 것이다. 그런데 절을 지으려 할 무렵 나라에서 현종의 지문을 지으라는 명이 내려졌는데 이를 거부하다가 죄를 입게 되었다. 그래서 '비례부동'이 새겨진 바위 바로 곁에 환장암을 세우려던 애초의 계획에 차질이 생겨 나중에 건너편 개울로 옮겨 짓게 되었다.

이 일을 마칠 무렵 홍석기(洪錫箕)가 71운의 오언장편시를 지어 이 일을 노래하였다. 송시열은 이에 화답하여 시를 지었고, 여기에 홍석기가 운을 달리하여 칠언고시를 짓자 송시열은 다시 이에 화답하였다. 송주석(宋疇錫), 김시찬(金時燦) 등의 문도들도 이 시에 차운하여 송시열의 뜻을 빛내었다. 송시열은 김수항(金壽恒)에게 편지를 보내어 이 시를 보였다. 그리고 이 시가 지나치게 길다며 새로운 노래를 지어달라고 청하였다. 이에 김수항은 운을 달리하여 시를 지어 보내었다. 김수항의 시는 환장암에 현판으로 새겨져 오랫동안 걸려 있었다. 이리하여 「환장암가(煥章菴歌)」는 화양동의 새로운 고사가 되었다.

통곡의 장 읍궁암

화양동에 거처를 정한 이듬해인 효종 8년(1657) 5월 송시열은 모친상을 마치고 효종의 부름을 받아 찬선(贊善)의 벼슬을 하게 된다. 벼슬을 거두어달라고 청하였으나, 효종은 밖으로 군신의 의리를 맡기고 안으로 골육의 정을 맺자고 하며 간곡히 조정으로 들어오라고 부탁하였다. 이에 송시열은 감읍하여 통곡하였다. 그후 현종 3년(1662) 송시열은 효종의 기일에 지난날 효종이 내린 글을 꺼내어 보고 또 보면서 오장이 찢어질 정도로 통곡을 하였다. 그가 통곡한 곳이 바로 오늘날 화양동의 서원 앞 바위다. 이곳에서 효종을 그리워하며 통곡함으로써 이곳을 효종과 자신의 이념적 표상으로 삼은 것이다.

1689년 2월 기사환국으로 노론이 실각하자 송시열은 제주도로 유배를 떠나야 했다. 송시열은 이때 효종이 내린 편지를 제주도로 가지고 갈 수 없다고 여겨 아들 태기(泰基)로 하여금 국사의 궐루(闕漏)를 보충할 자료로 바치도록 하였다. 송태기는 이를 들고 대궐로 갔으나 숙종을 만나지 못하였다. 선왕의 유지를 내세워 최후의 카드를 내밀었으나 통하지 않은 것이다. 할 수 없이 송시열은 효종의 편지를 가지고 제주도로 갔다. 효종의 기일인 5월 4일 어찰을 새로운 곳으로 옮겨 봉안하고 자신의 감회를 적어나갔다. 여기서 그는 효종과의 의리를 강조하고 적당 윤휴 등을 비난하였다. 이 글이 「효종의 생신날 스스로의 뜻을 적은 글(孝廟諱辰自敍文)」이다. 송시열은 이 글의 마지막에 다음과 같은 시를 붙였다.

이날은 무슨 날인가
외로운 충정을 상제는 알리라
새벽까지 통곡한 후에
무릎 안고 길게 다시 읊조리노라

此日知何日　孤衷上帝臨

侵晨痛哭後　抱膝更長吟

송시열, 「5월 4일(五月四日)」, 『송자대전』

훗날 선비들은 송시열이 통곡한 그 바위에 읍궁암(泣弓巖)이라는 이름을 붙였다. 옛날 형호(荊湖)에서 황제(黃帝)가 죽자 신하들이 황제가 남긴 활을 잡고 울었다는 고사를 빌려온 것이다. 그리고 비석을 마련하여 「효묘휘신자서문」과 위의 시를 새겨 읍궁암에 세웠다. 관찰사로 내려온 윤헌주가 숙종 43년(1717) 큰 글씨로 '읍궁암'이라 쓰고 권상하가 그 끝에 절구를 썼다. 바위 끝에 붙인 짧은 이 비석은 그후 홍수로 떠내려가 버렸다. 몇 년 후 어떤 사람이 감천 하류에서 이를 다시 찾았지만 글씨가 인멸되어 알아볼 수 없었다.

1765년 황윤석(黃胤錫)이 찾아갔을 때 읍궁암에는 2행의 대자(大字)가 새겨져 있었는데 하나는 초서이고 하나는 팔분체로 되어 있으며, 그 위의 작은 석비에 송시열의 시 「5월 4일」이 새겨져 있었다 한다. 이 무렵 화양동에는 초당이 하나 생겼는데 송시열의 영정과 제자 권상하의 영정을 모셨다. 그 안에는 송시열이 보던 서책과 쇠로 만든 기형(璣衡)도 하나 있었는데 이미 손상되어 있었다. 송시열이 소장하던 기형은 채침(蔡沈)의 설을 따라 만든 것으로 옥형(玉衡)이 빠져 있고 철환(鐵環)도 부러졌는데 이경여(李敬輿)의 서자 이민철(李敏哲)이 만들어 바친 것이라 한다.

　홍석기는 환장암을 세운 뒤 지은 「환장암기」에서 송시열이 비례부
동 네 글자를 새긴 것을 두고, 명나라는 숭정에서 망하였지만 숭정은
화양동의 바위에서 망하지 않았다고 하였다. 송시열 역시 육신은 망
하였지만 그 의리는 망하지 않고 화양동에 남았다. 송시열이 부여한
화양동의 의미는 복수설치(復讐雪恥)로 집약된다. 복수설치는 인조 22

화양고사
송시열과 화양동에 대한
자료를 모아 편찬한
책으로, 읍궁암의 비석에
송시열의 시를 새긴 사연을
자세히 적어놓고 있다.

년(1644) 1월 10일 경연에서의 대화를 적은 『갑신연화(甲申筵話)』에서 당시 봉림대군으로 있던 효종이 한 말이라 한다. 이 책은 그후 이재 (李縡)가 사관(史官)으로 있을 때 필사하여 권상하에게 주어 환장암에 보관하게 되었다. 복수설치는 명에 대한 보은에서 출발한다. 송시열 이 숭정 황제의 어필에 집착한 것도 이 때문이다. 이 뜻을 계승한 송 시열의 후학들도 화양동을 이념의 공간으로 가꾸어갔다. 황묘(皇廟, 만동묘)가 들어선 것이 그 대표적인 일로, 권상하가 스승의 유지를 받 들어 1703년 세웠다.

이와 함께 화양동 여러 곳의 바위에도 송시열의 이념이 계승되어 새겨져 있다. 송시열이 신만(申曼)에게 준 편지에서 한 말인 '대명천 지숭정일월(大明天地 崇禎日月)'을 권상하가 비례부동 글씨 아래 새겨 송시열의 뜻을 이었다. 권상하는 또 윤양래(尹陽來)가 구해 온 명 신 종(神宗)의 어필 모본 '옥조빙호(玉藻氷壺)'도 비례부동 왼편에 새겼 다. 『이재난고(頤齋亂藁)』에도 학소대에서 개울 너머 남쪽에 신종의 '옥조빙호'라는 글씨를 푸른 돌에 새겨 벼랑의 바위 안에 넣었는데 권 상하 등이 한 것이라 하였다. 그 왼편에 의종의 '비례부동', 그 아래 송시열이 쓴 '대명천지숭정일월' 여덟 글자가 새겨져 있었고, 운한각 (雲漢閣)에는 '비례물동' '사무사' 등 의종의 어필이 보관되어 있었다 고 한다.

이후에도 화양동을 성지로 만들기 위한 모각 사업은 지속되었다. 송 시열이 권상하에게 준 글을 임상주(任相周), 어석주(魚錫疇)가 모각한 '창오산에 구름이 끊어지고 무이산은 비어 있네(蒼梧雲斷 武夷山空)'가

만동묘터 스승의 유언을 받들어 권상하가 1704년 세운 사당으로, 명의 신종을
제향하였다. 대원군 때 철폐되고 묘정비만 남아 있었는데 최근 정비를 하고 있다.

암서재 아래 있으며, 명 고조의 어필을 정해용(鄭海容)이 모각한 '충
효절의(忠孝節義)'도 금사담 왼쪽 절벽에 있었다. 영조 때에는 이를 보
호하기 위한 운한각이 세워졌다. 첨성대 오른편 절벽에 새겨져 있는
선조의 어필 '만절필동'은 이수득(李秀得)과 송필중(宋必重)이 모각한
것이다.

　명이 망하고 중화의 혼을 의종의 어필에 실어 이 땅으로 옮기고자
한 송시열의 뜻은 화양동에서 이렇게 이어졌다. 의종의 어필에 담겨
전해진 혼과 화양동에 서린 송시열의 넋은 화양동의 이적을 만들어내
었다. 송시열이 화양동에 처음 세운 집인 화양계당에는 홍매(紅梅) 한

화양동의 바위글씨 화양동에는 이념을 표상하기 위한 바위글씨가 많다. 오른편
충효절의(忠孝節義)는 명 고조의 어필을 모각한 것이고, 왼편 "창오산에 구름이
끊어지고, 무이산은 비어 있네(蒼梧雲斷 武夷山空)"는 송시열의 글을 새긴 것이다.

그루가 있었다. 기사환국이 일어나 실각하던 해 봄에 이 나무가 무단
히 말라죽었다. 그러다가 1694년 갑술옥사로 노론이 재집권하던 해
봄에 다시 살아나 잎과 꽃이 예전과 같아졌다. 노론사대신이 죽임을
당한 1721년 이 홍매는 갑자기 물에 떠내려갔다. 이후 소론사대신이
사사되고 노론이 집정하게 된 1725년에 나무꾼이 모래벌판에서 홍매
를 찾게 되었다. 권상하의 제자 채지홍(蔡之洪)의 「화양동의 이적 이
야기(華陽洞異蹟說)」(『鳳巖集』)에 나오는 이야기다. 📙

황강에 뜬 달과
권상하의 한수재

산에 사는 늙은이 술에 취해 베개 높이고 누웠노라니

침상 아래 두다 만 바둑판에 푸른 이끼 흩어지네

한수재 찬 강물의 달빛처럼 맑은 마음으로 살아가라는 뜻으로 송시열이
이름을 짓고 직접 편액을 써주었다.

송시열의 수제자

충북 제천군 한수면(寒水面)에는 황강(黃江)이 흐른다. 단양으로 돌아나오는 한강 상류의 맑은 물줄기가 황강이다. 권상하(權尙夏, 1641~1721)는 숙종 1년(1675) 35세의 나이로 이곳에 들어가 죽을 때까지 44년을 살았다. 황강은 권상하를 낳았고 권상하는 황강을 이름나게 하였다. 권상하의 호는 수암(遂庵)이 가장 널리 알려져 있지만, 한수재(寒水齋)와 황강거사(黃江居士)라는 호도 썼는데 한수면과 황강에서 나온 이름이다.

권상하의 집안은 본관인 안동에서 세거하다가 권극화(權克和) 무렵부터 광주(廣州)의 청담(淸潭)에 선영을 정하였다. 그후 안산(安山)에 선영을 다시 마련하였다가 증조부 때부터 제천의 황강으로 선영을 옮겼다. 권상하는 한양 동현(銅峴)의 집에서 태어나 아홉 살 때부터 조부 권성원(權聖源)의 임지를 따라 여산(礪山)과 영주(榮州) 등지를 다니다가 조부가 세상을 떠난 후 스무 살 무렵이 되어서야 서울로 돌아와 생활한 것으로 보인다. 1662년 제천에서 스승 송시열(宋時烈)을 알현하게 되었는데 권상하의 선영이 그곳에 있었기 때문이다. 권상하는 송시열의 적통을 이어받은 제자다.

황강은 권상하의 부친이 은거의 땅으로 점지한 곳이었다. 권상하의 부친 권격(權格)은 벼슬이 사헌부 집의(執義)에 머물렀지만 직간(直諫)으로 명성이 높아 송시열, 송준길 등으로부터 인정을 받았다. 그러나 권격은 점차 벼슬에 뜻을 잃어 고향 제천으로 돌아가기로 마음먹고, 1671년 아들 권상하로 하여금 먼저 내려가 은거를 위한 준비를 갖추도록 하였다. 그러나 조정의 일을 처리하고 바로 내려가려던 순간 갑자기 병이 생겨, 권격은 결국 죽은 후에야 고향땅으로 내려갈 수 있었다.

　권상하는 현종 14년(1673) 부친상을 마치고 수원 만의촌(萬義村)에 머물고 있던 송시열을 찾아가 부친의 비문을 부탁하였다. 이 일이 계기가 되어 송시열은 이듬해 그를 화양동으로 불러 그의 학문을 시험하였다. 이후 권상하는 서울에 살면서 틈틈이 동교(東郊)와 봉은사(奉恩寺) 등지에서 송시열을 만나 사제의 정을 굳건히 하였다.

수암선생구택지비 권상하의 영정을 모신 사당 곁에 그가 살던 집터가 있었다. 충주댐을 건설하면서 황강리에서 송계리로 옮겼다.

그러던 중 숙종 1년(1675) 스승이 진천(鎭川)의 유배지에서 극변의 땅인 덕원(德源)으로 옮겨가자, 마침내 한수로 돌아가기로 결심하고 가족들을 이끌고 길을 나섰다. 그전까지는 한강가에 연빙재(淵氷齋)를 짓고 스승의 편액을 받아 그곳에 눌러살 마음이었으나, 그 뜻을 버리고 황강으로 내려간 것이다. 황강에 도착한 후 임시로 선영 아래 고산촌(孤山村)에 우거하였다. 고산촌의 풍광과 그곳에서의 생활은 이러하였다.

하늘 너머 가을 소리를 기러기가 싣고 오니
푸른 넝쿨 속에다 작은 집을 세웠다네.
고운 못은 이슬에 씻겨 찬 모래 깔끔하고
흰 골짜기 서리가 날려 어지러운 잎이 쌓였네.
스님은 간밤의 구름과 함께 먼 절로 돌아가는데
나그네는 갓 떠오른 달을 따라 높은 대에 오른다.
산에 사는 늙은이 술에 취해 베개 높이고 누웠노라니
침상 아래 두다 만 바둑판에 푸른 이끼 흩어지네.
天外秋聲雁帶來 碧蘿叢裡小菴開
瑤潭露洗寒沙淨 玉洞霜飄亂葉堆
僧伴宿雲歸遠寺 客隨新月上高臺
山翁醉後成高臥 牀下殘棋散綠苔

권상하, 「고산에서의 가을 노래(孤山秋詠)」, 『한수재집』

북쪽의 가을 소리를 기러기가 실어왔다는 표현이 묘미가 있거니와, 스님이 구름과 함께 산으로 돌아가고 나그네가 새로 뜬 달과 함께 높은 대에 오른다는 표현은 권상하가 문학에도 상당한 자질이 있었음을 보여준다. 이 작품에서는 근엄한 성리학자의 모습보다는 산수간에 몸을 숨기고 한가하게 살아가는 은자의 모습을 확인할 수 있다. 이렇게 살겠다는 의지를 표방한 것이리라.

얼마 후 권상하는 황강촌(黃江村)으로 옮겨 살게 되었다. 덕원의 유배지에서 이 소식을 들은 스승은 그의 새로운 거처 이름을 수암(邃庵)이라 지어주었다. "내 마음이 진실로 학문에 뜻을 두고 있으면, 하늘이 반드시 내 소원을 이루어준다(吾心誠有志於學 天其邃吾願)"는 설선(薛瑄)의 글에서 딴 것이다.

이때부터 황강 생활이 시작되었다. 시골로 집을 옮긴 권상하는 스승의 뜻을 받들어 성리학에 잠심하기로 작정하고, 우선 나양좌(羅良佐) 등과 함께 조선 성리학의 성지인 도산서원(陶山書院)을 찾았다. 도중에 도담(島潭)과 구담(龜潭) 등을 유람하고 내친김에 소백산도 유람하였다. 잠시 서울로 올라갔다가 귀로에 윤증(尹拯) 등과 정수사(淨修寺), 백마강(白馬江) 일대를 유람하였다. 이후 권상하는 아무런 벼슬도 하지 않고 황강에 칩거하였다.

큰 학자 권상하가 황강에 칩거하자 사람들이 그의 집을 찾았고, 이로 인해 황강은 더욱 이름을 얻게 되었다. 1679년 최석정(崔錫鼎)은 조정에서 쫓겨나 진천의 초평(草坪)에 우거하고 있었다. 진천이 제천과 멀지 않았기에 최석정은 황강으로 권상하를 찾아와 태극(太極)의 이치를 논한 바 있다. 이때 최석정은 권상하의 집에서 하루를 유숙하였다.

> 산사람이 백운 속에 살려던 소원을 이루었는데
> 문 앞으로 흐르는 물은 넘실넘실 물결이 이네.
> 황강의 달밤 은자의 노래를 부르니
> 산음에서 대안도를 찾던 일보다 훨씬 낫구나.
> 遂願山人住白雲 門前流水漾波紋
> 黃江月夜吟招隱 絶勝山陰訪戴君

최석정, 「황강의 달밤 권치도 형의 정사에서 자면서
(黃江月夜宿權兄致道精舍)」, 『명곡집(明谷集)』

권상하가 산수에 은거하고자 한 뜻을 축하하면서, 은자로서의 삶을 칭송한 것이다. 진(晋)나라의 왕휘지(王徽之)가 산음(山陰)에 살았는데 큰눈이 내리자 흥을 못이겨 밤에 벗 대안도(戴安道)를 찾아간 고사가 있다. 최석정이 권상하를 찾은 일을 여기에 비유한 것이다. 그러던 중 1680년 경신환국(庚申換局)으로 유배에서 풀려난 스승이 화양동으로 돌아왔다. 권상하는 화양동으로 들어가 스승을 알현하였다.

이후 그의 삶은 화양동, 청주 묵방(墨坊), 여강(驪江), 판교(板橋), 지평(砥平), 청안(淸安) 등지로 송시열을 찾아가는 일로 채워지게 된다. 또 1683년에는 스승을 모시고 선유동(仙遊洞)을 유람하는 즐거운 시간도 가졌다. 그는 철저하게 스승을 좇았다. 1685년 회덕(懷德)에 살

삼가 천년의 한결같은 마음 가을달이 찬 물을 비추는 듯하네

한수재

던 송시열과 이산(尼山)에 살던 윤증(尹拯)이 크게 다툰 회니시비(懷尼是非)가 일자 절친하게 지내던 나양좌, 윤증과 단숨에 절교를 선언하고, 율곡학파의 적통인 김장생(金長生)의 돈암서원(遯巖書院)을 찾는 일을 제외하고는 황강에서 강학에 몰두하였다.

11년 후인 숙종 12년(1686) 10월 권상하는 한수재를 지었다. 송시열이 이름을 짓고 직접 편액을 써주었다. 이로 인해 한수재는 권상하의 또 다른 호가 되었다. 이때 송시열이 지은 「한수재 편액의 뒤에 쓰다(書寒水齋扁額後)」에 따르면, 한수재라는 이름은 주자(朱子)의 "삼가 천년의 한결같은 마음, 가을달이 찬 물을 비추는 듯하네(恭惟千載心 秋月照寒水)"라는 글에서 따온 것이라 한다. 그 다음달에는 김수증(金壽增) 등과 충주의 덕주사(德周寺)를 유람하고 돌아와 열락재(說樂齋)를 지었다. 그에게 학문을 배우려는 이들이 몰려들자 한수재 동쪽 강 기슭에 이 건물을 지은 것이다. 이 편액 역시 송시열이 썼다. 기문은 동문의 벗 정호(鄭澔)가 지었다.

숙종 15년(1689) 기사환국이 일어나자 송시열은 제주도로 유배를 떠나게 되었다. 이에 권상하는 유배를 떠나는 스승을 모시고 태인(泰仁)까지 내려갔다. 그는 이곳에서 스승으로부터 이이(李珥)와 김장생의 수적(手蹟)과 유고를 받음으로써, 율곡학파의 적통을 전수받았다. 송시열이 완성하지 못한 『정서분류(程書分類)』, 『주자대전차의(朱子大全箚疑)』를 완성하라는 부탁도 함께 받았다. 아울러 만동묘(萬東廟) 건립도 유언으로 당부받았다. 그리고 정읍에서 사약을 받은 스승의 최후를 지켜보고, 다시 황강으로 돌아갔다.

권상하는 스승이 떠난 후 사문(斯文)의 맹주가 되었다. 권상하가 황강에 눌러앉자 수많은 벗과 제자들이 그의 처소를 찾았다. 한원진(韓元震), 윤봉구(尹鳳九) 등의 제자들이 그러하였거니와 특히 임방(任埅)이 그의 집을 자주 찾았다. 임방은 1676년 권상하가 새로 집을 짓자 축하하는 시를 보냈다. 그러나 그 뒤로는 자주 찾지 못하여 안타까워하다가 20여 년이 지난 1694년 그의 집을 방문하고는 이렇게 노래하였다.

> 푸른 강 파란 돌 가을 국화를 비추는데
> 말 가는 대로 가노라니 길은 울퉁불퉁.
> 물가에 찌그러진 집 문도 걸지 않았구나
> 멀리서 보아도 옛 벗의 집임을 알아보겠네.
> 淸江碧石照秋花　信馬行行一逕斜
> 臨水破扉開不掩　望來知是故人家

임방, 「황강 처사 권치도의 집을 방문하다(黃江訪權徵士致道家)」, 『수촌집(水村集)』

이 무렵 임방은 단양과 제천 일대를 유람하면서 권상하의 아들, 조카 등과 시를 수창하였고, 권상하와도 선암동(仙巖洞)을 유람하였다. 가끔 권상하의 집에 들러 함께 묵기도 했다. 몇 년간 두 사람은 친하게 지냈다.

노인이 된 권상하는 스승의 유지를 받들어 강학과 교육에 전념하였다. 1704년 만동묘를 세우고 화양서원을 그 곁으로 옮겨 스승의 영정을 봉안하였다. 그 사이 그를 아낀 숙종이 거듭하여 높은 벼슬을 내렸지만 권상하는 사직의 상소를 올리는 것으로 사은의 뜻을 대신하였다. 권상하는 스승을 배신한 윤증의 학설을 비판하고, 성리설을 더욱 정교하게 가다듬으며 스승의 뜻을 잇는 일에만 몰두하다가 마침내 경종 1년(1721) 설사병으로 고생하다 한수재에서 눈을 감았다. 그의 넋은 한수재 앞쪽 황강에서 배에 실려 강물을 따라 내려갔다. 그리고 충주의 북쪽 개천동(開天洞) 속곡(束谷)의 언덕에 영면하였다.

권상하의 초상 황강영당에는 권상하의 영정 외에도 그의 스승과 제자의 영정이 함께 봉안되었다. 스승처럼 심의를 입은 산림학자의 모습이다.

황강구곡을 빛낸 권섭

권상하의 아들 권욱(權煜)은 아버지보다 4년 먼저 세상을 떠났다. 권상하가 죽은 후 그의 학문은 제자들에게 계승되었지만, 그의 혈손은 번창하지 못하였다. 대신 조카 권섭(權燮)이 백부의 뜻을 기려 황강을 권상하의 유적지로 꾸미는 일에 앞장섰다. 권섭은 조부 권격이 황강으로 내려가려다 세상을 떠난 바로 그해 삼청동(三淸洞)에서 태어났다.

권섭의 모친은 이세백(李世白)의 딸이므로, 2살 연상인 이의현(李宜顯)은 그의 외숙이 된다. 14세에 부친을 잃은 권섭은 황강으로 내려가 백부 권상하에게서 배웠다. 젊은 시절 제천의 문암동(門巖洞)에 살며 그곳에 선영을 조성하였는데, 중년에 청풍으로 옮겨 살았고 강경(江景)의 북촌(北村), 고산(高山)의 옥포역촌(玉包驛村)에도 기거한 바 있다. 그러다가 54세 때 황강으로 들어왔다. 그 사이 백부 권상하가 죽고 생전의 관작마저 삭탈당하였으며 계부 권상유(權尙游)와 외숙 이의현도 문외출송(門外出送)을 당하였다. 게다가 장남이 옥새를 위조한 사건에 연루되어 사형을 당하였다. 이러한 불행이 연달아 일어나자 실의한 마음에 백부의 땅 황강으로 들어가게 된 것이다.

권섭은 멸문의 위기에 이른 집안을 일으키기 위하여 황강을 성지로 만들고자 하였다. 그는 주자의 무이구곡(武夷九曲), 이이의 고산구곡(高山九曲), 송시열의 화양구곡(華陽九曲)을 본떠 황강구곡(黃江九曲)을 설정하고 관계되는 시문 자료를 모아『옥소장계(玉所藏呇)』를 지었다. 주자, 이이, 송시열, 권상하로 이어지는 도통(道統)을 세우고, 말년에 「도통가(道統歌)」라는 가사를 지어 노래로 도통이 후세에 전승되기를 기대하였다.

권섭이 정한 황강구곡은 대암(對巖), 화암(花巖), 황강(黃江), 황공탄(皇恐灘), 권호(權湖), 금병(錦屛), 부용벽(芙蓉壁), 능강(陵江), 구담(龜潭)이다. 이곳의 풍광을 「황강구곡도기(黃江九曲圖記)」에 자세히 적어 놓았다.

대암은 큰 석대(石臺)로 10리에 뻗은 긴 강의 입구에 있어 배가 서로 부딪치는데 골짜기의 초입이므로 1곡이라 하였다. 그곳에서 10리를 거슬러 올라가면 충주와 청풍의 경계에 월천(月川)이 남동에서 북쪽으로 흘러든다. 그 너머 들판이 평평하게 펼쳐져 있고 숲이 빼곡한 곳이 2곡 화암이다.

그 위쪽에 들판이 점차 넓어지고 산이 점차 높아지는데 뾰족한 천 개의 봉우리 사이에 큰 마을을 마주하는 개울이 3곡인 황강이다. 이곳에 선생의 옛집이 있는데 한수재라는 편액 세 글자가 찬란하다. 그 안에는 선생의 영정이 걸려 있다. 그 너머에 소자 권섭과 권신응(權晨應) 등 일가붙이들이 빙 둘러 산다. 그 곁에 봉황대(鳳凰臺)가 있고 그 위에 열락재가 있다. 당시 글을 배우는 이들이 공부하던 방이다. 언덕을 마주한 외로운 산 아래 작은 집이 오뚝한데 소자와 문인 이선보(李宣輔)가 조술(祖述)하여 지은 방학정(放鶴亭)이다. 북쪽으로 몇 리를 오르면 푸른 산이 올려다보이는 곳이 3대의 선산이다. 뒤쪽 언덕에 오래된 사당이 엄숙한 모습으로 서 있다. 도

황강 조카 권섭은 권상하가 살던 땅을 기려 〈황강구곡도〉를 그리고 또 「황강구곡가」를 지었다.

포를 입은 쟁쟁한 수천 수백의 선비들이 우러러 절을 하는 곳이다.

4곡 황공탄은 중국의 구당협(瞿塘峽)이나 염예퇴(灩澦堆)와 유사한 형상인데 탄식과 경탄을 자아낸다. 5곡 권호는 맑은 여울이 콸콸 흐르고 깨끗한 못이 넘실거리는데 좌우에는 촌락이 그림처럼 가물거린다. 6곡 금병산은 천 척 높이로 깎아지른 암벽이 창연한데 관아가 즐비하고 누각이 늘어서 있다. 심신이 시원하여 골짜기가 으슥하다는 것도 문득 잊은 채 그림 속으로 걸어다니는 듯하다.

학서암(鶴棲巖)을 지나면 강가에 구름 속으로 불현듯 솟구쳐 있는 부용벽이 7곡이다. 능강동은 산수가 깨끗하여 소자의 거연재(居然齋) 등이 있는데 모두 선생이 이름붙인 것이다. 점점 깊이 들어가

황강영당 한수재 터에 황강서원을 세웠으나 대원군의 서원철폐령을 피하기 위해 영당으로 이름을 바꾸었다.

면 만풍각(晩風閣)이 있는데 이 역시 소자가 선생이 이름한 바를 따른 것으로 8곡이다. 여기서 10여 리를 더 들어가면 구담인데 소자가 새로 지은 정자가 높다랗게 서 있다. 또 인근에 이인상(李麟祥)의 수연실(脩然室)과 이기중(李箕重)의 익연각(翼然閣)이 굽이굽이 나오면서 이름난 땅의 풍광을 꾸미고 있다.

권섭, 「황강구곡도기(黃江九曲圖記)」, 『옥소집(玉所集)』

권섭은 이렇게 구곡을 설정하고, 권신응(權信應)으로 하여금 황강의 모습을 그리게 하였다. 그리고 다시 정선(鄭敾)에게 부탁하여 〈황강구곡도(黃江九曲圖)〉를 완성하였다. 권상하를 총애한 숙종이 궁인을 파견하여 이 일대를 그림으로 그리게 한 바 있다. 권섭은 〈황강구곡도〉에 이러한 내용의 기문을 쓰고, 스스로 이이의 「고산구곡가」를 의빙하여 지은 연시조 「황강구곡가(黃江九曲歌)」를 적었다. 이 그림을 〈무이구곡도〉, 〈구산구곡도〉 등과 함께 벽에 나란히 걸어두어, 율곡학의 성지로 삼았다. 「황강구곡가」의 첫번째 노래에서 "하늘이 뫼를 열어 지계(地界)도 밝을시고. 천추(千秋) 수월(水月)이 분(分) 밖에 맑았어라. 아마도 석담(石潭) 파곡(巴谷)을 다시 볼 듯하여라"라 하여, 권상하의 황강이 이이의 석담과 송시열의 화양동 파곡(파곳과 같다)을 계승한 것임을 밝혔다. 권상하의 증손 권진응(權震應)도 한수재 아래 작은 집을 짓고 글씨를 잘 쓰는 중국인을 불러 강산헌(江山軒)이라 편액을 달았다. 또 윤봉구로부터 차운한 시를 받았다. 이렇게 하여 권섭이 기울인 정성을 따르고자 하였다.

황강서원의 영광과 몰락

권상하가 살던 한수재 터에는 1726년 황강서원이 세워졌다. 오늘날 한수면 황강리다. 그리고 수암사(遂庵祠)라는 사당이 세워져 그 영혼과 영정을 함께 모셨다. 권상하의 제자 채지홍(蔡之洪)은 황강서원의 상량문에서 "도학의 전수는 우암으로부터 한수재에 이르렀고, 예악(禮樂)의 장소는 화양동을 이어 황강이 있다"라 하고, 이어 황강서원 주위의 모습을 이렇게 노래하였다.

어영차 들보 동쪽을 보게나,
열락재에 아침마다 햇살이 붉은데
우리 마음 다잡아 늘 어둡지 않으려면
사람들아 때때로 주인에게 물어보시오.
어영차 들보 서쪽을 보게나,
한수의 근교에 안개 걷히고 석양이 나직한데
나루에 물결 급해 사람들 다투어 나루를 건너니
황혼에 나루 가는 길 잃을까 겁이 난다네.
어영차 들보 남쪽을 보게나,
쭉쭉 뻗은 여러 봉우리 푸른 안개 속에 들어가는데
볼수록 더욱 높아 미치기 어려우니
이분은 천고의 역사에 기운이 함께하리라.
어영차 들보 북쪽을 보게나,
긴 강 한줄기 유릿빛으로 푸른데

반드시 명심하게, 흘러가는 것이 이와 같아서

밤낮으로 바다를 향하여 쉬지 않고 가는 것을.

채지홍, 「황강서원상량문(黃江書院上樑文)」, 『봉암집(鳳巖集)』

열락재 동쪽으로 아침햇살이 비치고 서쪽으로 한수의 들판이 석양에 가물거리며 남쪽으로 산이 높게 솟아 있고 북쪽으로 긴 강이 쉼없이 흘러간다. 이 광경은 모두 권상하의 정신세계를 상징한 것이기도 하다.

물론 영원한 것은 없다. 황강의 물이 바다로 들고자 하나 댐에 가로막혔고 허공에 솟은 산도 허리가 물에 잠겼다. 이러니 과연 권상하의 기운이 천년은커녕 300년의 세월을 견디기 어려웠을지도 모른다. 스승이 살던 화양서원이 대원군에 의하여 철저하게 짓밟힐 때, 황강의 후학들은 이를 모면하고자 황강의 서원 이름을 영당(影堂)이라 바꾸었다. 그러나 영당의 운명은 오래가지 못하였다. 근래 충주댐을 만들면서 한수재 마을은 모두 수몰지역이 되었고, 영당 건물은 현재의 위치인 한수면 송계리로 옮겨졌다. 🔖

4. 근기 명가의 고향

화음정사터

징파강의 여원 선비
허목

저물녘 물가에는 풀이 파랗고 모래가 흰데

낚싯대 거두고 배를 옮겨 나루로 오른다

허목의 묘 허목은 생전에 자신의 묘에 새길 글씨를 써두었다. 전서체로
'우의정문정공미수허목지묘'라 새겨져 있다. 6·25때 치열한 전장이었기
때문에 비석 도처에 탄혼이 보인다.

연천으로 물러나서

17세기 고학(古學)을 선도한 큰 학자 미수(眉叟) 허목(許穆, 1595~1682)이 살던 곳은 연천이다. 서울의 창선방(彰善坊)에서 태어나 젊은 시절 부친을 따라 거창(居昌)에 있을 때 정구(鄭逑)에게 학문을 배웠고, 장현광(張顯光) 문하에도 출입하였다. 인조 2년(1624) 광주 자봉산(紫峯山)에 들어가 독서의 여가에 서법을 익혔다. 그 뒤 영동, 강릉, 원주, 상주, 의령, 사천, 창원, 칠원 등지에서 우거하다가 1645년 연천으로 돌아와 정착하였다.

1650년 잠시 참봉(參奉) 벼슬을 하였으나 바로 돌아와 연천에 기거하였다. 1658년 효종의 간곡한 부름을 어기지 못하여 벼슬길에 나갔다. 효종이 붕어하자 송시열(宋時烈)과 상례(喪禮)를 두고 다투다가 삼척부사로 쫓겨나갔다. 삼척에서 그는 서별당(西別堂)을 꾸미고 한가로이 지냈다. 「척주동해비(陟州東海碑)」를 쓰고 『척주지(陟州誌)』를 지은 것이 이때의 일이다. 1674년 2차 예송에서 남인이 승리하자 대사헌에 제수되었고, 이어 이조판서를 거쳐 우의정에 올랐다. 이때 덕원에 유배되어 있던 송시열의 처벌 문제에 미온적인 태도를 보인 허적(許積)의 탁남(濁南)에 대항하여 엄정한 처분을 주장하는 청남(淸南)의 영수가 되었다. 1680년 경신환국(庚申換局)으로 남인이 실각하자 삭탈관직을 당하고 고향에서 저술과 후진 양성에 힘쓰다가 세상을 떠났다.

17세기 사상사와 문화사의 중심에 있던 허목은 예순을 넘긴 노년이 되어서야 연천을 진정한 물러남의 공간으로 삼았다. 그가 살던 터가 오늘날 연천군 왕징면 강서리 324번 지방도로변에 있다. 당시 이곳은 석록(石鹿)이라 불렸다. 그 남쪽에 조모 집안의 선조 강회백(姜淮伯)의 묘가 있다. 원래 이곳은 사대부들이 좀처럼 살지 않는 땅이었다. 허목은 이곳에다 자신의 세계를 만들었다. 현종 3년(1662) 십청원(十靑園)이라는 정원을 꾸몄는데 전나무, 잣나무, 박달나무, 비자나무, 회나무, 만송(蔓松), 황죽(篁竹), 두충(杜冲) 등 평소 좋아하던 10종의 나무를 심었기에 이렇게 이름한 것이다. 그리고 「십청원기(十靑園記)」(『記言』)라는 아름다운 글을 남겼다.

허목은 연천 산촌의 집에서 살아가는 자신의 모습을 「숲속에 살면

척주동해비 허목이 삼척부사로 있을 때 바람과 해일의 피해를 줄이기 위하여 세운 비석으로, 허목의 글씨 중 가장 정채를 발하는 작품이다.

서 흥을 풀다(林居遣興)」라는 글로 남겨두었다. 이 글에서 그는 20여 년 동안 이곳에 살면서 누렸던 열 가지 즐길거리를 하나하나 묘사하였다. 첫째는 봄날 산에 꽃이 피고 바위 곁에 새가 우는 것을 보는 것이요, 둘째는 우거진 숲에 해가 저물면 그늘진 벼랑에 짙은 안개가 끼는 것을 보는 것이며, 셋째는 해뜰 무렵 첩첩산중에 노을이 어리는 것을 보는 것이며, 넷째는 비 오는 날 숲 너머에서 들려오는 개울물 소리를 즐기는 것이며, 다섯째는 비 그친 후 물이 불어난 앞개울에서 낚시를 드리우는 것이며, 여섯째는 시냇가 바람이 비를 몰아올 때 낙조가 산에 어리는 것을 보는 것이며, 일곱째는 저녁 무렵 산기운이 아름다운데 숲 너머에 아스라히 안개가 끼는 것을 보는 것이며, 여덟째는 한밤 모든 동물이 잠들었을 때 성긴 숲 그림자를 즐기는 것이며, 아홉째는 가을날 협곡에 안개가 어리고 단풍이 천 겹으로 퍼지는 것을 보는 것이며, 열번째는 눈이 가득 쌓인 산속의 푸른 소나무를 보는 것이다. 다른 문인 같으면 시로 지었을 내용이지만 시를 그다지 좋아하지 않은 허목이기에 짧은 산문으로 기록하였다.

야윈 글에 담아낸 징파강

임거(林居)의 흥취를 즐기며 살던 허목은 집 근처로 흐르는 임진강 유역의 여러 승경을 유람하고, 짧고 여윈 기문(記文)을 남겼다. 오늘날 왕징면 동쪽으로 흐르는 임진강을 당시에는 징파강(澄波江)이라 하였다. 징파강은 한탄강과 합류하여 임진강 본류를 이룬다. 현재 왕징면과 군남면 삼거리를 이어주는 북삼교에 있던 나루를 징파도라 하

징 파 나 루

허목은 연천으로 물러나 있을 때 배를 타고 징파강의 여러 곳을 두루 유람하고
짧지만 힘이 있는 고문을 제작하였다.

였는데, 후에 허목의 호를 따서 미수나루라 부르게 되었다. 15세기 말 홍귀달(洪貴達)이 지은 「징파루기(澄波樓記)」(『虛白亭集』)에 따르면, 변씨(卞氏) 성을 가진 사람이 이곳에 징파루라는 조그만 누각을 세웠다 한다.

징파강의 경관은 징파나루 서안 일대가 가장 빼어나며, 동안에는 간간이 흰 자갈이 섞인 백사장이 펼쳐져 있었다. 상류에는 귀탄(鬼灘)과 송탄(松灘) 등의 여울이 있었다. 하류의 앙암(仰巖)도 아름다운 곳이었는데 아미암(阿彌巖)이라고도 하였다. 앙암 동쪽에 아미사(阿彌寺)가 있었고 그 인근에 노자암(鸕鶿巖)과 호로탄(瓠蘆灘) 등 아름다운 바위와 여울이 즐비하였다. 인근에 종담(鐘潭)이라는 못이 있었다. 못 안에 커다란 종이 잠겨 있다는 전설 때문에 붙은 이름이다. 징파강 인근 마을 사람들에 따르면, 옛날에는 큰물이 지나고 못이 맑아지면 바닥에 잠긴 종을 볼 수 있었다고 한다. 당시에 이미 종은 보이지 않았지만 마을사람들은 나라에 큰일이 생길 때마다 종이 울린다고 굳게 믿고 있었다.

허목은 현종 5년(1664) 여름 종담을 찾았다. 하천 위쪽에는 석벽과 기암괴석이 즐비하고 물 가운데는 바위가 많아 여울을 이루었다. 종담은 푸른 물결이 일렁이며 물 가운데 반석이 있는 석담(石潭)이었다. 서안의 절벽은 세 개의 기이한 석봉(石峰)으로 이루어져 있고 동안의 백사장 아래에는 낙락장송 대여섯 그루가 있어 여름에도 시원한 그늘을 제공하였다. 허목은 「종담수석기(鐘潭水石記)」를 지어 이곳의 광경을 묘사하였다. 징파나루 북쪽의 웅연(熊淵)도 허목이 자주 찾던 곳이다. 웅연은 오늘날 왕징면 강내리에 있다. 이 무렵 웅연에는 허목의 사위 이진무(李晉茂, 1608~77)가 살고 있었는데 호를 웅연주인(熊淵主人)이라 하였다. 현종 8년(1667) 허목은 이진무, 윤휴(尹鑴) 등과 함께 웅연에서 뱃놀이를 즐기고 「여러 어른들과 배를 띄우고 논 기문(偕諸丈老泛舟遊記)」을 지었다. 같은 해 9월에도 사위 이진무의 초청을 받아 다시 웅연을 유람하고 「연강에서 낚싯배를 띄우고 논 기문(烟江釣舟記)」을 제작하였다.

내가 일없이 연천에 있을 때 웅연주인이 나를 강가로 불렀다. 가보니 주인이 일엽편주를 타고 기다리고 있었다. 강 양쪽은 모두 무성한 숲과 바위벼랑이었다. 강물은 푸르고 맑아 물감을 풀어놓은 듯했다. 배를 저어 여울 위로 올라가니, 산이 깊고 모래가 희었다. 물살이 거세어 콸콸 소리가 난다. 사람 없는 물가에서 흰 새가 물고기를 엿보고 있었다. 배를 저어 점점 가까이 가도 날아가지 않았다. 주인과 객은 서로 기뻐하며 낚시를 하면서 놀기도 하고 노를 두드리며 노래를 부르기도 하고 술잔을 들어 권하기도 하였다. 나루에서 소나기를 만났다. 천지가 깜깜해지고 물결이 휘돌아치니, 마치 교룡이 출몰하는 듯하였다. 무지개가 간간히 피어났다. 이윽고 비가 그치자 낙조가 산을 머금었다. 산 그림자가 은은한데 안개 자욱한 물가가 멀리 가물거렸다. 먼 포구에서 어부가를 주고받는 소리가 들렸다.

허목, 「연강에서 낚싯배를 띄우고 논 기문(烟江釣舟記)」, 『기언』

정선의 웅연 1742년 정선이 신유한과 함께 웅연에서 뱃놀이를 하는 모습을 그린 그림. 허목의 웅연 유람도 이러하였을 것이다. 원래 제목은 웅연계람(熊淵繫纜)이다.

또 어느 해인지 알 수 없으나 달 밝은 8월 14일 밤 사위 이진무와 외손자 정기(鼎紀), 현기(玄紀), 그리고 정유린(鄭有隣)과 그의 아들 정관주(鄭觀周) 등과 함께 웅연으로 뱃놀이를 나섰다. 이때의 일은 「웅연에 배를 띄우고 논 기문(熊淵泛舟記)」에 자세하다. 허목은 현종 13년(1672) 4월에도 웅연으로 가서 장군탄(將軍灘), 부용봉(芙蓉峰), 노자암(鷺鷥巖) 등을 유람하였다. 이때 함께 갔던 권대재(權大載)라는 사람이 나중에 〈웅연범주도(熊淵泛舟圖)〉를 그려 보내주었다. 채팽윤(蔡彭胤)

은 1700년 무렵 이 그림을 보고 허목의 시에 차운하여 시를 지어 보냈
다. 허목은 그 이듬해 여름에 이진무와 정창기(鄭昌基), 권대재 등과
다시 웅연을 유람하고 이때의 일을 기념하여 「웅연에 배를 띄우고 논
사람들의 이름을 적다(熊淵泛舟題名)」라는 글을 지었다. 허목은 평소
시를 즐겨 짓지 않았지만, 현종 6년(1665) 3월 웅연에서 뱃놀이를 하
다가 시 한 편을 썼다.

산 아래 봄날의 강물은 깊어 흐르지 않는 듯

푸른 물풀 바람에 흔들려 물결꽃이 떠 있네.

저물녘 물가에는 풀이 파랗고 모래가 흰데

낚싯대 거두고 배를 옮겨 나루로 오른다.

山下春江深不流 綠蘋風動浪花浮

草青沙白汀洲晚 捲釣移舟上渡頭

허목,「웅연에 배를 띄우고 영숙에게 시를 지어 보이다(熊淵泛舟示永叔)」,『기언』

　현종 9년(1668) 허목은 정도형(鄭道洞) 등과 함께 징파나루 하류에 있는 괘암(卦巖)의 고적을 살피러 갔다. 괘암은 깎아지른 절벽에 강물이 파고들어 매우 기이한 모습을 자랑하는 곳이었다. 60여 년 전만 해도 근근이 괘암이라 새겨진 글씨를 알아볼 수 있었다 하는데, 허목이 갔을 때에는 이미 그 글씨가 보이지 않아 큰 글씨로 '괘암(卦巖)'이라 쓰고 다시 '미수서각석(眉叟書刻石)'이라고 새겨두었다. 그 위로 몇 리를 가면 지포(芝浦)가 나오는데 이숭인(李崇仁)의 강정(江亭)이 있었다. 그 북안이 동포(銅浦)인데 고려의 문인 임춘(林椿)이 살던 곳이다. 그 하류에 관어대(觀魚臺)가 있다. 허목은 이색(李穡)의「관어대부(觀魚臺賦)」가 이곳에서 지어진 것이라 생각하였지만 이색의 문집에는 관어대가 영해(寧海)에 있음을 분명히 밝히고 있으니 허목이 착각한 것으로 보인다. 허목은 고적들을 살피는 한편 동행한 벗, 그리고 이곳으로 찾아온 괘암주인 곽처후(郭處厚) 형제 등 10여 명과 어울려 함께 낚시도 하고 술도 마시면서 한때의 풍류를 즐기고 이를 기념하여「괘암에서 노닌 사람들의 이름을 적은 기문(卦巖題名記)」을 지었다.

정파강은 미강(眉江, 혹은 湄江)으로도 불렸다. 허목은 현종 13년 (1672) 9월 이곳을 찾았다. 미강은 소나무와 단풍나무, 갈대밭이 늘어서 있는 아름다운 곳이었다. 허목은 태수 나반(羅襻)을 비롯한 여러 벗들과 술을 마시고, 저녁에는 아미사(阿眉寺)에서 유숙하였다. 이때의 풍류를 적은 글이 「미강에 배를 띄우고 논 기문(眉江泛舟記)」이다. 웅연 위쪽 강가에서 동쪽에 있는 횡산(橫山)에 대한 기록인 「횡산기(橫山記)」에 따르면 이곳에는 솔숲과 모랫벌이 아득히 뻗어 있었으며 석저협(石渚峽), 도영암(倒影巖), 장군탄(將軍灘) 등 승경이 도처에 있었다 한다.

당시 삭령현(朔寧縣, 오늘날 중면으로 북한 지역)에 있던 우화정(羽化亭)도 허목의 글 덕택에 더욱 유명해졌다. 우화정은 현종 8년(1667) 삭령군수로 있던 허목의 제자 이산뢰(李山賚)가 세운 정자다. 이해 4월 허목은 이산뢰의 초대를 받고 「우화정에서 노닌 서문(遊羽化亭序)」을 지었다. 이 글에 따르면 무성한 숲과 산봉우리가 우화정 앞뒤를 에워싸고 강안에는 흰 자갈이 깔려 있으며 그 위로 평원이 펼쳐져 있었다. 그 사이로 강물이 휘돌아 아득하게 멀리 뻗어내렸다. 동쪽으로 흐르는 강은 남쪽으로 꺾여 암벽을 지나 이 정자에서 합류하였다. 찾아오는 사람은 없고 도롱이를 걸치고 그물을 던지는 어부만 보였다.

우화정은 숙종 45년(1697) 군수 민연백(閔埏栢)이 중건하고, 영조 6년(1730) 군수 홍정보(洪鼎輔)가 중수하였다. 허목이 죽은 지 60여 년 후에 홍정보의 족제(族弟) 홍경보(洪景輔)가 경기도관찰사로 이 일대를 순시하다 양천현감으로 있던 정선(鄭敾)과 연천현감으로 있던 신유한(申維翰)을 불러 이곳에서 함께 노닐면서 다시 한번 우화정의 명성이 천하에 알려지게 되었다. 이때 그린 정선의 그림을 통해 당시 우화정 일대의 모습을 확인할 수 있다.

허목은 연천 석록암(石鹿巖)에 살면서 징파강의 풍류를 여윈 글에 담았지만 벼슬 때문에 가끔 먼지 자욱한 한양으로 출입하여야 했다. 허목은 84세 되던 숙종 4년(1678) 벼슬을 모두 내놓고 연천에 내려와 살려 하였다. 숙종은 허목에게 연천에 있는 7칸의 집을 하사하였다. 선조가 78세로 치사(致仕)하는 이원익(李元翼)에게 궤장(几杖)과 집을 하사한 전례를 따른 것이었다. 하사받은 집은 거문고와 책, 궤안을 둘 정도로 크지도 높지도 않고 화려하지도 않았다. 검소한 뜻을 밝힌 것이다. 허목은 감사의 뜻으로 이 집을 은거당(恩居堂)이라 하고 은거시(恩居詩)를 지어 사은(謝恩)의 뜻을 표하였다. 그리고 은거당 뒤쪽의 정원에 있는 바위를 일월석(日月石), 용문석호(龍門石戶)라 이름하고 그의 여윈 글씨로 새겨두었다. 이 마을은 고려 태조가 병사들을 머물게 했던 곳인지라 군영촌(軍營村)이라 불렸는데 허목은 이곳의 이름을 녹봉(鹿峰)이라 고쳤다.

1682년 허목은 십청원 근처에 다시 조그마한 집을 하나 짓고 만목춘도(萬木春島)라 이름하였다. 온갖 나무가 봄을 맞은 섬이라는 뜻이다. 허목은 글을 길게 쓰지 않았다. 만목춘도에 대한 기문의 전문은 이렇다.

석호 바위글씨 허목은 은거당 집 뒤쪽에 있는 바위를 석호(石戶)라 하였는데 바위로 된
문이라는 뜻이다. '용문'이라 쓴 글씨는 보이지 않는다.

산속에 높거나 큰 바위가 없다. 땅이 비옥하고 초목이 무성하여 오곡을 심기에 알맞다. 새와 짐승들이 많아 사는 집이 으슥하며 사람들이 매우 드물다. 봄날 맑게 개이고 날이 길면 숲속에서 새소리와 개울물 소리를 듣는다. 노인은 일이 없다. 내 사는 집을 '만목춘도'라 하였다. 즐거움을 기록한 것이다. 임술년(1682) 입춘 저녁 임거노인(林居老人)이 쓴다.

야윈 그의 모습처럼 살점이 붙어 있지 않은 글이다. 허목은 야위었지만 결코 약하지 않은 삶을 살다가 은거당에서 임종을 맞았고 은거당 뒤쪽 100여 보 떨어진 곳에 묻혔다. 곁에 자신이 직접 새긴 비갈이 세워졌다.

신유한이 다시 빛낸 징파강

허목이 세상을 떠난 지 두 해 뒤에 신유한(申維翰, 1681~1752)이 이곳을 찾았다. 신유한은 59세 되던 영조 15년(1739) 연천현감에 임명되었다. 그가 연천에 이르러 가장 먼저 찾은 곳이 녹봉 아래 있던 허목의 은거당이었다. 이 집은 한국전쟁 때 전소되고 터만 남아 있지만, 신유한이 찾았을 때에는 새 건물이나 다름없었다. 세월의 무게를 견디느라 기와가 빠지고 목재가 썩어 무너질 지경이 되었기에 은거당을 지키며 살던 허목의 후손들이 재물을 모아 영조 14년(1738) 보수하였기 때문이다.

나 신유한이 연천사또가 되어 은거당을 찾아와 문을 두드렸다. 주인 허희범(許希范)이 늙은이와 젊은이들을 불러모았다. 옛날에 알던 사람인 것처럼 기뻐하였다. 이윽고 사민(士民)의 예를 행하고 나서 선생의 유상(遺像)을 알현하였다. 빼어난 눈썹이 눈처럼 희고 맑게 빛났다. 옷은 연한 자줏빛인데 단령(團領)과 오사모(烏紗帽), 서대(犀帶)를 하고 있었다. 이는 선생의 여든 살 생신 때의 영정이다. 바라보니 학과 같았다. 다시 작은 영정 하나를 펼쳐보니 47세 때의 것이었다. 윤건(輪巾)에 학창포(鶴氅袍)를 입고 있었다. 눈썹이 길어 몇 촌쯤 되는데 수염은 거의 없었다. 기운이 온화하고 맑았다.

은거당 안에는 우전형산비(禹篆衡山碑) 77자가 있었는데 글씨가 용사비등하였다. 조수와 초목을 새긴 술잔도 있었는데 신기하고 괴이하여 형용하기 어렵다. 신라시대의 거문고 하나가 있었는데 두텁고 소리가 컸다. 숙신(肅愼)의 석노(石砮)도 있었는데 청록색이고 넓적하여 창처럼 생겼다. 선생의 글은 모두 상자 속에 있었다. 선생이 직접 쓴 선진(先秦)과 양한(兩漢)의 글 59편이 있었는데 글씨가 쇠그물과 은갈고리처럼 생겼다. 붓자국이 아직도 선명하다. 또 손수 써서 돌에 새긴 도장 53개가 있었다.

구부정한 밤나무와 빙 둘러싼 오동나무에 별빛이 비쳤다. 은거당 뒤에는 원림이 있다. 이곳에는 사납게 생긴 바위가 있는데 이끼가 그 위를 덮고 있다. 선생이 일월석이라는 이름을 붙였는데 보기만 해도 신이한 빛이 삼라만상을 비출 듯 환하였다. 바위굴처럼 생긴 기괴한 바위가 높다랗게 빙 둘러 서 있는데 용문석호라 한다. 이 모두가 선생이 쓴 것이다. 소나무, 잣나무, 회나무, 자죽(紫竹), 비자나무, 권백(卷柏), 오엽송(五葉松), 만년송(萬年松) 등 이름과 형상이 괴이하고 예스럽다. 선생의 「십청원기」에 적힌 것과 다름이 없었다. 그 너머 여러 봉우리가 빙 둘러 솟아 있고 무성한 숲이 빽빽하였다. 이름 모를 새가 서로 화답하고 간밤의 안개가 가물거렸다. 『기언』에서 말한 만목춘도 신숙 집의 경물이 바로 이것이다.

신유한, 「허재상의 은거당 정원을 보고 쓴 기문(觀許相國恩居堂園記)」,

『청천집(青泉集)』

평소 그리던 스승의 자취를 보아 사숙의 기회를 얻은 것은 즐거웠지만, 그렇다고 처음부터 연천이 신유한의 마음에 든 것은 아니었다. 그가 이르렀을 때 연천은 산이 죽순 다발처럼 빽빽이 늘어서 있고 들판은 한 자도 안 될 정도로 좁았다. 백성들은 초가를 짓고 화전을 일구어 사는데 조나 콩, 보리 등을 심었지만 땅이 척박하여 세금을 내기에도 부족하였다. 시장이라 해보았자 실이나 고기도 없었으며, 백성들은 거친 삼베옷에 채소를 먹고 살았다. 꽃이나 과실나무도 없어 사람들은 복사꽃이 무엇인지도 몰랐다. 선비들은 시서(詩書)를 좋아하지 않고 아전들은 문서에 익숙지 않으며 백성들은 그저 부역을 피해 도망다닐 뿐이었다.

그러나 몇 달 지나지 않아 신유한은 이곳의 산수 풍광을 즐길 수 있는 마음의 여유를 갖게 된다. 신유한은 이해 여름 더위가 심해지자 마침내 피서를 겸하여 웅연으로 나갔다. 허목이 이곳에서 노닐었던 일

허목 초상 82세 때의 초상화로 상단에 채제공이 쓴 글이 함께 실려
있다. 하얀 수염과 눈썹이 신선의 풍모를 느끼게 한다.

을 생각하고 그 발자취를 따르고자 한 것이다. 허목의 「웅연석문기(熊
淵石文記)」에 신령스러운 글자가 벼랑에 새겨져 있다는 말이 있었던
것을 기억하고 이를 찾으려고 배로 강을 건너 넝쿨을 잡고 비탈이 급
한 강안으로 올라가 가시덤불을 헤치고 높이 2장 정도 되는 바위를
찾아내었다. 그곳에서 '문석(文石)'이라는 바위글씨를 발견하였다. 그
너머 시원한 나무그늘 아래 초가정자가 한 채 있었는데, 바로 허목이

웅연에서 노닐 때 함께 하였던 이진무의 손자 이동성(李棟成), 증손 이세응(李世膺)의 것이었다. 강물을 마주보고 푸른 산에 에워싸인 자그마한 초당이 마치 그림처럼 아름다웠다. 그 광경을 「웅연에서 노닌 기문(遊熊淵記)」(『청천집』)으로 쓰고 다시 이렇게 시를 지었다.

떠돌이 나그네 있어
노새 타고 관아를 나서노라.
우연히 강가의 바위를 찾고
나무그늘 속의 집에 이르렀다.
포구의 햇살에 신선의 자취 남았는데
처마의 구름이 갈대꽃을 덮고 있네.
주인의 흉금 예스럽기도 하여라
수레 멈춘 곳이 바로 노을 속이네.
客有鞿棲者 乘駒出縣衙

偶尋江畔石 因到樹陰家

浦日留仙跡 簷雲繞葦花

主人襟韻古 傾蓋卽煙霞

신유한, 「웅연의 정사에 쓰다(題熊淵精舍)」, 『청천집』

신유한은 이해 7월 15일 다시 징파강 유람을 나섰다. 신유한의 아들, 박천휴(朴天休)와 그 아들 명유(命儒)·성유(聖儒)·하유(夏儒) 등이 함께 배에 올랐다. 물길을 따라 아래로 내려가 유류탄(鶹鶹灘)과 유탄

(楡灘)을 지났다. 유탄에는 남송정(枏松亭)이 있었는데, 현대혁(玄大奕)의 후손이 소유하고 있었다. 마탄(馬灘)과 율탄(栗灘)을 지나니 도가미(陶家湄)가 나왔다. 이곳은 포천의 북쪽 영평에서 흘러든 물이 합류하는 곳으로, 강물이 깊고 오른편에는 깎아지른 절벽이 있으며 강안은 벼랑이었다. 벼랑이 끝나는 곳에는 다시 모래톱이 뻗어 있고 그 위에 허목을 제향하는 미강서원(眉江書院)이 있었다. 서원은 이미 퇴락하였으나 이곳에서 강물을 내려다보면 물고기와 새들이 마치 거울 속에 있는 듯하고, 강 건너에는 낮은 숲이 뻗어 있어 매우 아름다운 경관을 자랑하고 있었다.

그 북쪽 아미산 앙암사(仰巖寺)는 이미 터만 남아 있었다. 앙암사는 고려 태조가 머물던 곳으로 고려를 세운 후에 원찰로 삼은 절이다. 조선이 개국되자 송도에 묘전(廟殿)을 세우려고 경강(京江)을 통하여 목재를 날랐는데 태풍이 불어 배가 앙암사 아래 이르렀다. 그날 밤 우레가 쳐서 절은 부서지고 승려들도 모두 죽었지만 절터는 온전하였기에 신령이 보우한 것이라 여겨 이곳에 묘전을 세우게 되었다 한다. 이날은 7월 보름날이었는데 이곳의 풍경이 워낙 아름다워 소동파(蘇東坡)가 적벽(赤壁)에서 노닌 풍류를 연상하면서 「징파강에서 달빛 아래 노닌 기문(澄波江泛月記)」을 지었다.

신유한은 이듬해 사미정(四美亭)을 세웠다. 연천이 마음에 들지 않아 연천현감 벼슬을 사양했던 그가 점차 연천에 애정을 갖게 된 것이다. 산천이 아름다워 시흥이 일기에 병든 몸도 좋아졌다. 이에 관아에서 100여 보 거리에 있는 버려진 땅을 구하여 못을 파고 샘물을 대어

정선의 우화정 1742년 신유한과 함께 우화정을 유람한 정선이 그린 그림. 이곳에
오르면 날개가 돋아 신선이 될 듯하다 하여 우화정이라는 이름이 붙었다. 원래 제목은
우화등선(羽化登仙)이다.

주변을 꾸미고 흙을 쌓아 그 위에 기둥 넷짜리 정자를 만들었다. 기둥
바깥에 난간을 대고, 기와로 지붕을 이었으며 단청을 하였다. 서쪽에
는 다리를 놓아 못 가운데로 갈 수 있게 하였다. 못에는 연꽃 10여 그
루를 심고 금빛 물고기 100여 마리를 넣었으며, 정자 곁에는 흙계단
을 만들고 오동과 화초를 심었다. 제방 쪽에는 버들을 심었다. 못 남
쪽에 작은 산이 있어 그 산자락이 물에 잠기는데 여러 가지 꽃을 심어
그늘이 지게 하였다. 이렇게 하고 보니 숲이 이루어져 산이 되고 들꽃
과 구름이 물에 어리비치어 그 형상을 즐길 수 있는 것이 첫째요, 연
꽃이 자라 푸른 잎과 붉은 꽃잎이 생겨 향이 코를 찌르니 마음을 맑게

할 수 있는 것이 둘째요, 궤석에 기대어 낚싯대를 드리우고 살찐 금빛 물고기를 낚으며 안분자족할 수 있는 것이 셋째요, 농사철에 농부가를 들고 들밥을 내가는 아낙네를 보며 가물 때에는 연못을 터서 논에 물을 댈 수 있으니 권농(勸農)의 뜻을 이루게 되는 것이 넷째인지라, 이에 사미정(四美亭)이라 이름한 것이다.

　신유한은 영조 18년(1742) 징파강의 적벽(赤壁)을 다시 유람하였다. 이곳은 산수가 아름다워 명성이 높았다. 게다가 그해는 소동파가 중국 적벽에서 노닐며 「적벽부」를 지었던 해와 같은 임술년이었기에 「후적벽부」의 배경이 된 10월 보름날을 잡아 이곳을 찾은 것이다. 이때 양천현감 정선과 경기도관찰사 홍경보가 자리를 함께 하였다. 이들은 우화정에서 배를 띄워 징파강에 이르렀다. 신유한은 「적벽부를 본뜨다(擬赤壁賦)」를 짓고, 홍경보는 기문을 지었으며, 정선은 그림을 그렸다. 이때의 그림이 정선의 〈우화등선(羽化登船)〉과 〈웅연계람(熊淵繫覽)〉이다. 허목의 자취가 서린 징파강이, 신유한의 시와 정선의 그림을 통하여 아름다운 문화유산으로 우리에게 전해진 것이다. 웅연의 벼랑에 새겨져 있던 글씨는 근세에 이남규(李南圭)가 갔을 때 이미 마멸되어 읽을 수가 없었지만 허목이 직접 쓴 '문석(文石)'이라는 두 글자는 금방 새긴 것처럼 분명하였다고 하니, 지금이라도 이를 찾아볼 일이다. ▤

곡운에 꾸민 소우주와 김수증

바닥까지 비치는 차가운 물은 옥빛보다 맑은데

하늘을 찌르는 오래된 잣나무는 독야청청하다네

삼일정 바위글씨 기둥을 셋만 두어 삼일정이라 이름하고 주역의 괘를 그려넣었다.

곡운의 주인 김수증

북한강을 따라 춘천에서 화천으로 가는 길은 참으로 아름답다. 화천군 경계로 들어서 한참을 가다 보면 포천으로 가는 사잇길이 있다. 굽이굽이 흐르는 지천(芝川)을 따라가면 사내면이 나온다. 사내면 남쪽에는 해발 1,468미터나 되는 화악산(華岳山)이 높이 솟아 있다. 그 기슭이 삼일계곡이다. 오늘날 행정구역으로는 사내면 삼일리다. 삼일계곡이나 삼일리라는 명칭은 그곳에 있던 삼일정(三一亭)이라는 정자에서 비롯된 것이다. 삼일정을 세운 사람이 바로 김수증(金壽增, 1624~1701)이다.

김수증은 자가 연지(延之), 호를 곡운(谷雲) 혹은 화음동주(華陰洞主)라 하였다. 화천 용담리 일대 지천을 따라 6킬로미터에 이르는 계곡에 곡운구곡이 있는데, 김수증이 지금의 용담1리에 곡운정사(谷雲精舍)를 짓고 스스로 호를 곡운이라 하면서 생긴 이름이다. 화음동주는 오늘날의 삼일계곡을 이르는 화음동의 주인이라는 말로, 김수증이 이곳에 화음정사(華陰精舍)를 경영하였던 데서 비롯된 호다.

김수증은 안동김씨로, 좌의정을 지낸 김상헌(金尙憲)의 손자이다. 아우 김수흥(金壽興)이 영의정을, 막내 김수항(金壽恒)이 좌의정을 지냈으니, 당대 최고의 문벌이라 하겠다. 장인 조한영(曺漢英)은 김상헌과 함께 척화파로 절의를 드날린 인물이다. 이렇듯 혁혁한 가문을 자랑하는 김수증이 화천 산골로 들어가게 된 까닭은 정치적인 이유도 있었지만 임천(林泉)의 고황(膏肓)이 깊었기 때문이다. 김수증은 1668년 부친 김광찬(金光燦)이 숨을 거두자, 화천으로 들어가 살기로 마음먹었다. 잠시 안악군수(安岳郡守)와 성천부사(成川府使)를 지내다가 1675년 서인이 실각하고 남인이 집권하면서 아우 김수항이 유배된 일을 계기로 곡운으로 물러나 살았다.

1680년 경신환국(庚申換局)으로 노론이 다시 권력을 잡게 되자 김수증도 정계로 복귀하였지만, 주로 외직을 자청하여 금강산이 가까운 회양(淮陽), 사군산수(四郡山水)의 하나로 이름 높은 청풍(淸風) 등지에서 산수의 흥을 즐겼다. 그러다가 1689년 기사환국(己巳換局)으로 아우 김수항이 사사되자 또다시 곡운으로 물러났다. 가문의 화를 거듭 보았기에 다시는 벼슬길에 나아가지 않았다. 78세의 수를 누린 뒤 이승을 떴고, 선영인 양주 석실(石室)에 영면하였다.

김수증이 발견한 곡운

김수증이 처음 곡운을 발견한 것은 평강현감(平康縣監)으로 있던 40대 초반의 일이다. 그는 1662년부터 희령산(戱靈山), 청룡산(靑龍山) 등 인근의 산을 두루 찾아다닐 만큼 산수에 벽이 깊었다. 그가 평강에서 그리 가깝지 않은 화천의 사탄(史呑, 오늘날 화천 사창리)까지 내려온 것도 순전히 산수에 대한 벽 때문이었다. 공무로 인근의 서오지촌(鋤五芝村)에 들렀을 때 곡운이 빼어나다는 말을 들었으나 미처 가보지 못하다가 1670년 3월 사탄에 이르렀다.

오리곡(梧里谷)을 경유하여 학현(鶴峴)을 넘고 곡운의 하류인 대천(大川, 당시엔 灘岐라 불렀다)을 건너 다시 산현(蒜峴)을 넘었다. 산이 점점 높아지고 골짜기는 깊어지며 인가가 끊어졌다. 여기부터가 곡운이다. 산현에서 10리 떨어진 소박삽(小幞揷)은 골짜기가 깊고 깨끗하며, 여울과 층층바위가 도처에 있고 바위틈에 꽃이 무수히 피어 있었다. 김수증은 이곳의 이름을 방화계(傍花溪)라 하였다. 꽃을 끼고 흐르는 개울이라는 운치 있는 이름이다. 방화계를 따라 바위숲을 지나 10여 리를 가면 다시 탁 트인 곳이 나오는데 이곳을 청옥협(靑玉峽)이라 하였다. 그 곁에 여기정(女妓亭)이 있었다. '청옥'과 '여기'는 서로 어울리지 않는 이름이다. 이에 김수증은 그 이름을 신녀협(神女峽), 정녀협(貞女峽)이라 고쳤다. 신녀는 곧 운우지정(雲雨之情)의 고사로 유명한 무산(巫山)의 신녀(神女)를 가리키는 것이니, 신선의 땅이라는 뜻이다. 또 기생의 정자라는 이름 대신 정녀(貞女)라 하였는데, 무창(武昌)의 여인이 멀리 전쟁터에 나가는 남편을 전별하고 그대로 서서 남편을 기다리다가 망부석(望夫石)이 되었다는 고사를 차용한 것으로 보인다. 신녀처럼 운치 있되 정녀처럼 절조를 지키고 싶다는 의지를 투영한 것이리라. 정녀협에는 소나무가 늘어선 벼랑이 있어 그곳에서 물을 바라보는 즐거움이 있었다. 이곳은 김시습(金時習)이 노닐던 곳으로, 원래 이름은 수운대(水雲臺)였는데 김수증은 그 이름을 청은대(淸隱臺)라 하였다. 김시습의 호 벽산청은(碧山淸隱)을 염두에 두고 지은 이름이다.

김수증은 안악군수에서 해임되어 한가해지자 1673년 곡운구곡을 다시 둘러보고 「산중일기(山中日記)」를 남겼다. 청은대 일대를 정비한 것은 이 무렵의 일로 추정된다.

(4월 17일) 새벽 산에 내리는 빗소리를 들었다. 아침에 일어나니 간밤의 구름이 산을 에워싸고 있더니 조금 지나자 개었다. (중략) 아침을 먹은 후 서(徐), 조(趙) 두 사람과 설운계(雪雲溪)를 지나 신녀협에서 노닐었다. 개울물이 나뉘어 흐르는데 또 작은 개울이 북쪽에서 흘러나온다. 세 갈래 물이 교차되는 곳에 작은 섬이 있고 노송 대여섯 그루가 있다. 물이 불면 모두 잠긴다. 그 아래 무려 수십, 수백 칸이나 되는 넓은 반석이 있다. 이리저리 펼쳐지고 솟았다 내려앉아, 마치 대처럼 우뚝 끊어져 있고 솥처럼 오목하며 작은 것은 주발처럼 생겼다. 맑은 개울물이 어지럽게 쏟아져 눈을 뿜어내는 듯 파랗게 어린다. 물을 따라 내려가기도 하고 건너가기도 하다 보면 개울 북쪽에 높다랗게 마주한 곳이 있다. 내가 예전에 이곳을 방문하였을 때는 수운대라 하였는데, 지금 마을사람들은 매월대(梅月臺)라고 부른다. 내가 자세히 물어보았으나 그저 그렇게 전할 뿐 매월이 누군지는 알지 못하였다. 지세를 자세히 보니 골짜기 안에서 가장 빼어난 곳이었다. 소나무와 바위 사이에 건물을 세운 흔적이 있다. 분명 매월당 공이 머물러 구경하던 곳인 듯싶다. 이제 수운대를 고쳐 청은대라 하고 그 실상을 기록한다.

김수증, 「산중일기(山中日記)」, 『곡운집』

청은대에서 조금 올라가면 청람산(青嵐山) 동남쪽 기슭인데 당시에는 이곳을 대박삽(大樸揷)이라 불렀다. 물이 깊이 고인 소(沼) 좌우에 큰 바위가 높이 솟아 있어 그 형상이 마치 거북이나 용이 물을 마시는 듯하였다. 물살이 급하여 수많은 기와를 부수는 듯한 소리가 산골짜기를 울렸다. 바닥은 모두 하나의 바위로 되어 있는데 불룩 솟아난 것은 벼랑을 이루고 평평한 것은 반석이 되어 있었다. 마을사람들이 낚시를 하거나 그물을 던져 물고기를 잡았다. 김수증은 이곳의 이름을 열운대(悅雲臺)라 하였다. 중국 양(梁)나라의 처사 도홍경(陶弘景)의 시에 "산중에 무엇이 있는가? 고갯마루에 흰 구름이 많다네. 그저 절로 즐길 뿐, 자네에게 가져다줄 수 없구나(山中何所有 嶺上多白雲 只可自怡悅 不堪持寄君)"라 한 뜻을 취한 것으로 보인다.

열운대에서 수백 보 위로 올라가면 매우 아름다운 곳이 나오는데 백운담(白雲潭)보다는 못하지만 청은대보다는 빼어났다. 김수증은 명옥뢰(鳴玉瀨)라는 이름을 붙였다. 여기서 벼랑을 돌아가면 깊이를 잴수 없을 정도로 깊은 소가 나온다. 마을사람들은 이곳을 용연(龍淵)이라 부르며 가뭄이 들 때마다 기우제를 지냈다. 김수증은 와룡담(臥龍潭)이라 이름을 고쳐 운치를 더하였다. '와룡'은 제갈공명(諸葛孔明)의 호다. 훗날 김수증은 이곳에 제갈공명의 사당을 세웠다.

청람산의 가운데 지맥이 끝나는 와룡담에는 푸른 기슭이 구불구불 북동쪽으로 뻗어내린다. 그 아래 시냇물이 서쪽에서 동쪽으로 활 모양을 이루며 굽어 흐르는데 그 사이에 동서로 수백 보, 남북으로 백여 보 정도 되는 널찍한 땅이 있다. 김수증은 이를 귀운동(歸雲洞)이라 하였다. 귀운동은 농사를 짓고 살 만한 땅이었다. 화악산 푸른빛이 책상 앞에 비치는 아름다운 곳이었다. 김수증은 나중에 그곳의 이름이 석실(石室)이라는 말을 들었다. 선영이 있는 양주 미호(渼湖) 앞의 석실이 떠오른 김수증은 그곳을 신석실(新石室)이라 하였다.

또 남쪽 벼랑에 소나무가 울창하여 농수정(籠水亭)이라는 정자를 세웠다. 최치원(崔致遠)이 가야산 홍류동(紅流洞) 계곡에 독서당을 짓고 그곳에서 지은 시의 "늘 시비 따지는 소리 귀에 들릴까 싫어서, 짐짓 흐르는 물로 산을 다 에워싸게 하였네(常恐是非聲到耳 故教流水盡籠山)"라는 구절에서 따온 이름이다. 최치원처럼 세상사와 담을 쌓고 싶었던 것이다. 김수증은 아우 김수항(金壽恒)의 시에 차운하여 이러한 심정을 토로하는 시를 지었다.

> 온 골짜기 그윽한 집 농수정은
> 매월당의 유적이 사립문에 가깝다네.
> 바닥까지 비치는 차가운 물은 옥빛보다 맑은데
> 하늘을 찌르는 오래된 잣나무는 독야청청하다네.
> 열사가 어찌 마구간의 말과 함께 있겠는가?
> 썩은 선비가 도리어 창을 지킴이 부끄럽구나.
> 근래 비로소 맑은 땅을 얻었으니
> 고요한 가운데 만물의 모습을 살피리라.
>
> 一壑幽居籠水亭　東峯遺跡近山扃
> 寒流徹底淸於玉　古柏昂霄獨也靑
> 烈士豈容同櫪馬　腐儒還愧守窓螢
> 年來始得虛明界　靜裡潛看萬象形

김수증, 「곡운에서의 가을 생각, 문곡의 시에 차운하다(谷雲秋懷次文谷韻)」, 『곡운집』

그후 김수증은 1675년 송시열로부터 「농수정기(籠水亭記)」를 받아 바위에 새긴 듯하다. 1714년 이하곤(李夏坤)은 금강산 유람을 나서면서 화음동에 들렀는데 농수정 벽에 김수증의 시와 기문, 송시열의 시가 적혀 있었으며 뜰에 작은 비석이 있는데 송시열의 기문과 김수증이 예서로 쓴 주자의 「와룡담(臥龍潭)」이 새겨져 있었다고 한다.

농수정 서북쪽 수백 보 떨어진 곳에는 너럭바위가 있는데 김수증은 그 이름을 명월계(明月溪)라 하였다. 또 융의연(隆義淵)이라는 소가 그 위에 있는데 기암괴석이 늘어서 있고 그 아래 솔숲 사이에 너럭바위가 있어 물이 그 위로 흘렀다. 이를 벽운계(擘雲溪)라 이름하였다. 융의연은 예부터 있던 이름인데, 물이 너럭바위 사이로 흘러 김수증은 이를 첩석대(疊石臺)라 하였다. '첩석'은 앞서 든 최치원 시의 앞구절 "미친 듯이 첩첩 바위틈을 치달려 겹겹 산을 울려대니, 지척에서도 사람의 말소리를 알아듣기 어렵네(狂奔疊石吼重巒 人語難分咫尺間)"에서 딴 것이다.

김수증은 곡운에서 최치원과 김시습의 삶을 따르고자 하였다. 김시습은 김수증에 앞선 곡운의 주인이었다. 수은대와 신녀협은 김시습이 노닐던 곳이며, 농수정도 김시습의 유적과 가까웠다. 오늘날 사창리라는 지명은 그곳에 사창(社倉)이 있었기 때문에 생긴 것인데, 그 서쪽에 김시습이 살던 집터가 있었다. 당시에는 이를 오세동자(五歲童子)의 집터라 하였다. 널리 알려진 대로 오세동자는 김시습의 별호다.

김수증은 곡운을 재발견하고 그곳을 삶의 공간으로 삼은 후, 주자

곡운구곡도의 백운담 곡운구곡의 4곡. 너럭바위들이 마치 흰 구름이 뭉게뭉게
피어오르는 것 같다.

의 무이구곡(武夷九曲)을 본떠 곡운구곡을 설정하였다. 곡운이라는
명칭부터가 주자의 '운곡(雲谷)'을 뒤집은 것이다. 김수증은 하류에서
상류로 거슬러 올라가며 구곡에 하나하나 이름을 붙였다. 물길을 따
라 내려가면 첩석대, 융의연, 명월계, 와룡담, 명옥뢰, 백운담, 신녀
협, 정녀협, 방화계의 차례로 9곡부터 1곡에 이르게 된다. 송시열은
「곡운정사기(谷雲精舍記)」(『송자대전』)에서 "마침내 방화계와 설운계
(雪雲溪) 두 개울과, 수운대와 열운대 두 대, 신녀협과 농수정, 와룡
담, 귀운동은 서시(西施)가 오물을 뒤집어썼다가 하루아침에 맑은 못
에 몸을 씻은 것과 같게 되었다"고 칭송하였다.

백운담 조세걸이 그림 속의 백운담도 아름답지만, 실경 역시 그림 못지않게 아름답다고 할 만하다.

화음동에 꾸민 집 부지암

김수증은 6곡인 와룡담 옆의 귀운동(歸雲洞)에 먼저 자리잡았다. 귀운동 좌우에 김시습의 자취가 서려 있기 때문이었다. 그래서 김시습이 즐겨 사용한 시어인 '채미(採薇)'를 따서, 와룡담 뒤쪽의 작은 골짜기를 채미곡(採薇谷)이라 이름하고, 그곳에 집을 정하였다. 그러나 집이 너무 외지고 지세가 막혀 있는데다 산이 높고 길이 험하여 벗들이 찾아올 수 없었다. 김수증은 주자가 「운곡기(雲谷記)」에서 "임천에 우아한 뜻이 있어 노고를 꺼리지 않는 사람이 아니면 이르지 않는다"라한 말을 떠올렸다.

그리하여 1670년 가을, 김수증은 9곡인 첩석대에서 북쪽으로 수십

리 떨어진 오늘날의 삼일계곡으로 거처를 옮겼다. 시라치(時羅峙), 다라치(多羅峙), 하령(霞嶺), 도마치(倒馬峙) 등의 고개로 둘러싸인 곳이다. 김수증은 서쪽의 고개 이름을 백운령(白雲嶺)이라 고쳤다. 오늘날 포천에서 광덕고개를 넘어서면 백운계곡이 나오는데, 백운이라는 이름이 바로 김수증으로 인하여 생긴 것이다. 지금은 백운령이라는 이름 대신 카라멜고개니 광덕고개니 하는 우아하지 못한 이름으로 불리니 안타까울 따름이다.

김수증은 영평(永平)에서 곡운으로 오면서 삼일계곡의 수백 수천 길 절벽이 흰 구름 위로 솟아 있는 것을 보고 그곳으로 가서 한참을 머물곤 하였다. 조카 김창협(金昌協)의 집도 겨우 10리밖에 떨어져 있지 않아 함께 이곳으로 와서 노닌 적도 있었다. 김수증은 그 절벽의 이름을 원화벽(元化壁)이라 하였는데 '원화'는 조물주의 조화(造化)를 이르는 말이다. 그리고 동쪽 절벽 아래 작은 대를 쌓고 진여의(陳與義)가 「명색(暝色)」이라는 시에서 "천지는 아득한데, 세 번 탄식하고 문을 나선다(乾坤杳茫茫 三歎出門去)"라고 한 말을 따서 삼탄대(三歎臺)라 하였다. 여기서 10여 리를 더 거슬러 올라가면 층층 암벽에서 폭포가 떨어지는데, 이 골짜기를 운문곡(雲門谷)이라 하였다. 폭포에서 조금 더 올라가 고개 둘을 넘어 능선길로 20리를 가면 귀운동에 이르게 된다.

김수증이 새로 지은 초가는 몇 칸 되지 않았으나 조금씩 늘려 7칸으로 만들었다. 그리고 1675년 겨울 온 가족을 이끌고 이곳으로 들어왔다. 가묘(家廟)를 세웠으니 완전한 귀거래라 할 만하다. 집 뒤에 초당 세 칸을 짓고 그 편액을 곡운정사(谷雲精舍)라 하였으며, 농수정을 다시 지었다. 좌우에 아이들이 묵을 방도 만들고 부엌 등 필요한 공간도 마련하였다.

김수증은 화악산 북쪽 곡운정사가 있던 곳을 화음동(華陰洞)이라 이름하였다. 오늘날 삼일계곡의 화음정사(華陰精舍) 터에서 4~5리 떨어진 곳이다. 농수정은 6곡 근처인 귀운동에 있었으나, 화음동에 곡운정사를 지은 후 그 근처로 옮긴 것으로 추정된다. 김수증은 삼일계곡으로 흐르는 개울을 백운계라 하였다. 맑고 깨끗하여 세속의 티끌 하나 묻지 않았다는 뜻이다.

김수증은 곡운정사에 거처하면서 방화계로부터 칠선동(七仙洞)까지 두루 소요하였다. 그렇게 10년을 살다가 1681년 병 때문에 부득이 한양으로 들어가 머물다가 풍광이 아름다운 땅을 골라 외직을 지냈다. 그러다가 1689년 기사환국으로 아우가 유배지에서 최후를 맞자 다시 홀로 곡운정사로 돌아왔다.

김수증의 삶은 두 시기로 나눌 수 있다. 곡운정사를 경영하기까지 곡운에서의 삶을 「곡운기(谷雲記)」로 정리하였다면, 기사환국 이후의 삶은 「화음동지(華陰洞志)」에 담았다. 기사환국 이후 화음동으로 내려온 김수증은 백운계 곁에 볏짚으로 인 정자를 하나 세우고 요엄류정(聊淹留亭)이라 이름하였다. 그리고 화악산에서 발원하여 북쪽으로 흐르는 개울이 두 갈래로 흘러나오다가 화음동 남쪽에서 합쳐지는데 그 개울을 쌍계(雙溪)라 하였다. 쌍계는 북으로 꺾여 흐르다가 요엄류정을 지나 4~5리를 가서 농수정 서쪽으로 흘러들었다. 요엄류정 앞의 작은 산은 총계봉(叢桂峯)이라 이름하였으니, 한(漢)나라 회남(淮南) 소산왕(小山王) 유안(劉安)의 「초은사(招隱士)」에서 "계수나무 부여잡고 서성이며 머무르네(攀援桂枝兮聊淹留)"라고 한 구절에서 따온 것임을 알 수 있다. 은사로서의 삶을 다시 한번 확인한 것이다.

김수증은 1690년 요엄류정 남쪽으로 수십 보 떨어진 작은 언덕 곁에 네 칸의 집을 짓고 육유(陸游)의 시 「낮잠을 자다 저녁에 이르다(午睡至暮)」의 "노년이라 쇠잔하여 다시 강성하기 어려움을 알지니, 인간만사 잠자는 것보다 나은 것은 없더라(殘年已覺衰難強 萬事無如睡不知)"라는 구절에서 따온 부지암(不知菴)이라는 편액을 붙였다. 그리고 조카 김창협과 김창흡에게 부탁하여 기문을 받아 걸었다. 당대 최고의 문장가였던 김창협은 백부의 삶을 최치원과 김시습에 포개어 이렇게 적었다.

　　화악산은 춘천 서쪽에 있다. 북쪽 산기슭 그윽한 땅을 곡운이라 한다. 예전에 청한자(清寒子) 김시습이 머물던 곳이다. 그 땅은 높은 산으로 둘러싸여 있고 긴 고개로 막혀 있다. 긴 하천과 큰 개울이 그 사이를 종횡으로 흘러 사방으로 들어오니, 평탄한 길이 하나도 없다. 왕왕 원숭이가 나무를 타고 벌이 달라붙는다. 만길 벼랑을 넘고 깊이를 헤아릴 수 없는 골짜기를 지나야 한다. 그 험준함이 이와 같아서 그 안에는 도망쳐 온 화전민만이 새나 짐승처럼 모여 살 뿐이다.

　　청한자 이후 수백 년이 지나 우리 백부가 처음으로 자리잡게 되었다. 처음에 매월대 서쪽 와룡담(臥龍潭) 위쪽에 정자를 짓고 살았는데, 고운 최치원의 시어를 따서 농수정이라 하고는 그곳에서 매일 지팡이를 끌고 시를 읊조렸다. 사람들은 그분을 바라보면서 아득하여 신선이라도 미칠 수 없을 것 같다고 여겼지만, 그 고고함을 이루기는 어려울 것이라 걱정하였다. 그러나 선생은 오래도록 싫증 내지 않고 편안히 여겼다. 작년 가을 정자에서 남쪽으로 4~5리 떨어진 화악산 골짜기 안으로 들어가, 나무를 베고 언덕을 평평하게 한 다음 집을 짓고 살았다. 첩첩산중에 물이 치고 들어와 사람들과 더욱 멀어졌다. 마침내 그 집의 이름을 부지암이라 하였다.

김창협, 「부지암기(不知菴記)」, 『농암집』

김수증은 부지암 왼편에 다시 두 칸의 집을 짓고 자연실(自然室)이라 하였다. 「숭고산기(崇古山記)」에 따르면 소실산(小室山)의 큰 바위에 석실(石室)이 하나 있는데 자연경서(自然經書)와 자연음식실(自然飮食室)이 있었으니, 김수증은 이를 따서 자연실이라 한 것이다. 자연실 뒤에 바위를 파서 우묵한 절구를 만들어 방앗간으로 삼았다. 울타리를 두르고 사립문을 달고서는 맑은 기운을 머금는다는 뜻에서 함청문(含淸門)이라 이름지었다. 문의 기둥에는 주자의 「수야의 시에 차운하다(和秀野韻)」의 "그저 문을 절로 닫아두리니, 어찌 손이 나를 찾아오겠나(漫將門自掩 那有客相尋)"라는 구절을 썼다. 울타리 바깥 채마밭 이름은 불가부지포(不可不知圃)라 하여 농사란 몰라서는 아니 되는 일이라는 뜻을 밝혔다. 문 바깥의 우물은 한천정(寒泉井)이라 이름하였다. 한천정 아래의 못 곁에 대를 쌓고 표독립대(表獨立臺)라 이름붙였다. 표독립대에서 수십 보 가면 다시 요엄류정이 나오는데 그 사이에 국화 수백 그루를 심고 그 길을 만향경(晩香徑)이라 하였으니, 서리 내린 뒤에도 꽃을 피우는 국화의 절조를 배우려 한 것이리라.

김수증은 1699년 여름 자연실을 두 칸 더 넓히고 세 칸의 방을 따로 만들어 연결시켰다. 위쪽 한 칸은 벽을 막아 하인들이 기다리는 곳으로 삼았다. 아래 두 칸은 면세가 밝고 시원하여 거처로 삼기에 알맞았다. 북쪽 한 칸은 작은 누를 세워 방으로 통하게 하였는데 그 이름을 청몽루(淸夢樓)라 하였다. 삼면에 창을 내고 창 바깥에 난간을 설치하였다. 창 안쪽에는 사방에 서가를 두고 경서(經書)와 『사기(史記)』, 유가(儒家)의 문자, 여러 사람의 시문집 등 천여 권을 놓아두었다. 그리고 「청몽루기(淸夢樓記)」를 지어 이렇게 살아가는 모습을 자랑하였다.

나는 여기서 날씨가 따뜻하면 누각에서 지내고 추워지면 방안에서 지냈다. 여러 봉우리의 짙은 푸른빛이 바로 앞에 모여들었다. 숲과 골짜기의 물과 돌이 아래위를 두르고 있었다. 아침저녁 날이 흐리고 개며, 구름과 안개가 끼었다 개었다 하여 잠깐 사이에 만 가지 형상을 드러내었다. 서쪽 언덕에서 샘물을 끌어다 서쪽 창가에 이르게 하고 나무를 깎아 지탱하여 목조(木槽)로 들어오게 하였는데 난간과 높이를 같게 하였다. 남는 물은 처마 끝에서 떨어져 못으로 들어가게 하였다. 맑고 시원한 빛과 옥처럼 고운 소리가 늘 곁에 있으니 깊은 산이나 굽이굽이 흐르는 개울로 가지 않아도 되었다. 난

삼일계곡 김수증이 삼일정을 지었다 하여 삼일계곡이라 불린다. 김수증이 살 때처럼 여전히
물이 맑다.

간에 기대어 씻고 양치질을 하면서 몸을 청결하게 하였다. 또 처마
너머에 산버들이 있어 지붕 위로 높이 솟아 있는데 봄에서 여름으
로 접어들 때면 그늘이 짙어 새들이 가까이 다가와 높고 낮은 소리
로 지저귀곤 하였다. 이것이 곧 옛사람이 이른바 "나무 위와 대나
무 끝에서 새들과 더불어 이야기를 나눈다(木末竹頭 與鳥交語)"는
것이다.

김수증, 「청몽루기」, 『곡운집』

김수증은 화음동의 도처에 새로운 이름을 붙였다. 요엄류정 아래
흰 담요를 깔아놓은 듯한 큰 바위는 천관석(川觀石)이라 이름하였다.
천관석 곁의 추진교(趨眞橋) 서쪽 10여 보 너머에 있는 음송암(蔭松巖)
도 김수증이 이름붙인 것이다. 북쪽 벼랑에도 솔그늘이 드리운 바위
가 있는데 이를 석문오(石門塢)라 하였다. 화음동 입구에 해당한다.

김수증은 화음동의 개울을 집으로 끌어들여 여러 가지 용도로 사용
하였다. 작은 개울 하나가 부지암 서쪽으로 흘러 울타리 너머로 나가
는데 이곳에 물레방아를 두고 그 이름을 용운대(舂雲碓)라 하였다. 여
기서 나뉘어 부지암 왼편으로 흐르는 물을 끌어들여 목조에 대어 석
잔완(夕潺湲)이라 이름하고 주방용으로 사용하였다. 또 남쪽 처마로
도 물을 끌어들여 양치질하고 세수하는 데 사용하였는데 그 이름은
습운천(濕雲泉)이라 하였다. 습운천 물이 흘러넘치면 뜰을 지나 사립
문을 뚫고 다시 흘러나가 추진교에 이르러 백운계로 들어가게 하였
다. 인공을 더하여 이렇게 운치 있는 거처를 만든 것이다.

김수증은 부지암 남쪽 창 아래 산반화(山礬花)를 심어두었다. 산반화는 4월에 피는 꽃으로 푸른 잎이 둥글둥글한데 꽃송이가 매우 가늘어 좁쌀을 엮어놓은 듯하고 색깔은 눈처럼 희며, 맑은 향이 매우 진하고 푸른 진주 같은 열매가 매달리는 꽃이다. 산간 곳곳에 있었지만, 당시 조선인들은 뛰어난 품종인 줄 몰랐다고 한다.

김수증은 그 곁에 해당화 한 그루를 심었다. 또 동남쪽 귀퉁이에는 국화 수십 포기와 오동나무 한 그루를 심었다. 부지암의 섬돌 곁과 남쪽 창 너머에는 석창포(石菖蒲)를 심었는데 모두 강화도에서 가져온 것이었다. 또 석창포와 비슷하지만 잎은 단풍나무와 유사하고 뿌리는 구불구불 서려 석단풍(石丹楓)이라 하는 나무도 자연실 섬돌 사이와 한천정 우물가에 심었다. 감국(甘菊)과 구기자(枸杞子)는 한천정 우물가와 요엄류정, 표독립대 사이에 심었다. 오미자(五味子)도 많이 심었고 미후도(獼猴桃) 한 포기도 심었다. 그밖에 단풍나무, 철쭉, 진달래 등을 두루 심었는데, 특히 담홍빛이 도는 철쭉이 가품이었다.

한번은 김수증이 산길을 걷다가 잡초 속에서 금전화(金錢花)처럼 생긴 연홍빛 꽃을 발견하고 울타리 아래 심어놓고 야금잔화(野金錢花)라 이름하였으니, 꽃을 사랑하는 그의 마음을 읽을 수 있다. 여기에 매화가 빠질 리 없다. 화분에 매화 두 그루를 심어두고 추울 때는 방 안에 들여놓아 섣달에 꽃이 피는 것을 즐겼다. 화분에는 대나무도 길렀다. 벌통 수십 개를 마련하고, 누런 닭과 파란 닭 두 종을 기르며, 농부로서의 삶도 함께 누렸다. 병아리가 살쾡이에게 물려갈까봐 남쪽 처마 아래로 옮겨놓고 닭과 함께 산다며 웃기도 하였다.

인 문 석

인문은 천문(天文)이나 지문(地文)과 대비되는 인간의 문식이라는 뜻이다.

정육각을 가운데 소우주의 표상으로 삼아 하도낙서와 태극도를 배치하였다.

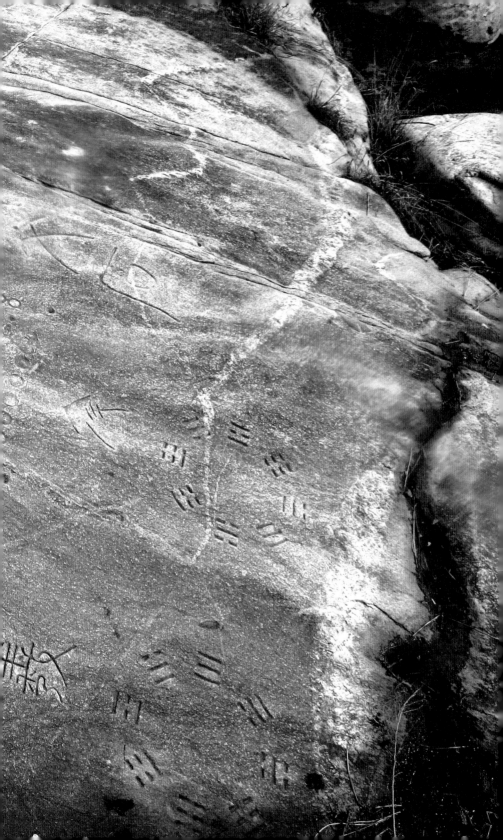

소우주의 표상 삼일정

김수증은 총계봉 아래 물가 요엄류정이 마주 보이는 바위에 삼일정을 세우려 하였다. 그런데 바위의 앞은 넓고 뒤는 좁아 기둥 네 개를 세울 수 없었다. 이에 기둥을 셋만 세우고 가운데다 짧은 들보를 걸었다. 대들보는 삼면으로 되어 있는데 삼충연(三衝椽)을 꽂고 세 기둥과 교차시켰다. 대들보 밑에는 태극도(太極圖)를 그리고 그 곁에는 팔괘(八卦)를 나누어 그렸으며, 삼충연에는 음양(陰陽)·강유(剛柔)·인의(仁義)라는 글자를 팔분체(八分體)로 새겼다. 세 기둥은 각기 8면으로 되어 있어 모두 합하면 24면이었다.

여기에 육십사괘(六十四卦)를 24절기에 맞추어 배치하고 또 십이벽괘(十二辟卦)를 그렸다. 십이벽괘는 1년 12달을 『주역』의 괘에 배합시킨 것으로, 정월은 태괘(泰卦), 2월은 대장괘(大壯卦), 3월은 쾌괘(夬卦), 4월은 건괘(乾卦), 5월은 구괘(姤卦), 6월은 돈괘(遯卦), 7월은 비괘(否卦), 8월은 관괘(觀卦), 9월은 박괘(剝卦), 10월은 곤괘(坤卦), 11월은 복괘(復卦), 12월은 임괘(臨卦)에 해당한다. 여기에 다시 십이율(十二律)과 십이간지(十二干支)를 배열하였다. 십이율은 황제(黃帝) 때에 영륜(伶倫)이 해곡(嶰谷)의 대나무를 베어 열두 개의 대통을 만들고 음률을 정해 각기 열두 달을 안배한 것이다. 이들을 모두 갖추고 나니, 삼일정은 『주역』의 체계에 따른 하나의 소우주라 일컬을 만하였다.

김창협은 이러한 김수증의 뜻을 헤아려 「삼일정기(三一亭記)」를 지었는데, 훗날 명문의 하나로 세간에 널리 알려지게 되었다. 또 이정구(李廷龜)의 증손 이희조(李喜朝) 역시 김수홍(金壽興)의 사위이자 김창

천근석 한가하게 한래왕교를 지나 천근과 월굴을 밟으면 대자연의 이치를 깨닫게 된다.

협의 장인이었기에 김수증의 화음동을 익히 알고 삼일정의 기문을 지어 보냈다.

오늘날 삼일정은 사라졌지만 삼일정이 있던 너럭바위에 새겨진 여러 가지 글씨와 그림은 여전히 남아 있다. 이 역시 김수증의 작품이다. 주자가 조산(皁山)에서 하였던 것처럼 하도낙서(河圖洛書), 선천후천팔괘(先天後天八卦), 태극도(太極圖) 등을 새긴 것인데, 김수증은 이를 인문석(人文石)이라 이름하고 전서(篆書)로 '하락희문인문석(河洛羲文人文石)' 일곱 글자를 새겼다.

부지암에서 수백 보 떨어진 곳, 표독립대 동쪽에는 늙은 단풍나무가 소나무 아래 넘어져 있어 푸른 그늘을 드리우고 있었다. 또 몇 길이나 되는 큰 바위가 개울가에 있었는데 그 위에 긴 다리를 놓아 개울을 건너다닐 수 있게 하였다. 그 길이는 10여 척 정도 되고 높이는 몇 길이나 되었는데 한래왕교(閒來往橋)라 이름붙이고 그 바위를 월굴암(月窟巖)이라 하였다. 또 한래왕교 건너 북쪽에도 큰 바위가 있는데 그 이름을 천근석(天根石)이라 하였다. 소강절(邵康節)의「관물(觀物)」시의 "천근과 월굴로 한가하게 오가니, 삼십육궁이 모두 봄이라네(天根月窟閒來往 三十六宮都是春)"라는 구절에서 가져온 것이다. 주자는 「소강절찬(邵康節贊)」에서 "손으로는 월굴을 더듬고, 발로는 천근을 밟는다(手探月窟 足躡天根)"고 하였는데 음의 뿌리인 월굴의 이치와 양의 뿌리인 천근의 이치, 곧 천지자연의 이치를 소강절이 잘 탐색하였다는 뜻이다. 천근석과 월굴암에서 인문석을 밟고 삼일정에 이르는 길이 곧 손으로 월굴을 더듬고 발로 천근을 밟으며, 대자연의 이치를 깨닫게 되는 과정이라는 의미를 부여한 것이다.

화음동을 사랑한 삶

김수증은 삼일정 조금 위쪽에 다시 세 칸의 무명와(無名窩)를 세웠다. 동쪽 한 칸은 유지당(有知堂)이라 하여 단청을 하고 제갈공명과 김시습의 영정을 모셔두었다. 제갈공명의 영정을 봉안한 것은 남양에 은거한 와룡선생(臥龍先生)의 면모를 취한 것이다. 김수증은 6곡인 와룡담 근처에 처음 집을 짓고 살 때 제갈공명의 초상화를 걸어두었는데 화음동으로 이주하면서 이것을 가져왔다. 그런데 1693년 유명건(兪命健)에게 보낸 편지에 따르면, 김시습의 집터에 건물을 하나 짓고 제갈공명과 김시습의 영정을 모시려 하자 송시열이 이 이야기를 듣고 찬성하면서 기문을 지어주었으나, 미처 건물을 짓지 못하여 무명와의 유지당에 안치한 것이라 한다. 유지당은 "후세의 사람이 오히려 나의 뜻을 알아줄 것이라" 한 주자의 말에서 따온 것이거니와, 김시습도 "후세에 반드시 설잠(雪岑, 김시습의 법명)을 알아줄 사람이 있을 것이다" 하였기에 붙인 이름이다. 1689년 김수증이 외손자에게 보낸 편지에 따르면 유지당은 유지사(有知祠)라고도 하였는데 한 칸의 초가로 되어 있었고, 와룡암(臥龍菴)을 세운 주자의 뜻을 따른 것이라 한다.

당시 사람들은 김시습의 자취가 있는 곳에 다투어 사당을 세웠다. 심종직(沈宗直)이 홍산(鴻山) 비홍산(飛鴻山)에 세운 청풍각(淸風閣), 박세당(朴世堂)이 수락산(水落山)에 세운 매월사(梅月祠) 등이 그러하였다. 유지당은 이들에 비하여 소략하였기에 다시 작은 서재 두 칸을 만들어 제갈공명의 『무후전서(武侯全書)』, 김시습의 『매월당집(梅月堂集)』, 남효온(南孝溫)의 『추강집(秋江集)』 등을 보관하였다. 유지당의 문은 조모문(朝暮門)이라 하였는데 아침저녁으로 사모의 뜻을 되새긴다는 의미다. 김수증은 1693년 9월 무명와가 완성되자 조카 김창흡에게 무명와의 기문을 써오게 하고, 유지당의 기문은 직접 써서 붙였다. 그리고 거문고에 재주가 있던 외손자로 하여금 거문고를 타게 하고 그 소리를 듣곤 하였다.

김수증은 삼일정과 무명와 근처의 자연물에도 이름을 붙였다. 유지당 뒤쪽에는 바위가 험준한데 무명와 동쪽으로 꺾인 곳에 병풍바위가 있어 그 이름을 장운병(張雲屛)이라 하였다. 장운병 아래는 삼층으로 되어 있는데 총계봉 바로 아래이기에 소산대(小山臺)라 하였다. 그 위쪽에는 큰 바위가 쌓여 있는데 마을사람들이 꿀벌을 치고 있었기에 이름을 산봉암(山蜂巖)이라 하였다. 또 삼일정에서 개울을 따라 서쪽으로 가면 너비가 수십 척에 이르는 넓은 바위가 있는데 천관석의 북쪽 벼랑과 지세가 비슷하여 호석(互石)이라 하였다.

김수증은 호석 동쪽, 장운병 서쪽을 합하여 명서오(冥棲塢)라 하였다. 호석에서 조금 내려와 개울을 건너면 화음동 입구인 석문오에 다다르게 되어 있다. 화악산 동쪽 자락이 북으로 달리다가 서쪽으로 꺾이면 총계봉이 되고, 서쪽 자락이 북으로 달려 총계봉과 마주하는 곳 사이로 개울이 흘러나와 골짜기가 되는데, 이곳이 바로 석문오다. 석문오에서 쌍계동까지는 개울의 남쪽 벼랑에 있고, 호석과 소산대는 북쪽 벼랑에 있었는데 김수증은 남북을 이어주는 한래왕교를 오가며 이 모든 것을 즐겼다. 마치 왕유(王維)가 망천장(輞川莊) 남북에 집을 두었던 것과 같아 김수증은 더욱 기뻤다.

석문오 바깥은 봉우리가 동서 방향으로 뻗어내리고 개울이 동쪽 언덕의 서쪽 발치를 따라 북으로 흘렀다. 개울 서쪽이 비교적 넓어서 여남은 인가가 서쪽 언덕 동쪽 발치에 붙어 촌락을 이루고 있었는데 이 역시 멀리서 보면 풍광이 아름다웠다. 평평한 밭두둑과 높은 언덕이 뻗어 있고 촌락이 이어진 가운데 닭울음과 개짖는 소리가 널리 퍼지고 뽕나무와 삼나무, 살구나무, 복사꽃이 만발하였다. 배나무도 여러 그루 있어 더욱 화려하였다. 마치 도화원(桃花源)의 마을과 같았다.

김수증은 농수정에서 화음동을 왕래하면서 이 마을을 지나다녔는데 늘 푸른 소를 타고 다녔기에 그 골짜기를 청우협(靑牛峽)이라 하고 마을은 대곡(大谷)이라 하였다. 천지자연의 이치에 잠심하는 소강절의 모습을 삼일정에 투영하였다면, 청우협과 대곡에서는 도연명(陶淵明)의 삶에 자신을 투영하였던 것이다.

김수증은 가끔 반수암(伴睡菴)으로도 나가 놀았다. 1680년 잠시 회양부사로 나가 있을 때 금강산의 홍눌(弘訥)이라는 승려가 김수증을 따라 화음동으로 왔기에, 김수증은 그를 시켜 쌍계 위에 암자를 짓게 하고 그 이름을 반수암이라 하였다. 반수암은 부지암에서 1리쯤 떨어진 곳에 있었다. 10여 칸 규모의 반수암에는 불상 한 구를 안치하였다. 훗날 홍눌이 입적하자 암자 오른편에 그의 사리를 담은 부도탑을 세웠다. 그 아래 우물이 있는데 물맛이 좋았다. 우물 아래에는 미나리가 돋았으며, 뜰에는 채소를 길렀다. 가느다란 샘물이 암자 뒤쪽에서 솟아나는데 나무홈통을 만들어 물을 끌어와 부엌으로 대었다. 뜰에는 해당화와 비슷한 매괴화(玫瑰花), 작약(芍藥), 황국(黃菊), 접시꽃, 자두나무, 배나무 등이 있었고, 그 곁에 커다란 은행 네 그루가 있었다.

이처럼 운치 있는 곳이었기에 김수증은 걷거나 소를 타고 가끔 노닐다 오곤 하였다. 근처에 도요(陶窯)가 생겨 개울물이 더러워지자 김수증은 이를 안타까워하였다. 김수증은 1694년 「무명와기사(無名窩記事)」를 지어 이곳에서의 삶을 자세히 적었다.

계유년(1693) 9월 2일 석실에서 화음동 부지암으로 돌아왔는데 무명와 공사가 끝났기에 벽과 창을 바르고 왕래하며 숙식하였다. 함청문(含淸門)에서 수십 보를 가면 한래왕교에 이른다. 한래왕교는 월굴암 꼭대기를 베고 있는데 아래로 몇 길의 급한 여울을 내려다보게 되어 있어 정말 한유(韓愈)의 시 「답장철(答張徹)」에서 이른바 "회오리바람에 사다리를 타고 오르니 어찔하다(梯飇颭伶僛)"라 한 말과 같다. 다리 북쪽은 인문석인데 바위를 밟고 수십 보 가면 5단의 작은 계단이 있다. 조모문으로 들어가면 무명와에 이르게 된다. 부지암의 부엌으로 남녀 하인을 부르면 바로 들린다. 그래도 소리를 크게 지르고 싶지 않으면 경쇠를 울리는데, 밥때에 맞추어 어린 여종이 찬합을 들고 와 개울물을 퍼서 바친다. 간혹 부지암에 가서 밥을 먹고 다시 오기도 한다. 하루 사이에 왕래가 무상하다.

　부지암은 개울 남쪽에 걸터앉아 동북쪽을 향하고 있고, 무명와는 총계봉을 등지고 서남쪽을 향하고 있어 지세가 통창하다. 햇살과 달빛을 받을 때가 많으니 창이 훤하여 편지를 읽거나 글씨를 쓰기에 매우 좋다. 그러나 햇살이 병든 눈에 방해가 되기도 하여 오후에는 지팡이를 끌고 삼일정으로 나가 인문석으로 내려간다. 솔그늘이 옮겨가는 대로 따라가는데, 동쪽으로 가면 동쪽으로 옮기고 서쪽으로 가면 서쪽으로 옮기고 남쪽이나 북쪽으로도 옮겨간다. 혼자 한참을 다녀도 사람을 만나는 일이 없다. 물과 돌이 더욱 맑고 골짜기는 시원하다. 낙엽이 옷에 떨어지고 놀란 다람쥐가 돌틈으로 달린다. 바위길을 거닐기도 하고 물가의 나무에 기대기도 한다. 무명와를 돌아 뒤쪽의 소산대에 올랐다가 조모문으로 돌아 내려오기도 한다. 천근석을 지나 삼일정으로 돌아 호석 사이를 배회하기도 하고 또 개울을 따라 가서 만향정과 추진교에서 서성대다가 석문오에 이르러 돌아오기도 한다.

부지암으로 돌아와 쉬었다가 다시 무명와 안으로 들어가 문을 닫고 묵묵히 앉아 있는다. 침소로 가서 잠시 졸다가 깨어나 문을 열면 개울빛과 나무 그림자가 창의 난간과 궤석 사이에서 요동치고 석양이 산에 걸린다. 오늘도 이렇게 하고 내일도 이렇게 하면서 몸과 마음이 피로한 줄도 알지 못한다.

무명와 앞에는 누런 국화가 흐드러지게 피어 있다. 함청문과 만향경에 심어둔 것도 개울 너머에 줄지어 어리비친다. 개울가의 단풍빛은 짙어졌다 열어지며 각기 자태를 뽐낸다. 아침 안개와 저녁 노을이 산기슭과 마을 사이에 가로로 뻗친다. 낙락장송 예닐곱 그루가 개울에 그늘을 드리워 마치 삼일정과 무명와를 모시고 호위하는 듯하다. 석문과 쌍계 사이나 마을사람과 신사의 승려가 오가는 솔숲 너머를 바라다보면 그림처럼 아름답다. 인적 없는 산은 조용하다. 종일 우두커니 물이 떨어지는 용운대를 바라볼 뿐이다.

시령 위에 책이 있지만 간혹 펼쳤다가 다시 게을러져 그만둔다. 시를 짓거나 읊조리지도 않고 그저 『시경』이나 『초사』 몇 편을 외울 뿐이다. 마음에 맞는 곳에 이르면 기쁨과 강개가 교차하니 고금의 흥취가 다른 것을 알지 못하겠다. 또 벽에는 명나라 사람이 그린 산수화 하나를 걸어두었다. 그 위에 적힌 왕세정(王世貞)의 「제화(題畫)」는 "천 개의 바위가 땅에서 뽑혀나와 푸른빛을 늘어세우고, 빼곡한 노송은 겹겹 산마루에 이어져 있네. 신봉우리가 고갯마루로 휘돌아 기이함을 얻었는데, 폭포수는 천 길 높이로 은하수를 드리운 듯. 굽이굽이 오솔길은 늘 구름 속에 들어 있는데, 양쪽 벼랑이 마주 일어나 날아오를 듯한 다리가 걸려 있네. 구름이 깊고 길이 외져 어딘지 모르겠지만, 아마도 신선의 집이 으슥한 곳에 숨어 있겠지(千巖拔地排青蒼 古松欂櫨連重岡 岡廻嶺複得奇絶 瀑流千丈垂銀潢 盤盤細路入雲長 兩岸對起懸飛梁 雲重路僻不知處 應有仙家在深塢)"라 하였다. 이것은 집안에 보관된 옛 물건으로 돌아가신 조부께서 애호하시던 것이다. 시와 그림의 경치가 마치 이곳을 묘사해 놓은 듯하니, 족히 산중의 공안(公案)으로 삼을 만하다.

김수증, 「무명와기사(無名窩記事)」, 『곡운집』

김수증은 그 이후에도 화음동을 더욱 아름답게 꾸몄다. 한래왕교 곁에 송풍정(松風亭)을 세운 것도 그중 하나였다. 날씨가 더울 때 한래왕교에 나가 맑은 바람을 쐬면서 납량(納涼)을 하였지만, 다리의 폭이 겨우 몇 자밖에 되지 않아 편안하게 앉거나 누워 쉴 수가 없었다. 그래서 개울가에 우뚝 솟은 월굴암 바위 위에 정자를 한 칸 만들었다. 기둥을 세우는데 바위 서쪽은 좁아 기둥을 세울 수 없어 큰 초석을 하나 세웠다.

초석으로 삼은 바위는 원래 백여 보 위쪽 개울에 있던 것인데 주춧돌처럼 생겼고 둘레가 몇 자, 높이가 아홉 자였기에 월굴암과 높이가 비슷하였다. 또 다리를 하나 만들어 송풍정 남쪽 처마 아래와 표독립

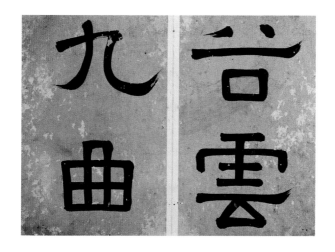

곡운구곡 김수증은 조세걸로 하여금 곡운구곡을 그리게 하고 아들과 조카에게 곡운구곡을 노래하게 하였다. 국립중앙박물관에 소장되어 있다.

대 사이에 걸치게 하였다. 길이는 수십 척 정도인데 이름을 도운교(渡雲橋)라 하였다. 부지암에서 표독립대를 경유하여 도운교를 지나면 송풍정에 이르게 된다. 난간에 기대어 아래를 내려다보면 개울 가운데로 침이 떨어졌다. 북쪽으로는 무명와와 삼일정을 마주하고 인문석의 그림과 글씨도 또렷하게 보였다. 낙락장송이 그 위에 그림자를 드리우고, 맑은 여울물이 그 아래 분말을 뿜으며, 숲에 어린 안개와 산의 그림자가 처마에 어른거리고, 원근의 구름이 눈앞에 가물거렸다고 하니, 그 운치가 대단하였던 듯하다. 김수증은 「송풍정기(松風亭記)」를 지어 이를 자랑하였다.

곡운과 화음동의 후사

　김수증은 78세로 천수를 누리고, 선영이 있는 양주의 석실로 돌아
갔다. 세월이 흐르면서 그가 세운 건물도 사라져 갔다. 이하곤(李夏
坤)의 「동유록(東遊錄)」에 따르면 1713년 무렵 홍수로 유지당과 삼일
정, 한래왕교가 무너져 버렸는데 나중에 보수를 하였지만 어울리지
않아 "신선의 집처럼 꾸몄다(粧點如仙家)"는 김창협의 찬사가 무색하
게 되었다고 한다. 그나마 청몽루가 온전히 남아 유지당에 모셔져 있
던 영정들을 옮겨 보관할 수 있었던 것은 다행한 일이었다. 1721년 어
유봉(魚有鳳)이 화음동을 찾았을 때 농수정의 서까래는 이미 무너져
가고 있었고, 비석에 새긴 송시열의 기문조차 희미해져 읽을 수 없었
다. 무명와나 삼일정 역시 무너지고 없었으며, 부지암은 시골사람들
이 차지해 버렸다.

　세월과 홍수와 화재는 인간이 만들어놓은 집은 부수더라도, 아름
다운 산수는 남겨두는 법이니, 지금도 곡운과 화음구곡의 수석(水石)
은 비교적 온전하게 남아 있다. 게다가 아름다운 시문과 그림이 남아
있어 옛 자취도 즐길 수 있으니, 글과 그림의 수명은 산수보다 길다
하겠다. 김수증은 곡운과 화음동을 묘사한 수많은 글을 지었거니와,
1692년 화가 조세걸(曺世傑)로 하여금 곡운의 모습을 그림으로 그리
게 하였다. 김수증은 이 그림에다 주자의 「무이도가(武夷櫂歌)」에 차
운한 시를 지어 붙이고 이어 아들 김창국(金昌國)과 김창직(金昌直),
조카 김창집(金昌集), 김창흡(金昌翕), 김창업(金昌業), 김창즙(金昌緝),
외손자 홍유인(洪有人) 등에게 시를 한 수씩 지어 직접 쓰게 하였다.

이 그림에 적힌 김수증의 시는 이러하다.

절경이라 성정을 수양하기 알맞은데
만년의 마음과 자취 모두 맑아 즐겁네.
백운산 동쪽 화악산 북쪽이라
굽이굽이 개울물 소리 귀에 가득하구나.

絕境端宜養性靈　暮年心跡喜雙淸

白雲東畔華山北　曲曲溪流滿耳聲

생전에 김수증은 조카 김창협, 김창흡 등과 함께 곡운과 화음동의
승경을 누렸다. 그래서 김창흡은 백부가 돌아가신 후 여러 차례 화음
동으로 들어와 기거하면서 다시 이곳을 정비하였다. 1715년에는 화
음동에 눌러살 생각으로 곡구정사(谷口精舍)를 세웠다. 어유봉이
1721년 지은 「동유기(東遊記)」에 따르면 당시 김창흡은 박후실(博厚
室)에 거주하고 있었으며 그 무렵 유구당(悠久堂), 고명루(高明樓) 등
을 새로 지었는데, 널빤지와 기와를 이고 담장을 둘렀다고 한다. 또
백운계(白雲溪)의 바위를 뚫고 10여 길 다리를 놓아 개울을 건너게 하
였는데, 서쪽은 높다랗게 평평하고 넓어 섬돌처럼 되어 있었다. 그 위
에 한 층이 더 있어 그곳에 완재정(宛在亭)을 세웠다. 완재정 남쪽으
로는 한 줄기 냇물이 북쪽으로 감아돌아 못으로 들어가는데, 도랑을
내어 물길을 끌어들이고 물레방아를 만들어두었다. 단풍나무와 삼나
무, 복숭아나무, 버드나무를 두루 심고 지세가 높은 곳에 서재 두 칸

을 만들어 찾아오는 사람들이 거처할 수 있게 하였다. 입구에는 화음동천(華陰洞天)이라는 네 글자를 새겨두었다. 이렇게 하여 김창흡은 백부를 이어 화음동의 주인이 되었다.

김창흡은 조선 후기 시단에 가장 큰 영향을 미친 인물이었기에, 그와 그 제자들에 힘입어 곡운과 화음동이 더욱 빛나게 되었다. 1713년 금강산 유람길에 화음동을 찾은 이하곤 역시 김창협의 문인이거니와, 1721년 어유봉도 금강산 유람을 가는 도중 화음동으로 스승 김창흡을 찾아가 이 일대의 풍광을 글로 담아두었다. 이병연(李秉淵)이 벗 정선(鄭敾)에게 부탁하여 그린 〈해악도(海嶽圖)〉에 농수정과 송풍정, 첩석대, 칠선동 등이 들어 있게 된 것도 그의 스승이 김창흡이었기 때문이다. 이병연은 자신이 소장한 〈곡운농수정(谷雲籠水亭)〉이라는 그림에다 이렇게 글을 썼다.

"산은 고요하여 태곳적 같은데, 해는 길어 젊은 시절 같구나(山靜似太古 日長如小年)"는 선생께서 일찍이 애송하던 구절이다. 한적한 뜻이 희의(希夷)의 꿈과 같구나. 농수정을 건립하여 또 시끄러움으로 시끄러움을 풀었으니, 각기 묘한 이치가 있다. 나중에 와서 노니는 자는 또한 함께하는 바가 있을 것이다.

김창흡, 「이일원의 해악도 뒤에 쓰다(題李一源海嶽圖後)」, 『삼연집(三淵集)』

김창흡이 인용한 시는 김수증이 즐겨 애송하던 당경(唐庚)의 「취면(醉眠)」에 보이는 구절이다. 그는 여기서 백부의 삶을 화산(華山)에 은거하면서 한번 잠들면 백여 일씩 일어나지 않았다는 송(宋)나라 때의 은자 진단(陳搏, 호는 希夷)의 삶에 비하였다.

그로부터 100여 년 후 곡운과 화음동은 정약용(丁若鏞)의 글로 다시 한번 빛을 발하였다. 정약용은 1820년 춘천으로 가다가 곡운에 들렀는데, 이때의 일을 「산행일기(汕行日記)」에 자세하게 담았다.

화우령(畵牛嶺)을 넘어 냇물 하나를 건넜다. 바로 곡운의 하류다. 다시 산령(蒜嶺)을 넘어 제1곡인 방화계에서 잠시 쉬고 곧바로 곡운서원에 이르렀다. 여기서 방향을 바꾸어 사내창(史內倉)에 가서 묵었다. 화우령을 넘으면서 서쪽을 바라보니 여러 봉우리가 모인 가운데 연기와 아지랑이 자욱한 산빛이 짙푸른데 벌써 곡운의 바깥이 보인다. 몇 리를 더 가서 십감촌(十甘村) 마을 앞에 이르니, 절벽 위에 낙락장송이 줄지어 서 있다. 굽이치는 냇물을 내려다보니 맑은 물빛이 눈부시다.

또 산모퉁이 하나를 돌아 서쪽 산기슭을 바라보았다. 깎아세운 듯한 층암절벽에 폭포가 흘러내렸다. 마치 소낙비가 오는 것 같아 자못 볼 만한 경관이었다. 또 산모퉁이를 한번 돌면 고개를 만나게 되는데 그 지세가 몹시 험준하다. 마치 꽃잎처럼 생긴 산봉우리가 산상봉이다. 그 이름은 과연 헛된 것이 아니었다. 산마루에 오르니 곡운구곡이 눈앞에 가득하였다. 좌우의 산세는 마치 개 이빨처럼 교차하고 옷깃처럼 맞붙어 그 주밀한 형세가 빈틈이 없었다. 과연 하늘이 만든 승지로서 우연히 생겨난 것이 아님을 알 수 있었다. 산

화우령에서 본 첩석대 곡운 구곡의 끝으로 선돌이 아름다웠다.

봉(蒜峯)은 곡운의 바깥 관문이다.

이 고개를 넘으면 물은 한층 더 맑고 돌은 한층 더 희고 산은 한층 더 높고 초목은 한층 더 울창하다. 고개 아래로 내려와 얼마 못 가서 문득 비스듬히 누운 커다란 반석이 보이는데, 그곳으로 날아갈 듯 흐르는 물결이 하얗게 거품을 일으키고 있었다. 물어보니 바로 제1곡의 방화계였다. 기쁜 마음에 말에서 내려 가까이 보니 기기괴괴한 형태를 이루 형언할 수 없다.

바라보니 해는 이미 산봉우리에 걸려 있고 호랑이와 곰이 울부짖었다. 오래 머무를 수 없어 마침내 모두 말에 올랐다. 내일 구곡을 자세히 보기로 하였다. 맑은 개울과 급한 여울을 지날 때마다 말을 치달려 지나게 하였으니, 혹시라도 절경에 이끌려 날이 어두울 때까지 지체될까 염려해서였다. 들길이 몹시 험하였다. 때로는 나무로 잔도를 만들어 평탄하다가도 조금 가면 다시 또 험해지곤 하였다. 2 곡과 3곡 이후부터는 험한 자갈길이 점점 평탄해지고 산세도 점차 낮아졌으며, 5곡과 6곡 이후로는 산줄기가 끝나고 뽕밭과 삼밭이 펼쳐졌다. 다시 1곡을 돌아 서원에 이르렀는데 서원의 형색이 몹시 쓸쓸하였다. 다시 돌아 창촌(倉村)을 향하여 명월계를 건너 오른쪽으로 꺾어드니, 이른바 융의연과 첩석대가 있었다. 모두 길가에 있어 아름다운 경관도 없었거니와 날도 어두워지기에 말을 달려 지나쳐 버렸다.

이튿날 정약용은 다시 구곡을 구경하고 김수증을 제향한 서원에 들렀다. 사액(賜額)을 받지는 못하였지만, 김창흡과 성규헌(成揆憲)을 배향한 곳으로 김수증과 김창흡의 영정, 그리고 김수증이 모시던 제갈공명과 김시습의 영정, 그밖에 송시열, 김수증의 아들 김창국(金昌國) 등의 영정도 함께 있었으며, 서루(書樓)에는 공자(孔子)의 초상이 있었다. 정약용은 이를 자세하게 소개하였는데, 공자의 초상화는 한지에 먹으로 그린 것으로 마치 어린아이들이 붓으로 장난한 것처럼 머리를 맬[袜]보다 크게 그려 우스꽝스러웠다. 김시습의 모습은 머리는 깎고 수염만 남아 있으며 조그마한 삿갓이 겨우 이마를 가리고 갓끈은 염주처럼 생겼다. 김수증의 모습은 우아하고 육중한 체구에 사모를 쓰고 검은 도포를 입어 조정대신의 기상이 있었다. 송시열의 초상화는 74세 때의 모습으로 수염과 머리카락이 모두 희고 아랫입술은 선명하게 붉은데 치아가 없어 턱은 짧아 보이고 눈에 광채가 나서 천 명을 제압할 만한 기상이 있었다. 또 김창흡의 초상은 맑고 온화하면서도 단정하고 엄숙하며, 복건에 검은 띠를 두르고 있어 산림처사의 기상이 있었다. 제갈공명의 초상은 삼각수염에 이마는 뾰족하고 뺨은 활등처럼 그려놓아 마치 절간의 명부상(冥府像)과 같았기에, 정약용은 당장 없애버려야 한다고 개탄해 마지않았다. 또 와룡담이 있다 해서 제갈공명의 초상화를 걸어놓았지만 아무런 의의도 없는 비천한 습속이므로 과감히 없애야 한다고 주장하였다.

이와 더불어 정약용은 조세걸이 그린 〈곡운구곡도〉를 감상하고 그곳에 실린 시들을 모두 옮겨적었으며, 구곡의 위치를 차례로 비정하였다. 그리고 자세한 기문을 지어 김수증이 떠난 지 100여 년이 지난 구곡의 모습을 기록으로 남겨두었다.

첩석대는 서원의 서쪽 1리 너머에 있다. 물 속에 서너 개의 선돌이 있어 크기가 비석만 한데, 가로로 난 문양이 두어 겹 있다. 위에는 사람이 앉을 수가 없다. 좌우는 바로 평평한 밭과 큰길이라 그늘을 이룰 만한 수목이 없으니, 은사를 받아들이지 못할 듯하다. 융의연은 그 하류 수백 보 떨어진 곳에 있다. 위에는 화천이 있고 곁에는 보리밭이 둘러싸고 있어 기이한 바위도 없고 그늘을 이룰 만한 나무도 없다. 그저 시냇물이 흐르다가 고여 있는 곳일 뿐인데, 무엇때문에 9곡에 끼게 되었는지 알 수가 없다.

명월계는 서원마을 앞에 있다. 소와 말과 개와 돼지로 인해 오염

되고 먼지로 어지럽게 더럽혀져 형언할 수 없을 정도다. 큰 다리가 놓여 있어 풍광이 오염되었으니, 이곳 역시 9곡에 넣기에는 부족한 곳이다. 와룡담 위로는 산세가 시원찮고 물의 흐름도 세차지 못하다. 그리고 뽕밭, 삼밭, 느릅나무, 버들 등의 그늘과 빽빽한 밭도랑과 가옥들이 있어 이미 인간세상의 속된 광경이다. 다만 당시 정자가 여기에 있었고 이 노인이 늘 멀리 노닐 수 없어 여기에 발걸음이 잦았기에 이상의 3곡이 외람되이 9곡의 수를 채우게 된 것인 듯하다.

주자의 「무이도가(武夷櫂歌)」에서도 7곡과 8곡에 이르러서는 아름다운 경치가 없다고 말하였다. 그러나 7곡의 벽탄창병(碧灘蒼屛)과 8곡의 고루기암(鼓樓寄巖)은 오히려 취할 만한 것이 있었고, 9곡에 이르러서는 상마우로(桑麻雨露)의 별세계가 있다고 하였다. 이 사례로 미루어보면 의당 와룡담으로 제9곡을 삼아 골짜기의 시작으로 삼아야 할 것이요, 정자나 마을이 있는 곳부터는 취하지 않는 것이 마땅할 듯하다. (중략)

와룡담은 정자 터의 남쪽에 있는데, 언덕 아래로는 석벽이나 푸른 병풍 같은 벼랑이 없다. 그 둘레가 1백 보에 불과하고 그 깊이 또한 두려움을 느낄 정도는 아니다. 그러나 역시 아름답기는 하다. 명옥뢰는 모인 물이 쏟아져 내리는 곳이다. 반석이 넓게 깔리고 잔잔한 물결이 골짜기로 내달려 백옥과 눈이 섞여 뿜는 듯하고 바람과 우레가 부딪쳐 진동하는 듯하다. 여울물로서는 극히 아름다운 경관이다. 백운담은 마땅히 9곡 가운데 첫째가는 기이한 볼거리라 할 만하다. 반석이 넓게 깔려 1천여 명이 앉을 수 있고 순전한 청색으로

곡운구곡도의 와룡담 김수증이 처음 집을 지었던 곳인데 나중에 제갈공명의 사당으로 삼았다. 그림 속에 보이는 정자는 농수정인 듯하다.

아주 깨끗하다. 골짜기로 쏟아져 흐르는 물이 점점 기이하고 아름다워진다. 소용돌이를 치면서 솟구쳐오르는 형세가 언제나 흰 구름 같다. 북쪽 암벽에 '백운담(白雲潭)' 세 자를 새겼는데 초서(草書)로 되어 있다. 이밖에도 귀인들의 이름을 새긴 것이 많다.

벽의만(碧漪灣)은 내가 지은 이름으로, 백운담 아래 1리 되는 곳에 있다. 양 언덕의 큰 소나무가 암벽을 의지해 서 있다. 물이 맑고 깊게 흘러 짙푸르고도 드넓다. 방화계로부터 와룡담에 이르기까지 이처럼 잔잔한 물이 없으니 이 또한 조물주가 교묘한 솜씨를 부린 것이다. 꼭 폭포와 여울이라야 구곡에 드는 것은 아니다. 여기서는 고기 잡이도 할 수 있고 배도 띄울 수 있는 곳이라 조그마한 배 한 척을 마련해 두면 풍월을 맞아 즐기기에 알맞다. 만약 9곡에 이것이 없었다면 기이하고 변화무쌍한 모습을 이루지 못하였을 것이다.

신녀협은 벽의만 동쪽으로 활을 쏘면 닿을 곳에 상하로 웅덩이를 이루고 있다. 위에 있는 웅덩이는 명옥뢰와 견줄 만하고 아래에 있는 웅덩이는 너무나 기괴하여 형언할 수 없다. 양쪽의 언덕에 깎아지른 절벽이 있는 골짜기가 아닌데도 협이라고 이른 것은, 그 웅덩이의 형체가 마치 두 언덕으로 협곡을 이룬 듯하기 때문이다. 우렛소리가 들려오고 눈처럼 흰 물결이 용솟음치며 바위색깔 또한 빛나고 반들반들하다. 과연 절묘한 구경거리다. 청옥담(靑玉潭, 본래는 靑玉峽으로 되어 있다)은 신녀협 밑에 있어 맑은 못의 검푸른 물빛이 마치 청옥과 같은데, 북쪽 언덕의 넓은 반석이 노닐 만하다. 물이 깊기로는 의당 9곡 가운데 첫째가 될 것이니, 또한 배를 띄울 만하다.

망단기(望斷磯)는 내가 선택한 곳이다. 청옥담 밑으로 산모퉁이 하나를 돌면 바람을 일으키는 여울과 눈처럼 허옇게 일어나는 물거품이 있어 참으로 즐길 만하다. 펑퍼짐한 넓은 반석이 있어 수백 명이 앉을 만하다. 그 위에 또 벽력암(霹靂巖)이 있는데, 높고 기이하여 과연 놀라운 경관이다. 이곳의 본래 이름은 망단기인데, 돌길이 여기에 이르면 더욱 험해져 앞으로 나아갈 길이 끊어져 있음을 이른 말이다. 내가 약암(約菴, 李載毅) 등 여러 사람과 이곳에서 발을 씻었다.

설벽와(雪壁渦)는 내가 붙인 이름이다. 망단기를 따라 동쪽으로 가다가 산모퉁이를 돌면 바람을 일으키는 여울과 눈처럼 허옇게 일어나는 물거품을 이루어 놀랍고도 즐길 만하다. 북쪽 언덕에 병풍처럼 두른 석벽이 옥이나 눈처럼 희고 바위구멍은 마치 절구통과 같아 설구외(雪臼渦)라 이름할 수도 있고 또 설벽외(雪壁渦)라 이름할 수도 있다. 또 그 밑으로 한 굽이를 돌면 바람을 일으키는 여울과 눈처럼 허옇게 일어나는 물거품이 즐길 만하다. 또 잔잔히 흐르는 물 속에는 거북처럼 생긴 돌이 있어 남쪽으로 머리를 두고 북쪽으로 꼬리를 두었는데, 물가에 흰 반석이 넓게 깔려 있어 1백여 명이 앉을 수 있다. 내가 또 그것을 이름하여 영귀연(靈龜淵)이라 하였다.

방화계는 영귀연 아래 서너 굽이 건너에 있다. 이는 곧 음악에서 마지막 연주곡과 같은데, 저쪽으로부터 오는 사람은 첫 곡으로 삼을 것이다. 북쪽 언덕에 큰 반석이 넓게 깔려 수백 명이 앉을 만하고, 그 아래층에 또 하나의 희고 큰 반석이 있어 수백 명이 앉을 만하다. 남쪽 언덕이 보이는데 모두가 바람부는 숲과 바위절벽이다. 시냇물은 반석 위에서부터 흘러내려 절벽으로 달린다. 그래서 천둥소리가 일어나고 허연 물이 용솟음쳐 공포를 느끼고 탄성을 지르게 한다. 백운담과 으뜸을 다툰다. 그 위는 맑은 못을 이루어 몹시 깊고 또 하나의 와폭(臥瀑)이 천둥소리를 내면서 이 못으로 뛰어들며 그 위에 또 하나의 급한 여울이 쏟아져 흐른다. 이는 바로 3곡이 합쳐 1곡이 된 것이다.

정약용 일행은 빼어난 경관을 접할 때마다 반드시 말에서 내렸다. 물가에 앉아 술을 부어 주거니받거니 하고 담배를 권하기도 하였다.

양치질도 하고 발도 씻으면서 오르내렸다. 그러나 당시 이미 일부 지역은 오염되기 시작하였고 또 그다지 아름답지 못하게 변해 버렸기에 정약용은 구곡을 다시 정하고자 하였다. 고친 결과는 이렇다. 1곡은 망화계(網花溪)라 하였는데 도화원의 입구와 같다 하여 방(傍) 대신 망(網)이라 한 것이다. 2곡은 설벽와로, 3곡은 망단기로 바꾸었다가, 다시 2곡을 영귀연으로, 3곡을 설벽와로 바꾸었다. 4곡은 청옥담이라 하였는데 원래의 2곡인 청옥협을 4곡으로 삼되 협(峽)을 고쳐 담(潭)으로 한 것이다. 5곡은 신녀회(神女匯)이다. 본래 3곡인 신녀협에서 협(峽)을 고쳐 회(匯)로 한 것이다. 6곡으로 벽의만을 새로 더하였다. 7곡은 백운담으로, 본래의 4곡을 옮긴 것이다. 8곡은 명옥뢰로 5곡을 바꾼 것이고, 9곡은 와룡담인데 원래는 6곡이었다.

곡운구곡은 물과 바위가 그 자체로 아름다운 곳이지만, 김수증·김창흡·정약용 등 시대를 대표하는 문인들의 글로 인하여 더욱 아름답게 되었다. 이제 김수증이나 김창흡이 살던 집은 흔적도 없지만 산천은 의구하다. 인공하천을 정비하는 과정에서 일부가 훼손되기는 하였지만, 여전히 우리나라 최고의 풍광으로 내세울 만하다. ▣

격물치지의 공간
이단상의 정관재

천년 세월 영지동의 달은

정관재의 못을 고요히 비추리라

정관재 터 조용한 마음으로 사물의 이치를 관찰하는 집이라는 뜻이다.
이희조가 태극정과 농환재를 지었지만 지금은 아무것도 남아 있지 않다.

관동이씨의 내력과 영광

우리 역사에 훌륭한 가문이 많지만 그 가운데 월사(月沙) 이정구(李廷龜, 1564~1635) 집안은 17세기 최고의 명문 중 하나다. 이 집안은 관동이씨(館洞李氏), 혹은 동촌이씨(東村李氏)로 일컬어진다. 동촌은 성동(城東) 지역을 이르던 말이며 관동은 성동의 연화방(蓮花坊)에 속해 있는 동네 이름이다. 이정구의 후손인 이만수(李晩秀)가 19세기까지 이정구의 고택에 살았다고 하는 것으로 보아, 관동의 집은 경저로는 유래를 찾기 어려울 정도로 오랫동안 후손에게 전승된 것으로 보인다. 전하는 말에 따르면 이정구, 이명한(李明漢), 이일상(李一相) 3대의 장서가 19세기까지 보존되어 조선 후기 4대 만권당(萬卷堂)으로 꼽혔다고 한다. 더욱이 이정구, 이명한, 이일상이 삼대에 걸쳐 대제학에 오른 일은 두고두고 칭송되었다.

이 집안을 빛낸 이는 남성뿐만이 아니었다. 이 집안은 3대에 열녀 넷을 낸 것으로도 이름이 났다. 병자호란 때 이정구의 부인 권씨, 이명한의 아내 박씨, 이소한(李昭漢)의 아내 이씨, 이일상의 아내 이씨가 모두 절개를 지키다 죽었다. 남성의 학문에 여성의 절개까지 더했으니, 17세기 최고의 명문가가 되는 데 부족함이 없다.

관동이씨가 최고의 문벌이 될 수 있었던 터전은 이정구의 고조 이석형(李石亨)이 닦았다. 이석형은 집현전의 핵심적인 위치를 차지하였던 뛰어난 학자다. 이석형의 집은 성균관 서쪽 연화방, 지금의 연건동에 있었다. 집 바로 뒤쪽이 성균관이었기에 이석형은 성균관의 벽송정(碧松亭)에 자주 나가 놀았다. 벽송정 일대는 골짜기가 그윽하고

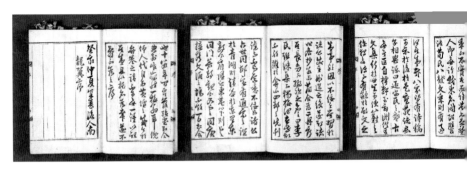

이씨연주록 관동이씨의 문집을 모은 책인데, 서문에 고령신씨, 창녕성씨, 진주강씨, 덕수이씨와 더불어 연안이씨가 최고의 명문가라 하였다.

으슥하며 개울물이 맑았다. 만년의 이석형은 명절이면 동네의 노인들과 더불어 지팡이를 짚고 산보를 하면서 시를 읊조리고 술잔을 기울이며 술에 취해 느지막이 돌아오곤 하였다. 이를 본 사람들은 모두 그를 신선이라 여겼다. 또 집 안의 동산에 못을 파고 연꽃을 심었으며 그 곁에 넘치는 것을 경계한다는 뜻을 취한 계일정(戒溢亭)을 지었다. 계일정 주변에 아름다운 꽃나무를 심어두고 정자에 올라가 두건을 젖혀 쓰고 편안히 앉아 아침저녁 시를 읊조렸다. 벗 김수온(金守溫)이 기문을 지어 그 아름다움을 칭송한 바 있다.

관동이씨는 이석형 이후 현달한 인물을 배출하지 못하다가 마침내 이정구에 이르러 17세기 최고의 명문가로 성장하게 된다. 이에 앞서 이석형이 살던 집터에도 상서로운 조짐이 일어났다. 이정구 부친대에 계일정 옆 연못에서 연꽃 몇 송이가 갑작스럽게 피어났다. 이 일은 이 집안이 크게 번성할 징조로 인구에 회자되었다고 한다. 송시열(宋

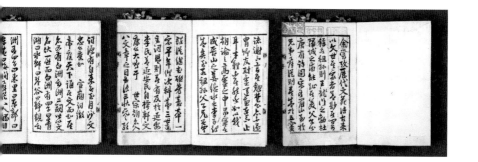

時烈)이 지은 이소한의 신도비명(神道碑銘)에 나오는 이야기다. 이정
구는 서울 청파동에서 태어났지만 주로 생활한 곳은 관동의 집이었
다. 그의 집에는 단엽홍매(單葉紅梅)라는 희귀한 매화가 있었다. 중국
인이 선물한 것인데 당시 조선에서 단엽의 홍매화는 이 한 그루뿐이
었고 한다.

　이정구는 젊은 시절 삼각산과 도봉산, 수락산 등지에서 공부하였
고, 1590년 문과에 급제한 이래 뛰어난 문장력을 높이 평가받아 사대
문자(事大文字)를 제작하는 등 외교업무를 수행하였으며 중국을 직접
오가면서 외교현안을 해결하는 데에도 공을 세웠다. 외직에는 거의
나가지 않았고 벼슬길도 그리 험하지 않아 37세에 판서에 오르고 대
제학까지 겸하였다.

　잘나갈 때 몸을 조심해야 하는 법, 이정구는 1605년 겨울 중국에 사
신으로 갈 때 역관을 임의로 데려간 일 때문에 사헌부의 탄핵을 받았

다. 그리하여 이듬해 봄 서강(西江)의 현석촌(玄石村)으로 물러나 보만정(保晚亭)을 짓고 스스로 보만정 주인이라 일컬었다. 당시 마흔두 살이었으니 명철보신(明哲保身)하기에는 젊은 나이였지만, 그는 이때부터 서서히 환해(宦海)에 염증을 느끼기 시작한 듯하다. 그 때문인지 이정구는 이 무렵부터 보만정을 꾸미기 시작하였다. 조찬한(趙纘韓)으로부터 화려한 변려문으로 지은 서문을 받아 걸었으며, 이듬해 중국에서 사신 주지번(朱之蕃)과 웅화(熊化) 등이 오자 접빈(接賓)의 업무를 맡아 이들과 함께 한강을 유람하다가 보만정에 들르고 또 웅화로부터 보만정을 빛낼 시를 받아 걸었다.

그후 이정구는 호조와 병조, 예조의 판서를 두루 지내고 다시 대제학을 맡았다. 그러다가 1613년 계축옥사(癸丑獄事)가 터지자 무고를 당하여 광해군의 친국(親鞫)을 받았다. 혐의가 없어 바로 풀려났지만 벼슬에서 물러나야 했다. 이때 그가 다시 찾은 곳이 서호이다. 다음은 이 무렵 그의 심사를 잘 보여주는 작품이다.

숲 너머 맑은 강가, 강 너머 산속에
정자가 그림 같은 풍광 속에 어른거리네.
하늘이 내 늦게 돌아온 것 비웃으면서도
남은 생애 팔자에 없는 한가로움 누리게 해주네.
樹外澄湖湖外山 林亭隱映畫圖間
天公笑我歸來晚 却許殘年分外閑

이정구, 「호정에서 객을 마주하고(湖亭對客口占)」, 『월사집』

곧바로 다시 벼슬길이 열렸지만 폐모론(廢母論)이 일어나자 두문불출하였다. 그 뒤 국가로부터 부름을 받아 어쩔 수 없이 벼슬길에 나아가기는 했지만 도성 안에 오래 머물지는 않았다. 인조반정 후 다시 벼슬길에 올라 좌의정에까지 이르렀으며, 정묘호란 등 어수선한 국내외 정세 속에서 분주하게 지내다가 1635년 관동의 집에서 졸하였다. 병자호란을 겪지 않은 것은 그나마 다행이었다.

이정구의 맏아들 이명한(李明漢, 1595~1645)은 부친을 이어 관동이씨 가문을 빛내었다. 이명한은 한성시(漢城試)에 수석으로 합격하여 홍문관과 독서당을 거치는 엘리트 코스를 밟고 대사간, 도승지, 대사성, 대제학 등 청요직을 두루 역임하였다. 이조판서로 재직하던 1642년에는 신흠(申欽)의 아들 신익성(申翊聖) 등과 함께 심양(瀋陽)으로 끌려가는 수모를 당하였지만 이것이 오히려 그의 청절을 더하였다. 거금 천 냥을 바치고 풀려나, 1645년 아우 이소한(李昭漢), 셋째아들 이만상(李萬相)과 앞뒤로 세상을 떠났다. 병자호란이 끝난 후 수원의 쌍부(雙阜)에 잠시 우거한 적도 있지만 그 역시 동촌의 관동에 거주하였고, 이를 자랑스럽게 생각하여 같은 마을의 50여 명과 계를 갖기도 하였다. 수원의 쌍부는 부친 이정구가 휴가를 얻어 가끔 들르던 전장이 있던 곳이다.

이정구의 무덤은 원래 용인의 문수산(文秀山)에 있었다. 고조 이석형의 무덤이 용인에 있으니 비슷한 장소로 추정된다. 그런데 이정구의 상을 치르던 중 설핏 잠이 든 이명한 앞에 홀연히 이정구가 나타나 "십이탄 위의 둥근 달빛은, 일엽편주 빈 배에 실컷 싣겠네. 누가 그림

솜씨 능하여, 나에게 푸른 산 맑은 물가를 그려줄 수 있으라(十二灘頭看月圓 扁舟贏得載虛船 何人解得丹靑事 畵我靑山綠水邊)"라는 시를 읊었다. 이명한은 이 시의 뜻을 알지 못하였다. 그후 다시 이정구가 꿈에 나타나 봉도(蓬島)의 부사(副使)로 가게 되어 호를 선영(仙瀛)으로 바꾸려 한다고 일러주었다. 그렇지만 십이탄이 어딘지는 여전히 알 수가 없었다.

1637년 난리통에 강화의 교동도(喬桐島)를 떠돌던 이명한은 우연히 강화도가 교동도를 포함하여 12개의 섬으로 되어 있음을 알고 그곳이 십이탄인가 싶었지만 바다를 여울이라 하지 않았을 것이라 생각하여 2년 동안 기호지방을 떠돌면서 비슷한 지명을 찾았지만 소득이 없었다. 그러다가 지관으로부터 양주(楊州)의 왕산탄(王山灘)이 명당인데 '왕(王)'자는 '십(十)'에 아래위로 획이 둘 있으므로 십이(十二)라는 말을 들었다. 확신할 수 없어 주저하던 이명한은 상복을 입은 채 제천까지 가서 당대 최고의 지관을 만나 함께 이장할 땅을 찾아나서 드디어 1639년 가평의 태봉동(台峯洞)에서 길지를 발견하였다. 오늘날 가평군 상면 태봉리다.

이명한은 예전에 그곳을 지나면서 "개울 하나를 열 번이나 건너니, 다섯 걸음에 세 번이나 쉬게 되었네(一川餘十渡 五步欲三休)"라는 시를 지은 바 있는데, 가만히 생각해 보니 열 번이 아니라 열두 번이었다. 그곳에 사는 사람에게 물으니 정말 여울이 열둘이라 하였고, 옆의 역 이름을 물으니 영등(瀛登)이라 하였다. 영등(瀛登)은 선영(仙瀛)과 암암리에 합치되니, 이명한은 이 모두가 꿈과 같다고 여겨, 드디어 이

이석형의 묘 용인의 문수산 아래 있는데 영달한 후손이 많이 나와 천하의 명당으로
일컬어졌다.

곳에 장사를 지내게 되었다. 그리고 자신도 그곳에 묻혔다. 이정구 집
안의 선영이 이렇게 하여 가평에 있게 된 것이다.

　이소한(李昭漢, 1598~1645)은 이명한의 아우이다. 일찍부터 재주를
드러내어 20대에 종사관(從事官)으로 중국 사신을 접대하여 크게 명
성을 날렸거니와, 홍문관과 승정원의 요직을 두루 지냈다. 게다가 그
의 부인인 이상의(李尙毅)의 딸이 병자호란 때 강화도에서 장렬하게
순절하여 이 집안의 명예를 더하였다. 그는 소현세자(昭顯世子)를 보
위하기 위하여 심양에 다녀오기도 하였다. 그러나 노년에 하리(下吏)
의 잘못으로 남양주의 평구역(平丘驛)에 유배되었다. 평구역에는 남
이공(南以恭)의 몽뢰정(夢賚亭)이 있었는데, 그곳을 빌려 우거하였으

이정구의 묘 이정구가 열두 개의 여울이 있는 곳에 묘를 세워달라 하여, 이명한이 가평의
태봉동에 선영을 조성하게 되었다.

므로 한때 몽뢰정의 주인으로 있기도 하였다. 얼마 후 방환되었지만
형 이명한의 죽음과 딸의 죽음에 충격을 받아 동촌 관동의 집에서 생
을 마감했다. 오늘날 가평의 하면 현리 안골에 그의 무덤이 있다.

이명한은 이일상(李一相), 이가상(李嘉相), 이만상(李萬相), 이단상
(李端相) 이렇게 네 아들을 두었다. 이소한의 네 아들 이은상(李殷相),
이홍상(李弘相), 이유상(李有相), 이익상(李翊相) 역시 명성을 날렸다.
특히 이정구, 이명한, 이일상은 3대에 걸쳐 문형을 잡는 큰 영예를 누
렸다. 3대 문형을 지낸 집안으로는 광산김씨(光山金氏), 전주이씨(全
州李氏), 달성서씨(達城徐氏)가 있는데 이정구 3대가 그 시초라 할 수
있다. 또 이은상과 이익상도 문형을 잡았으니 문한가로서의 이 집안

의 명성은 이것만으로도 증명된다 하겠다.

이단상이 마련한 영지동

이단상(李端相, 1628~69)은 난중에 태어나 난중에 자랐다. 그리고 병자호란 때 강화도로 피난을 갔다 중형과 함께 포로로 잡히는 수모를 겪었고, 스물이 되기 전에 양친을 모두 잃었다. 이처럼 불우하였으나 가문의 영광은 시들지 않아, 22세에 벼슬길에 나아가 홍문관과 독서당을 거쳤으니, 이로써 그의 재능은 입증된 셈이다.

재능이 있으면 시기하는 자가 있는 법, 이단상은 주위의 비방을 받자 벼슬을 그만두기로 마음먹고 1664년 문인들의 승진과 직결된 시험인 월과(月課)에 응하지 않았다. 과연 이 일이 계기가 되어 뜻한 대로 벼슬에서 물러날 수 있었다. 이듬해 서용되어 홍문관의 핵심적인 자리인 응교(應敎)에 임명되었으나 나아가려 하지 않고, 도리어 양주의 동강(東岡)으로 거처를 옮겼다. 양주의 동강은 그의 백형 이일상의 전장이 있던 곳이다. 이일상(李一相, 1612~66)은 호가 청호(靑湖)로 판서를 두루 역임하고 대제학에 오른 명환이다. 후학들이 그를 부를 때에 사백(詞伯), 사장(詞丈)이라 하였으니 당시 문단에서 그의 위치를 짐작할 수 있다.

이단상은 이일상의 전장을 빌려 살며 도성을 멀리하였다. 38세의 젊은 나이였지만 그의 명성을 들은 사람들이 몰려들자 마을 가운데 강당을 건립하여 학업을 익히는 장소로 삼았다. 또 촌음도 아낀다는 뜻의 석음재(惜陰齋)를 지어 자제들이 거처할 수 있게 하였다. 이단상의 호는 정관재(靜觀齋)가 가장 널리 알려져 있지만, 이 시절에는 스스로 호를 동강(東岡)이라 하였다. 형제가 나란히 동강에 머물자 김수항(金壽恒), 남용익(南龍翼), 홍석기(洪錫箕), 그리고 형 이일상, 종형 이은상 등이 칭송의 뜻을 담은 시를 보내주었다.

> 부러워라 그대 돌아가 몇 칸 집에 누웠으니
> 초라한 골목에서 가난한 삶 더 바랄 것 없어라.
> 책을 열어 천고의 역사를 논하고
> 빗장 닫은 채 양이 옴을 먼저 보시네.
> 숨어살지만 세상 잊으려 함은 아니리니
> 근심걱정 저술에 있는 것 어찌 아니랴?
> 나도 옆에 살도록 땅을 주지 않겠나
> 봄 농사 가을 낚시 함께 하리니.
>
> 羨君歸臥數椽廬　顏巷簞瓢不願餘
> 開卷尚論千古上　閉關先驗一陽初
> 從知肥遯非忘世　豈是窮愁在著書
> 安得卜隣容我住　共尋春稼與秋漁

김수항, 「동강에서 우연히 지은 시에 차운하다(次東岡偶吟)」, 『문곡집(文谷集)』

이듬해 의지하던 형이 세상을 떠났다. 이단상은 동강에서 서쪽으로 몇 리 떨어진 영지동(靈芝洞)을 찾아 그곳에 서재를 만들고 정관재(靜觀齋)라 이름하였다. 영지동은 숲이 깊고 개울물이 맑았다. 정관재

옆으로는 물을 끌어들여 못을 만들었다. 영지동 동북쪽 언덕에 정자 터가 있어 이곳에서 종일 시를 읊조리면서 돌아갈 것도 잊곤 하였다. 이단상은 이곳에 태극정(太極亭), 농환와(弄丸窩) 등의 정자를 만들려 하였으나 실행에 옮기지는 못하였다. 그러나 그곳에 붙일 시는 미리 지어두었다. 또 송시열에게 「태극정명(太極亭銘)」과 함께 앞쪽 바위에 새길 '징심석(澄心石)' 세 글자를 써달라고 부탁하였다.

이러한 명칭은 모두 성리학적 공부론의 핵심적 개념어이기도 하다. 정관(靜觀)은 조용히 관찰한다는 말이다. 북송(北宋)의 성리학자 정호(程顥)가 지은 「추일우성(秋日偶成)」의 "만물의 이치는 조용히 관찰하면 모두 터득할 수 있으니, 사계절 아름다운 흥취를 남들과 함께 하노라(萬物靜觀皆自得 四時佳興與人同)"에서 따온 것이다. 송시열은 정관재에 붙일 기문을 써주면서 주정(主靜)을 통한 격물치지(格物致知)에 힘쓰라는 권려의 말을 더하였다. 태극정과 함께 농환와 역시 성리학적 의미가 내포되어 있다. 소옹(邵雍)은 스스로의 초상화에 붙인 글에서 "구슬 놀리며 여가를 보내고, 한가로이 왕래하노라(弄丸餘暇 閑往閑來)"라 하였는데 '환(丸)'은 곧 태극을 가리킨다.

이단상은 정관재에서 정치를 잊고 강학에 몰두하였다. 조정에서 내리는 벼슬을 극구 사양하고 학문에 힘쓰며 송시열 등과 성리설(性理說)을 논하였다. 그러나 세사에 대한 관심을 완전히 저버리지 않아 조복양(趙復陽)과 시사를 토론하기도 하였다. 1669년 임금의 부름은 더욱 강해졌다. 동부승지, 병조참지, 부제학 등 높은 관직을 제수하였으나 이단상은 사직의 글만 올리고 나아가지 않았다. 이듬해 9월에 병이 위중해졌다. 이제 모든 것을 정리해야 했다. 9월 16일 병세가 잠시 나은 틈에 이렇게 시를 지어 유지를 밝혔다.

이 병이 갑작스레 이렇게 되어
이 사람이 이 지경이 되었구나.
생사는 모두 운명에 달린 법
오가는 것이 어찌 다시 슬프랴?
밝은 덕을 성실히 할 학업은 이루지 못하고
백성에게 은택 미치게 할 기약 저버렸구나.
천년 세월 영지동의 달은
정관재의 못을 고요히 비추리라.

此疾遽如此　斯人而至斯
死生都是命　來去復奚悲
未就誠明業　空違致澤期
千年芝洞月　虛照靜觀池

이단상, 「죽음에 임하여 남긴 시(遺詩)」, 『정관재집』

『논어』에 따르면 공자(孔子)의 제자 염백우(冉伯牛)가 괴질에 걸려 죽게 되자, 공자가 창문으로 염백우의 손을 잡고 "이럴 수가, 운명이로다. 이 사람이 이런 질병에 걸리다니" 하며 탄식한 바 있다. 이단상은 죽음을 앞두고 염백우를 떠올린 것이다. 마흔을 갓 넘긴 나이에 이승을 떠나는 것이 무척이나 안타까웠던 모양이다. 이틀 후인 9월 18

일 동촌의 집으로 돌아와 이튿날 정침(正寢)에서 숨을 거두었다. 선영인 가평 조종암(祖宗巖) 인근에 묻혔다가, 1701년 그가 사랑한 땅 영지동으로 묘소를 옮겼다.

이희조가 이어 가꾼 영지동

이단상은 42세의 아까운 나이에 세상을 버렸지만 홍문관 부제학의 벼슬을 지냈으므로 하늘이 그의 수명을 연장시켰더라면 조부와 부친, 그리고 형을 이어 대제학에 오르기는 어렵지 않았을 것이다. 이단상은 영의정을 지낸 이행원(李行遠)의 딸과 혼인하여 이희조(李喜朝)와 이하조(李夏朝)를 낳았고, 제자 김창협(金昌協)과 민진후(閔鎭厚)를 사위로 맞았다. 그리고 이희조로 하여금 영의정을 지낸 김수흥(金壽興)의 딸과 혼인하게 하였다. 이로써 관동이씨는 다시 한번 노론의 핵심적인 가문으로 자리하게 되었다.

이희조는 열다섯에 부친을 잃었지만 부친의 뜻을 이어 과거와 문학 공부를 그만두고 송시열을 스승으로 모시고 성리학에 잠심하였다. 스무 살 때 스승이 유배되자 영지동으로 거처를 옮겼다. 이희조는 젊은 시절 호를 지사(志事)라 하였는데 부친을 섬기는 일에 마음을 둔다는 뜻이다. 이미 세상을 떠난 부친을 섬기기 위해, 그는 부친이 못다 이룬 은거의 터전을 대신 이루고자 하였다. 그리고 「영지서실기(靈芝書室記)」를 지어 그 경과를 밝혔다.

영지동은 양주 관아에서 동쪽으로 40리 떨어진 쌍수촌(雙樹村)

서쪽 자지산(紫芝山) 아래 있다. 골짜기가 넓으면서도 그윽하고 깊다. 오래된 개울이 맑고 시원한데 산에서 발원하여 골짜기로 쏟아진다. 가뭄에도 마르지 않는다. 선부군께서 처음 동강(東岡)에 오셔서 여기에 살곳을 정하고 즐거워하셨다. 큰 못 하나를 파고 물을 끌어들이고 그 위에 작은 서재를 지어 정관재라 하셨다. 장차 이곳에서 도학을 강론하며 늙으려 한 것이지만 불행히도 갑작스럽게 별세하셨다. 돌아가시기 사흘 전에 율시를 지어 뜻을 보였는데 그 마지막 구절에 "밝은 덕을 성실히 할 학업은 이루지 못하고, 백성에게 은택 미치게 할 기약 저버렸구나. 천년 세월 영지동의 달은, 정관재의 못을 고요히 비추리라(未就誠明業 空違致澤期 千年芝洞月 虛照靜觀池)"하셨다. 절명하시는 순간에도 이곳을 잊지 못한 것이다.

이희조,「영지서실기」,『지촌집(芝村集)』

1675년 이희조는 영지동으로 들어와 부친이 이름만 지어놓은 태극정과 농환와, 함일당(涵一堂) 등을 하나하나 세우기 시작하였다. 그리고 '영지동유거(靈芝洞幽居)' 다섯 글자를 새겨 침당(寢堂)에 걸었다. 또 정관재라는 편액도 붙이고 송시열이 쓴「정관재기」도 걸었다. 이로써 부친이 만들고자 했던 은거의 땅은 완성되었다.

그런데 정작 5년이 지나도록 자신의 서재가 없었다. 그래서 아버지의 시에 나오는 오래된 개울 곁에 2칸의 작은 집을 짓고, 송시열에게 당호를 받아 지사실(志事室)이라는 편액을 걸었다. 그리고 이 모든 것을 합하여 영지서실이라 하였다. 이희조는 다시 송시열에게 영지동에 대한 기문과 영지동의 여덟 가지 아름다운 풍광에 대한 시를 청하였다. 송시열의 「영지동기(靈芝洞記)」와 「영지동팔영(靈芝洞八詠)」이 그것이다. 영지동 팔영은 영지동, 태극정, 농환와, 함일당, 그리고 욕기단(浴沂壇), 천운대(天雲臺), 징심석(澄心石)이다.

이희조가 태극정을 세우자 중양절을 맞이하여 남용익(南龍翼)이 놀러 왔다. 태극정 뒷산을 용산(龍山)이라 하였는데 이백(李白)이 중양절에 술을 마셨던 용산과 이름이 같기에 그 풍류를 이어 한바탕 시회를 열었다. 강물에 배를 띄우고 반나절을 노닐다가 다시 언덕으로 올라가 술을 더 마신 뒤 달빛을 구경하였다. 이날 지은 시를 모아 「구일용산수창록(九日龍山酬唱錄)」이라 이름하였다.

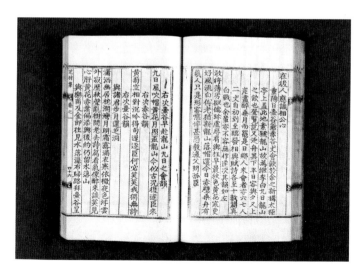

지촌집 이희조의 문집으로, 지촌은 영지촌을 줄인 말이다. 펼쳐진 면에는 중양절에 남용익 등과 영지동 뒷산인 용산의 시회에서 지은 작품이 실려 있다.

9월은 스산한 계절이지만, 중앙절만은 명절로 친다. 다른 사람들이 중양절의 모임을 갖지 않은 것은 아니지만 이태백의 용산 모임이 가장 성대하니 어째서 그러한가? 비장방(費長房)의 술책은 혹하기 쉬우므로 후세 사람들이 모두 숭상하여 믿고, 맹가(孟嘉)의 유람은 가장 앞선 것이므로 문인들이 이를 많이 노래하였다.

지난번 내 벗 정관재 이공이 양주의 영지동에 집을 지었다. 영지동 아래에 못이 있고 못 위에 봉우리가 높게 솟았는데 이름을 용산이라 한다. 공이 즐거워하여 작은 정자를 짓고자 하여 이름을 태극정이라 하였다. 이렇게 뜻을 두었지만 완성하지 못하고 죽었다. 20년 뒤 아들 희조(자는 同甫)가 그 아우 하조(자는 樂甫)와 함께 거처하면서 선친의 뜻을 이었다. 처음에는 3칸의 건물을 세웠는데 사람들이 모두 선친의 뜻을 잘 이었다고 칭송하였다.

이 무렵 나는 조정에서 쫓겨나 송산(松山)에 있는 선영 아래 살고 있었다. 이때 동보 형제가 찾아와 함께 놀게 되었다. 하루는 동보가 편지를 보내어 "내일이 중양절이라오. 이곳 또한 용산이라 부르고 있소. 집에 한 말 술이 있고 적곡(赤谷) 어른께서도 함께 모이기로 하였소. 공은 뜻이 없는지요" 적곡은 곧 김명원(金遠明) 공인데 시로 세상에 이름을 떨쳐 중국의 참군(參軍) 맹가(孟嘉)를 아래로 보는 분이다. 이때 나는 문을 닫아걸고 병으로 신음하고 있었는데 곧바로 풀쩍 뛰어 일어났다. 선영을 관리하는 절의 승려 두 명을 데리고 나란히 전령(田嶺)을 넘어갔다. 동보 형제를 데리고 이른바 태극정이라는 곳에 올랐다. 봉우리가 늘어서 있고 들판이 아스라한데 시계가 수백 리까지 뻗었다. 광릉(光陵)에서 흘러나온 물이 엽동(葉洞)으로 흘러들어 왕탄(王灘)이 되었다. 정자 아래 작은 배를 매어두고 물길을 따라 오르내렸다.

이날 하늘이 청명하였다. 단풍과 국화가 시들기는 했지만 석양에 고운 빛을 보내었다. 술 몇 잔을 마시고 율시 두 수를 얻었다. 조금 있노라니 적곡이 술을 차고 두 손자를 데리고 왔는데 모두 뛰어난 재주를 지니고 있었다. 영지동은 여러 사람을 수용할 수 있어 함께 질편하게 마셨다. 술이 반쯤 오르자 비로소 배에 올랐다. 운(韻)을 나누어 시를 지으니 우리 노는 군사들의 수를 보태기에 충분하였다. 작은 다리를 놓는 공사가 있었기에 이웃 노인과 젊은이들이 다 모였는데 다투어 술병과 도시락을 바쳤다. 어부는 그물을 던져 물고기를 잡았는데 쏘가리도 간혹 있었다. 회를 치기도 하고 탕을 끓이기도 하여 술을 마시고 시를 지었다. 산가지가 어지럽고 종이가 수북하게 쌓이는 것을 미처 알지 못할 정도였다. 저녁에 배를 돌려 태극정 옆에 정박하였다. 갑자기 풍랑이 배로 몰려들었다. 배에 가득 타고 있던 사람들이 모두 언덕으로 뛰어올랐다. 이 또한 기이한 볼거리였다.

태극정에 앉은 뒤 나는 이미 크게 취하였는데도 오히려 술을 급히 마시고 붓을 들어 내갈겼다. 술이 몇 순배 돌았는지, 시가 몇 편 지어졌는지도 몰랐고 기억나는 구절이라고는 "안개는 물가에 풀어져 있고, 달빛은 갈대밭을 비춘다(煙牧洲渚 月照兼葭)"는 것뿐이었다. 이윽고 부축을 받아 가마에 올랐다. 박령(柏嶺)을 경유하여 돌아오니 거의 2경 무렵이 되었다. 한밤에 술이 깨자 바람과 이슬이 몸에 가득하였다. 마치 신선이 사는 요대(瑤臺)에서 한바탕 꿈을 꾼 듯하였다. 또 양주의 학이 용산에서 달빛을 띠고 돌아와 신선이 들어가 산다는 백옥호(白玉壺) 속에 드러누운 듯하였다.

며칠 후 동보가 이날 지은 시에 차운하여 시집 한 권을 엮고서 이름을 구일용산수창록(九日龍山酬唱錄)이라 하고 나에게 서문을 청하였다. 아, 용산은 그저 주먹만 한 돌이 커진 것이요, 바람에 모자가 날렸다는 고사도 평범한 일이겠지만 그 사람의 문장이 있어서 사람들은 지금까지 이를 칭송한다. 그러니 우리의 글이 또한 어찌 없을 수 있겠는가? 다만 용산이라는 산 이름이 우연히 합치하므로 억지로 흉내를 내었으니 장난을 친 것뿐이다. 내 글이 미치지 못하는데 억지로 따라서 지으려 하였으니 분수에 넘치는 짓이다. 후세 사람들에게 비웃음을 받지 않겠는가? 그러나 땅은 중국과 조선이 다르지 않으니 산이라면 역시 산이라 할 만하고, 옛날과 지금 사람이 다르지 않지만 즐거움은 한가지다. 즐거움이 지금 일이요, 비웃음은 나중의 일이라, 마침내 사양하지 않고 서문을 쓴다.

남용익, 「구일용산수창록서(九日龍山酬唱錄序)」, 『호곡집(壺谷集)』

태극정과 용산, 그리고 그 앞의 강을 배경으로 한 풍류가 손에 잡힐 듯하다. 9월 9일 중양절의 유래는 이렇다. 선인(仙人) 비장방(費長房)이 제자 환경(桓景)에게 "중양절 너의 집에 재앙이 닥칠 것이니, 빨리 가서 사람마다 붉은 보따리에 수유(茱萸)를 담아 어깨에 메고 높은 산에 올라가서 국화주를 마시면 화를 면할 수 있을 것이다" 하였다. 환경이 그 말대로 하고서 저녁에 내려오니 사람 대신에 가축이 모두 죽어 있었다. 이 고사로 인하여 중양절이 되면 국화주를 마시는 풍습이 생겨나게 된 것이다. 그후 진(晉)나라의 환온(桓溫)이 중양절에 맹가(孟嘉)와 함께 용산에서 풍류를 즐겼는데 이날 맹가는 바람에 모자가 떨어지는 것도 알지 못하고 술을 마셨다. 태극정의 뒷산이 용산이기에 이희조는 남용익을 불러 맹가의 고사를 흉내내어 본 것이다. 비록 흉내낸 것이긴 하지만, 그 풍류는 맹가에 모자람이 없다.

이희조는 영지동을 사랑하여 호를 지촌(芝村)이라 하였다. 영지동에는 그의 처가가 있었다. 장인 김수홍이 영지동에서 가까운 쌍수역 근처에 살고 있어 장인을 모시고 가까운 수락산을 오르내리기도 하였다. 30대 이후 본격적으로 벼슬길에 나아가기 전에는 이렇게 살았다.

1680년 경신환국(庚申換局)으로 스승 송시열이 조정으로 돌아오자 이희조는 서서히 벼슬길로 나아갔다. 그러나 1689년 기사환국(己巳換局)에 스승이 사사되자 평소 그리던 금강산이 가까운 흡곡(歙谷)으로 은거하였다. 얼마 후 다시 정국이 바뀌자 벼슬길에 올랐으나 내직은 사양하고 외직으로 나가 진천, 평강, 인천, 천안, 청풍, 삼척, 양주 등지의 사또를 역임하였다. 1699년 해주목사가 되었을 때에는 이이(李珥)의 석담(石潭)을 찾아가 요금정(瑤琴亭)을 짓기도 하였다.

1700년 겨울 양주목사가 되어 고향 같은 양주땅으로 돌아왔다. 이듬해 가평에 있던 아버지의 영령을 영지동으로 모셔왔으나 정작 자신은 벼슬을 하느라 지방으로 떠돌 때가 많았다. 1707년에는 뜻밖에 불행한 일이 생겼다. 양주 독장리(獨將里)에 쓴 아우 이하조의 장지를 놓고 산송이 벌어진 것이다. 홍익한(洪翼漢)의 처 구씨(具氏)의 묘에 지나치게 가까운 곳에 무덤을 쓴 것이 화근이었다. 이단상과 이희조를 미워한 무리들은 이희조가 홍씨 집안의 묘지기를 심복으로 만들어 전답을 차지하려 한다고 소송을 걸었다. 게다가 이단상의 묘가 역촌(驛村)을 점유하였다는 이유로 탄핵을 받았다. 때를 같이하여 풍수가들도 이단상의 묘자리가 길지가 아니라 하였기에 1710년 부친의 묘를 영지동에서 용인 문수산으로 다시 옮겼다. 이보다 앞선 1708년 농환와를 원래의 자리에서 조금 동쪽으로 옮겨 짓고 임영(林泳)과 김창협(金昌協)으로부터 기문을 받아 걸려 하였다. 그러나 사정이 있어 뜻을 이루지 못하다가 이이명(李頤命)으로부터 기문을 받아 걸고서 영지동이 부친의 땅임을 세상에 알리려 하였다.

그러나 이희조의 노년은 불우하였다. 60대에 참판, 대사헌 등에 임명되었으나 경종이 즉위하면서 노론사대신(老論四大臣)이 사형을 당하고 그들과 가까웠던 이희조도 영암(靈巖)과 철산(鐵山) 등지로 유배 다니며 고생하다가 1724년 객사하였다. 그는 죽은 뒤에야 문수산으로 돌아왔다.

그후 이희조의 아들 이양신(李亮臣)과 손자 이민보(李敏輔)가 대를 이어 영지동의 주인이 되었다. 이민보는 음관으로 정1품에 오른 인물로 유명한데, 그 아들 이시원(李始源)과 이조원(李肇源)도 판서를 역임하였으니 이 집안의 영화는 이후에도 지속되었다고 하겠다. 영지동도 선영으로 유지되어, 이민보가 죽어 영지동에 묻힌 후 그 아들이 이곳에 한천관(寒泉館)을 지었다. 1868년 이 집안의 외손 한장석(韓章錫) 이 수락산을 방문하였다가 영지산장(靈芝山莊)을 찾아 한천관에서 묵었는데 수천 권의 책이 소장되어 있었다 한다. 이때의 일을 적은 「유수락산기(遊水洛山記)」에 따르면, 한천관 북쪽 산기슭에 있던 정관재의 못가에는 귀래정(歸來亭)이라는 정자가 있었고 그 곁에 "선생의 풍모는 산처럼 높고 물처럼 유장하다(先生之風 山高水長)"는 짧은 비문이 새겨진 비석이 세워져 있었다고 한다. 정관재가 오랜 세월을 견디지 못하고 무너지자 그 곁에 귀래정을 세웠다고 한다.

오늘날 남양주군 진접면 내곡리가 옛 영지동이다. 왕숙천 곁 밤섬유원지에 태극정이라 이름한 정자가 있다. 이단상이 이름하고 이희조가 세운 바로 그 태극정인지 정확히 알기는 어렵다. 그래도 같은 이름의 정자가 영지동 자리에 남아 있다는 사실만으로도 의미가 있다. 📖

왕 숙 천

관동이씨를 빛낸 이단상과 그 후손들이 왕숙천 곁에 서실을 짓고 학문에 힘을 썼다.

지금은 그 사실조차 알려져 있지 않다.

수락산 옥류동의 주인
남용익

매화가지에 달이 걸려 향기만 일렁이는데

잣나무에 바람이 불어 꿈조차 시원하다

수락산 수락산 정상에는 김시습이 살았고 서편에는 박세당이
동편에는 남용익이 집을 짓고 살았다.

의령남씨와 남용익의 가문

남용익(南龍翼, 1628~92)은 자가 운경(雲卿), 호가 호곡(壺谷)이다. 의령남씨는 조선 초 의령부원군(宜寧府院君)에 봉해진 남재(南在)와 의성군(宜城君)에 봉해진 남은(南誾) 형제로부터 크게 현달하였다. 조선 전기에 현달한 사람들은 주로 남재의 후예 중에 나왔는데, 남지(南智), 남이(南怡), 남효온(南孝溫), 남언경(南彦經) 등의 명성이 높았다.

조선 후기에도 남재의 후손 가운데 명환이 많이 배출되었다. 그중 남일성(南一星), 남구만(南九萬), 남학명(南鶴鳴), 남극관(南克寬)으로 이어지는 일파와 남용익, 남유상(南有常), 남유용(南有容), 남공철(南公轍), 남병철(南秉哲)로 이어지는 일파가 가장 뛰어났다. 남구만은 남지의 후손이고 남용익은 남지의 아우 남간(南簡)의 후예이다. 남구만은 남용익의 족숙뻘이지만 이미 8대 이상 멀어져 촌수를 헤아리기 어렵다. 남용익의 선대는 남간 이후 그다지 현달하지 못하였고, 부친 남득붕(南得朋)에 이르러 비로소 부사(府使)에 오르게 되었다. 그 뒤 남용익과 그 후손들이 크게 영달하여 많은 인물을 배출하게 되었다.

남용익은 21세에 문과에 급제한 이래 승문원, 홍문관 등에서 엘리트 코스를 밟아나갔고, 도승지, 대사간, 대사성, 경상도관찰사, 경기도관찰사, 한성부 판윤, 대제학, 형조판서, 예조판서, 이조판서 등 청요직을 두루 역임하였으니, 비록 정승의 반열에 오르지는 못하였지만 부귀영화를 지극하게 맛보았다 하겠다. 그러나 숙종 15년(1689) 대제학으로 있으면서 숙원(淑媛) 장씨(張氏)의 아들 윤(昀, 훗날의 경종)을 원자로 책봉하는 일에 반대하여 삭탈관직당하고 문외출송(門外出送)

되어 함경도 명천(明川) 땅에서 죽음을 맞았으니, 최후가 아름답지는 못하였다. 그렇지만 생전에 자랑해 마지않던 아름다운 양주의 동해곡(東海谷)에 묻혔고, 여기서 남긴 글로 인해 후세에 아름다운 이름을 드리우게 되었다.

낙산의 소용당과 일섭정

남용익 집안의 경저는 낙산 기슭에 있었다. 남용익은 그 집을 소용당(疎慵堂)이라 이름하였다. 벼슬에 매인 몸이라 시골로 물러나지는 못했지만, 소용당에서 소졸(疏拙)하고 게으르게 살고자 하였다. 봄이면 정원 가득 울려퍼지는 꾀꼬리 울음소리를 즐기고, 가을비 그친 후 낙산에 떠오르는 맑은 달빛을 구경하였다. 시인묵객들을 불러모아 시와 역사를 논하면서 살고자 하였다. 그래서 당호도 소용당주인(疎慵堂主人)이라 하였다. 소용은 목이 좁은 병을 이르는 우리말이니 호곡과 같다.

호곡거사(壺谷居士)는 그 집 이름을 소용으로 정하였으니 대개 호(壺)자에 대한 민간의 뜻을 취한 것이다. '소용' 두 자는 또 거사의 본성에 합치하는 것이다. 거사는 관찰사를 두 번 맡고 판서에 올랐지만 쌀독은 자주 비었고 문과 담장은 다 무너졌으니 이는 생계에 소홀한 것이다. 일찍 소과와 대과에 등제하여 네 임금을 두루 섬겼으나 친지가 없고 찾아오는 사람이 모두 끊어졌으니 이는 교유가 소홀한 것이다. 해가 중천에 걸리면 비로소 일어나 한 달이 지나도록 빗질을 하지 않으며, 묵은 때가 상에 가득하고 손님을 접대하는 데 나태하니 이는 거처에 게으른 것이다. 젊어서는 독서를 좋아하였지만 장년이 되자 습성이 태만해져, 서가의 많은 책을 읽고 외워도 모두 잊어버리니, 이는 문자에 게으른 것이다.

비록 그럴지만 서툴지 않고 게으르지 않은 것이 있다. 봄이 와서 고운 꾀꼬리가 정원에서 우는데 혀를 놀리고 속을 울려 내는 맑은 소리가 귀에 가득하면, 귀가 차마 여기에 소홀할 수가 있겠는가? 비가 오고 나서 시원한 달이 낙산에서 떠올라 주렴과 창틈을 엿보다 곧바로 주저 없이 들어오면, 눈이 차마 여기에 소홀할 수가 있겠는가? 남쪽 북쪽의 이웃집에서 좋은 술이 익었다는 소식을 전하면 지팡이를 짚고 약속에 늦지 않으려 재촉하여 가니, 몸이 게으를 겨를이 없다. 시인과 묵객이 단란한 자리를 이루고 역사와 시를 담론하느라 긴 밤을 보내노라면, 마음이 게으를 겨를이 없다.

그러니 거사가 과연 소홀한 것인가, 게으른 것인가? 소홀하면서도 소홀하지 않음이 있고, 게으르면서도 게으르지 않음이 있으니, 소홀하고 게으른 것으로부터 나의 소홀하고 게으르지 않은 것을 보면 반드시 우활하다 하겠고, 소홀하거나 게으르지 않은 것으로부터 나의 소홀하거나 게으른 것을 보면 반드시 졸렬하다 하겠으니, 우활하고 졸렬하도다. 족히 소용당 주인이 될 만하다. 이로써 기문을 삼는다.

남용익, 「소용당기(疎慵堂記)」, 『호곡집(壺谷集)』

소용당에서 서툴고 게을리 살아가는 것도 마음에 맞았지만, 도성을 떠나 고향에 돌아갈 꿈을 잊은 것은 아니었다. 그래서 남용익은 1685년 무렵 집 뒤쪽에 일섭정(日涉亭)을 지었다. '일섭'은 도연명(陶淵明)의 「귀거래사(歸去來辭)」에서 "뜰을 매일 거닐면서 멋을 즐긴다(園日涉而成趣)"라 한 데서 온 말이니, 귀거래의 뜻을 표방한 것이다. 형조판서로 있을 때니 공무가 많았겠지만 산수의 흥을 잃지 않으려 이렇게 했던 것으로 보인다.

원림 위의 초가정자를 겨우 마련하니
눈이 막 트이고 몸이 막 편안해지네.
사는 사람이야 화려한 집이라 여기지만
과객은 도롱이 덮어씌운 것이라 하겠지.
천 그루 나무 처마에 닿아 햇살을 가리고
네 기둥 벽이 없어 시원한 바람을 받는다.
낙산의 푸른 산빛만 그저 좋아라
취하여 비딱한 오사모로 대난간에 기대노라.

園上茅亭幸苟完　眼初開豁膝初安

居人自以華堂擬　過客應將蒻笠看

千樹當簷遮日影　四楹無壁受風寒

偏憐駱峀烟嵐色　醉岸烏紗倚竹欄

남용익, 「집 뒤에 일섭정을 짓고 나서 기뻐서 짓다(家後日涉亭成喜而有賦)」, 『호곡집』

남용익은 김수흥(金壽興), 이희조(李喜朝), 신정(申晸), 홍만용(洪萬容), 이령(李鈴), 한태동(韓泰東) 등과 이곳에서 시회를 즐겼다. 또 화려한 변려문으로 「일섭정서(日涉亭序)」를 지어 호곡의 아름다움을 자랑하였다.

귀거래사 한석봉의 글씨로 새긴 것이다. "돌아가자, 정원이 묵으려 하니"라 시작하는 첫부분이다. 조선시대 문인이라면 누구나 귀거래를 염원하였다.

그 높이를 따지자면 스무 척도 되지 않고, 그 둘레를 재면 겨우 자리 하나 깔 만하다. 짚을 이어 지붕을 만들어 겨우 비나 가리고 햇볕이나 막게 하였으며 대나무를 잘라 난간을 만들어 그저 기둥만 있을 뿐 벽은 없다. 사는 사람들이 이를 가리키면서 처음에는 물 위에 띄워놓은 배라 여겼고, 지나가는 사람들이 바라보고는 바람에 흔들리는 도롱이인 줄 알았다고 하였다. 담장은 위쪽 꽃밭에 기대어 빽빽한 나무숲의 맑은 그늘을 빌렸고, 주렴은 앞산을 향해 걷혀 있는데 가벼운 노을의 맑은 기운이 물방울을 지었다. 현판에 이어진 화려한 글은 문단에서 깃발을 세운 사람들의 재주를 발휘한 것이요, 처마에 올려져 있는 아름다운 편액은 필원(筆苑)에서 붓을 휘두르는 대가들의 솜씨를 드러낸 것이다.

이에 잡목을 베어 꽃을 심고, 흙을 쌓아 계단을 만들었다. 화분에는 삼각산의 연꽃을 옮겨심고, 울타리에는 단성(丹城)의 국화를 둘러심었다. 매화를 형으로 부르고 대나무를 아우로 삼아 네 그루 소나무로 풍치를 더하게 하였고, 석류꽃과 해당화를 피워 두 그루 계수나무와 아름다움을 다투게 하였다. 장미와 철쭉꽃이 서로 빛나고 작약과 모란이 나란히 훤하다. 또 난초와 파초에 당류(唐柳)와 촉규(蜀葵)를 심었다. 원림에서 진기한 과일을 거두니 복숭아와 오얏, 살구와 밤이 가지에 드리우고, 채마밭에 좋은 채소를 길러 오이와 마늘, 생강, 파가 자라난다.

정자가 이미 아름답고 사물이 또한 번성하다. 주인은 지팡이를 짚고 나들이를 하거나 높은 마루에 기대어 먼 곳을 바라보니 제비는 나지막이 시인의 눈앞을 스쳐 날고, 반쯤 베개에 기대어 한가로이 졸다가 꾀꼬리 소리에 놀라 잠을 깬다.

남용익, 「일섭정의 서문(日涉亭序)」, 『호곡집』

이 글은 변려문(騈儷文)으로 되어 있다. 변려문은 4자와 6자를 기본적인 음수율로 삼으므로 사륙문(四六文)이라고도 한다. 변려문은 수식이 많은 글이라 한때 문인들이 기피하였지만 이 무렵 아름다운 문장을 쓰고자 하는 움직임이 일면서 다시 유행하게 되었다. 남용익의 이 글에는 도성 안에 집을 짓고 사는 운치가 아름다운 문장에 잘 녹아 있어, 18세기 서울 명문가의 호화로운 원림의 모습을 상상해 볼 수 있다.

수락산 동이골의 남용익

남용익이 돌아가고 싶어했던 고향은 수락산의 동해곡이다. 그곳엔 6대의 선산과 대대로 살던 집이 있었다. 김시습이 은거하던 매월당(梅月堂)의 옛터도 수락산 정상에 남아 있었다. 남용익은 언젠가는 김시습처럼 이곳에서 은거하며 한가롭게 살리라 기약하였다. 남용익은 호를 호곡(壺谷)이라 하였다. 호곡은 호중천(壺中天)의 준말로 신선이 사는 곳을 뜻한다. 신선처럼 살고자 하여 동해곡을 호곡이라 이름한 것이다. 동해(東海)는 우리말 '동희'를 한자로 옮긴 것이요, '호곡' 역시 동이골을 한자로 표기한 것이다. 동회곡(東晦谷), 도곡(陶谷)이라고도 적는다. 황윤석(黃胤錫)의 『이재난고(頤齋亂藁)』에 '동해(東海)' 혹은 '동회(東晦)'를 '동이'로 풀이하였으니 '동이골'로 불렸을 것이다.

남용익은 동이골을 호곡이라 하여 선풍(仙風)을 더하였다. 서울에서 벼슬살이를 하던 남용익은 중년에 이르자 동이골 선영 아래에 경백재(景白齋)라는 서재를 짓고 물러나 살았다. 향산노인(香山老人) 백거이(白居易)를 경모(景慕)한다는 뜻을 취하여 이렇게 이름하고 기문을 지어 걸었다. 또 부친이 심어놓은 잣나무 두 그루가 30년의 세월이 지나 아름드리로 굵어지자 그 그늘에 쌍백정(雙栢亭)을 지었다. 부친상을 당한 1678년 무렵의 일로 추정된다.

이곳에는 선영을 지키는 재궁(齋宮)이 따로 없었기에 1667년 승려 양삼(養杉)의 도움을 받아 국사봉(國師峯) 아래 신흥암(新興菴)을 짓고는 가끔씩 들러 쉬곤 하였다. 골짜기가 넓고 물이 맑으며 바위가 깨끗하여 은자가 살 만한 곳이었으나, 대로에 가까워 지나가는 관원들이 자주 유숙하였기 때문에 불편을 느낀 승려들이 자주 신흥암을 비우게 되었다. 오직 승려 양삼만이 이 절을 지키고 있다가 다시 선영 북쪽 수백 보쯤 떨어진 곳으로 절을 옮겨 짓고 운수암(雲水菴)이라 이름하였다. 그후 양삼은 또 남용익의 집 뒤 반룡산(盤龍山, 용마봉으로 추정된다) 아래 개울가에 쌍간사(雙澗寺)를 짓고 살았다. 남용익은 이곳을 자주 오가며 시를 짓곤 하였다. 대략 50대 중반의 일로 추정된다.

남용익이 이곳에 칩거한 것은 환갑이 넘어서였다. 그는 1689년 문외출송당한 후 이듬해 10월 함경도로 유배가기 전까지 수락산에 머물러 살았는데 이때 보만정(保晩亭, 保晩堂이라고도 불렀다)이라는 현판을 따로 걸었다. '보만'은 늘그막을 보존한다는 뜻이니, 노년에는 용퇴하여 한가하게 살겠다는 뜻을 담고 있다. 선배 이정구(李廷龜)도 한강 마포에 같은 이름의 정자를 짓고 살면서 같은 뜻을 표방한 바 있다. 남용익은 이곳에서 자제들과 이희조 형제 등과 어울려 시를 지으며 소일하였다.

남용익과 평생을 두고 가장 친했던 사람은 김익렴(金益廉)이다. 김익렴은 남용익의 거처를 가장 자주 찾은 사람 중 하나였다. 그는 서거정(徐居正)이 독서하던 시절에 지은 시의 운자를 사용하여 여섯 편의 시를 지어 보내었고, 또 보만당 주변 경관을 묘사한 절구 연작 20수를 지어 보내기도 했다. 남용익과 함께 수락산에 살던 김익렴은 남용익 집의 아름다운 풍광을 여섯 가지로 나누어 노래하였다. 옥류동(玉流洞), 향로봉(香爐峯), 운수암, 보만당, 부용사(芙蓉榭), 태극정(太極亭)이 그것이다.

남용익도 이 시에 답하는 시를 지었는데 그중 보만당에서의 삶을 노래한 작품을 아래에 보인다.

마을의 절구소리 울타리 너머 간간이 들리는 곳
내 집이 가장 먼저 옛 정을 끄는구나.
술잔을 들고 연한 산나물을 탐내어 집고
책을 보다 훤한 들창가로 즐겨 나간다.
매화가지에 달이 걸려 향기만 일렁이는데
잣나무에 바람이 불어 꿈조차 시원하다.
다시 그대 손잡고 귀거래하였으니
긴 노래 짧은 시로 평생을 보내리라.

村春斷續隔籬聲　最是吾廬有舊情

把酒貪拈山菜軟　看書愛就紙窓明

梅梢月到香偏動　栢樹風來夢亦淸

更欲携君一歸去　長歌短詠了平生

남용익, 「보만당에서(保晩堂)」, 『호곡집』

나이가 드니 절로 연한 나물에 젓가락이 가고, 책을 읽다 보면 눈이 침침하여 절로 밝은 창가로 나아간다. 나이는 속일 수 없지만, 매화와 송백의 맑은 절조는 잃지 않았음을 읽을 수 있다. 남용익은 보만정에도 화려한 변려문으로 서문을 지어 붙였다. 그가 자랑한 보만정의 조경은 다음과 같다.

넝쿨풀 사이로 난 길은 헷갈리지 않고 쑥대밭 무성한 옛집은 탈이 없구나. 느릅나무 숲이 그대로이니 예전에 노닐던 물이 아직도 생각나네. 잣나무 의연하여 상을 당했을 때의 눈물을 머금고 있구나. 꽃 핀 개울에 사는 옛 노인들은 두보(杜甫)가 집으로 돌아온 것에 놀라고, 연꽃 핀 절간의 한가한 승려들은 백거이(白居易)가 은거함을 기뻐하네.

이에 거친 풀을 베어내고 울타리를 수선하여 꽃나무 심을 화단을 쌓고, 채소를 기를 채마밭을 간다네. 붉은 앵두 빨간 오얏에 산실구가 해당화에 섞여 피고, 파란 부추 푸른 파에 오이가 토란에 섞여 자라네. 서리를 이기는 국화를 두루 심고, 해를 향하는 해바라기꽃을 많이 심었네.

남용익, 「보만당의 서문(保晩堂序)」, 『호곡집』

남용익은 도연명의 「귀거래사」를 떠올리며 수락산으로 돌아가는 길을 잡았다. 어린 시절 놀던 곳이며, 부친이 돌아가신 뒤 쌍백정을 짓고 살던 그 땅이기에 다시 찾은 감회가 새로웠다. 그리고 완화계(浣花溪)에 살던 두보와 향산(香山)에 은거하던 백거이에 자신을 비하였다. 그러기에 은자의 상징인 오이도 심고 국화도 심었던 것이다. 임금에 대한 충절을 잊지 않기 위해 해바라기꽃 심는 것도 잊지 않았다.

남용익의 집에서 5리쯤 떨어진 곳에 폭포가 하나 있었다. 그 폭포는 부봉(鳧峯)의 절정에서 떨어져 12층을 이루는데 아래쪽의 2층이 가장 컸다. 폭포가 떨어져 형성된 깊은 소가 있고, 그 왼편에는 엎드린 거북처럼 생긴 구부정한 바위가 있었다. 1686년 남용익은 폭포를 구경하기 위하여 그곳에 정자를 지었다. 이웃에 살던 황생(黃生)이 손재주가 있어 두 칸의 정자를 지어주었다. 폭포의 오른편 벼랑에 기대어 세웠는데 널빤지를 깔아 누각처럼 만들었다. 그리고 정자 이름을 간폭정(看瀑亭)이라 하였다.

이태백(李太白)의 「여산절구(廬山絶句)」에서 딴 것이다. 주위의 산수에는 향로봉(香爐峯), 자연대(紫煙臺), 장천곡(長川谷), 비류동(飛流洞), 천척암(千尺巖), 은하기(銀河磯), 구천문(九天門) 등의 이름을 붙였는데 역시 「여산절구」에서 두 글자씩 딴 것이다. 그리고 율시 두 수를 지어 벗들에게 자랑하였다. 김수흥, 김익렴, 조상우(趙相愚) 등을 불

수락산의 폭포 남양주 쪽의 수락산으로 등반하다 보면 아름다운 폭포를 만나게 되는데,
남용익은 그 곁에 폭포를 보는 집 간폭정을 지었다.

러 낙성식을 겸한 시회를 열었다. 이 일을 기념하여 지은 「간폭정기(看瀑亭記)」를 정자에 걸었다.

남용익은 자신의 집을 십오당(十吾堂)이라고도 하였다. 십오당은 권필(權韠)의 사오당(四吾堂)에 근원을 두고 있다. 권필은 내 논밭에서 농사를 지어 먹고(食吾田), 내가 판 우물을 마시며(飮吾泉), 나의 본분을 지키고(守吾天), 나의 수명을 다하리라(終吾年)는 뜻에서 자신의 집을 사오당이라 하였는데 남용익은 이를 늘려 열 가지로 하고 그 이름을 십오당이라 한 것이다. 곧 내 논밭에서 농사를 지어 먹고(食吾田), 내가 판 우물을 마시고(飮吾泉), 내 천명을 지키고(守吾天) 내 집을 스스로 짓고(結吾椽), 내 밭둑길을 따라 걷고(依吾阡), 내가 지은 시를 읊조리고(吟吾編), 내 거문고를 연주하고(鼓吾絃), 내 분수를 지키고(守吾玄), 내 졸리는 대로 편안하고(安吾眠), 내 천명을 즐긴다(樂吾天)는 뜻이다.

남용익은 벗과 함께 수락산 보만정에서 시를 읊조리고 간폭정에서 폭포를 즐기면서 십오당에서 여생을 즐기겠다고 하였지만, 이것으로 그의 인생이 끝날 것이라 생각하지는 않았던 듯하다. 임금에게 버림받은 굴원(屈原)과 같은 비애를 말하지 않은 것은 이 때문이리라. 그러나 세사는 뜻과 같지 못하여 이듬해 10월 추운 날씨에 머나먼 함경도 명천땅으로 유배를 떠나게 되었다. 그리고 유배지에서 겨우 겨울을 넘기고 봄이 오던 2월 영영 이승을 떠났다.

남용익의 자취는 모두 사라졌다. 경백재, 간폭정, 쌍백정, 일섭정, 보만당, 태극정, 십오당 어느 하나 남아 있지 않다. 옛사람은 인걸은

동문송별도 1682년 남용익이 동대문에서의 송별연을 그린 그림이다. 규장각에 소장되어 있다.

간 데 없지만 산천은 의구하다 하였으나, 산천 역시 망각의 세월은 견디기 어렵다. 향로봉은 지금 어느 봉우리를 가리키는지 알기 어렵고, 동해곡도 정확히 어디인지 알 수 없다. 다만 오늘날 등산로에서 바라보이는 옥류폭포와 은류폭포 그 인근 어딘가에 간폭정이 있었고, 그 아래 청학리 그의 무덤에서 그리 멀지 않은 곳에 집이 있었음을 짐작해 볼 뿐이다.

남유용과 옥류동

15세기 수락산에서는 김시습이 매월당을 짓고 이곳의 주인을 자처하였다. 그로부터 200여 년 뒤에 박세당(朴世堂)이 수락산 서쪽 자락을 차지하였고, 동쪽 자락은 남용익이 차지하고 살았다. 그리고 김수항, 그 사위 이해조 등도 산 하나를 넘은 쌍수역(雙樹驛) 인근에서 수락산의 한 자락을 차지하였다. 김수흥과 이해조가 남용익과 자주 어

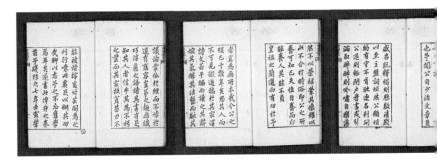

어제뇌연자고서 정조는 세손 시절 사부였던 남유용의 문집을 아름답게 간행해
주었다. 화려한 서문에서 정조의 존경심을 읽을 수 있다.

울릴 수 있었던 것은 이 때문이다.

수락산에서 가장 아름다운 곳은 옥류동(玉流洞)이었다. 옥류동이라
는 이름은 김시습이 지은 것이다. 옥류동에서 올라가는 수락산 산길은
오늘날도 확인할 수 있는 옥류폭(玉流瀑), 금류폭(金流瀑), 은류폭(銀流
瀑) 등 아름다운 폭포가 줄지어 있고 또 문 모양으로 기이하게 생긴 문
암(門巖)이 있다. 남유용의 「문암기(門巖記)」(『雷淵集』)에 따르면, 문암
은 옥류동의 도곡(陶谷, 호곡과 같은 곳이다) 서쪽에 있는데, 그 왼편에
검석촌(黔石村)이 있고 오른편에 병토원(幷兎園)이라는 정원이 있다.
그 인근에 작은 못이 있는데 김시습이 낚시를 하던 곳이라 한다. 이희
조도 수락산을 유람하면서 이 일대에 대해 다음과 같이 적고 있다.

수락산은 동쪽 교외 30리 바깥에 있다. 산 남북에 모두 물과 바위
가 좋다. 그중 이른바 옥류동이라는 곳이 가장 빼어나다. 옥류동은

매월당 김시습이 명명한 것이다. 흰 바위와 은빛 폭포가 있어 이를
마주하면 더할 수 없이 시원해져서 정신을 잃을 정도다. 산중턱쯤
이르니 또 폭포가 있었다. 금류폭포라 한다. 더욱 기이하고 장대하여
볼 만하였다. 그 위 가장 높은 봉우리에 매월당 옛터가 남아 있다.

이희조, 「수락산을 유람한 기문(遊水落山記)」, 『지촌집(芝村集)』

이희조는 옥류동의 주인임을 자처하였지만, 옥류동은 남용익의 차
지가 되었다. 남용익의 증손인 남유용(南有容, 1698~1773)이 1715년
열일곱 청춘의 나이에 옥류동을 유람하고 기문을 지어 옥류동이 증조
부 남용익의 것임을 세상에 널리 알렸기 때문이다.

도곡의 우리 전장에서 서쪽으로 5리를 가면 깊은 골짜기가 있다.
샘물이 벼랑을 따라 떨어져 폭포가 되고 다시 고여서 맑은 소가 되

는데, 이 고을 사람들은 옥류동이라 부른다. 예전 우리 증조부가 벼슬을 그만두고 산속에 살 때 견여(肩輿)를 타고 노닐면서 즐기던 곳으로, 서쪽 바위 위를 가려 정자를 지어 아래로 내려다보셨다. 일시의 명공들과 더불어 시를 지었으니, 이로 인해 옥류폭포가 나라에 알려지게 되었다.

을미년(1715) 가을 나는 산사에서 독서를 하다가 마을의 노인 두 사람과 걸어서 그곳으로 갔다. 이날 비가 그쳤는데 골짜기의 물이 수락산 오른쪽 옆구리에서부터 내려와 여기서 폭포가 되어 모이게 된다. 폭포는 이 물을 얻어 기세가 더욱 웅장해지고 소리가 더욱 사나워진다. 두 골짜기 사이에서 물을 뿜으며 격렬하게 내려오니, 그 형세를 막을 수가 없다. 참으로 기이하다. 함께 유람한 노인이 돌계단에서 나를 불러 "이곳이 자연대(紫烟臺)라네"라 하고 나를 절벽에 세우더니 "이곳이 향로봉(香爐峯)일세"라 하였다. 소나무 하나 바위 둘 있는 그 사이에 나를 앉히더니 "이곳이 옛 정자터일세. 예전 판서께서 이곳에서 모여 술자리를 열었다네. 어떠한 손이 모시고 있었고 어떤 중이 술을 날랐다네"라 하였다.

"아, 이 늙은이는 나의 할아버지와 정자에서 술을 마셨구나. 그 기와가 우뚝 높고 그 자리가 질서정연하였겠지. 이제 나와 술을 마시는데, 시든 풀이 내 신발을 덮고 푸른 안개와 흰 이슬이 내 옷을 적시는구나. 먼 훗날 소나무가 바위가 되고, 바위가 돌이 될지 누가 알겠는가? 그리고 저 늙은이가 창백한 얼굴과 흰머리로 나와 더불어 오늘처럼 술을 마실 줄 어찌 알았겠는가?"

이에 술잔을 들어 즐겁게 마시고 노래하면서 회포를 풀었다. 술
자리를 파하자 고을사람들이 기문이 없을 수 없다고 말하였다. 이
에 동암(東庵)의 등영료(燈影寮)에서 쓴다.

남유용, 「유옥류동기(遊玉流洞記)」, 『뇌연집』

남유용은 동해곡에 남은 증조부의 자취를 보존하려 애썼다. 대나
무를 엮어 만들었던 일섭정은 이미 사라져 버렸다. 남유용은 이 정자
를 중수하지는 못하였다. 대신 소나무 두 그루를 심었다. 그리고 일섭
정의 대나무를 가져다 원림 안에 작은 정자를 새로 짓고 바위를 쌓아
대를 만들었으며 못을 팠다. 소나무를 보호하기 위해서였다. 그리고
그 원림을 이송원(二松園)이라 하였다. 훗날 정자를 지어 이송정이라
하겠다고 다짐하였지만 그 꿈이 이루어진 것 같지는 않다. 어쩌면 이
렇게 될 줄 미리 알았는지도 모른다. 정자야 세월이 흐르면 사라지겠
지만 소나무는 오래 살아남을 것이라 생각하지 않았을까?

옥류폭포

옥같이 맑은 물이 흐르는 폭포는 예전 그대로지만,

장사하는 사람들이 쳐놓은 차일의 끈이 풍경을 망치고 있다.

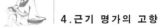

수락산 서계의 나무꾼 박세당

시냇물 굽이도는 곳에 봉우리가 비치는데

흰 구름 깊은 곳에 신선의 집이 있다네

석천동 박세당은 장자골이라 부르는 곳을 돌과 물이 아름다운 골짜기라는 뜻의 석천동으로 바꾸었다.

수락산을 찾아서

동부간선도로에서 의정부로 가다가 서울을 막 벗어나면 왼편으로 도봉산이 보이고 오른편으로 수락산이 보인다. 지하철 7호선 장암역이 있는 곳이다. 여기서 수락산 방향으로 우회전하면 오른편으로 개울을 끼고 길이 나 있다. 이 개울의 이름이 서계(西溪)다. 서계를 끼고 5분 정도 올라가면 작은 마을이 있는데, 장자곡(長者谷)이라 한다. 그곳에 17세기 사상계를 뒤흔든 서계(西溪) 박세당(朴世堂, 1629~1703)이 살던 집이 있다. 지금 그 사랑채에 박세당의 모습을 빼닮은 팔순의 종손이 꼿꼿하게 살고 있다.

오늘날 수락산 기슭의 서계는 근처 음식점으로 인하여 물이 맑지 않다. 그러나 개울 도처의 반석은 여전히 희고, 여기저기 바위글씨가 남아 있다. 취승대(聚勝臺), 석천동(石泉洞), 서계유거(西溪幽居), 수락동천(水落洞天) 등이 그것이다. 특히 초서로 휘갈긴 '수락동천'은 한눈에 예사 솜씨가 아님을 알 수 있다. 그 아래 개울가에 궤산정(簣山亭)이 있는데, 근래 복원한 것이다. 그 위쪽 개울가에 청풍정(淸風亭)이 있었는데, 지금은 기둥을 얹었던 높다란 초석 네 개만 남아 있다. 그 옆에는 사람의 손을 거친 듯한 넓적한 석판(石板)이 놓여 있다. 전하는 말에 의하면 박세당이 그의 처남 남구만(南九萬)이 오면 가끔 이곳에서 이야기를 나누었다 한다.

조금 더 올라가면 노강서원(鷺江書院)이 있다. 원래 이곳에는 청절사(淸節祠)가 있었다. 청절사는 1680년 박세당이 김시습(金時習)을 모시기 위하여 세운 사우(祠宇)다. 박세당은 홍산(鴻山) 무량사(無量寺)

에 있던 김시습의 영정을 모사하여 이곳에 봉안하였다. 영정에 모사된 김시습의 모습은 스님의 그것이었다. 그러나 삭발은 하였으되 수염을 깎지 않은 모습이었다고 하니, 이는 심유적불(心儒跡佛) 즉 승려가 되었지만 선비의 마음을 잃지 않았음을 상징한다. 김시습은 수락산 정상에 매월당(梅月堂)을 짓고 살았다. 그때 이 인근의 아름다운 물과 바위가 있는 곳을 옥류동(玉流洞), 금류동(金流洞)이라 이름을 붙여 그 운치를 더하였다.

박세당이 김시습의 절의를 기리기 위해 건립한 청절사는 전쟁을 견디지 못하여 부서지고, 그 자리에는 노강서원이 들어섰다. 원래 노강서원은 숙종 21년(1695), 민비(閔妃)의 폐출을 죽음으로 막았던 박태보(朴泰輔)를 기리기 위하여 노량진에 세워졌다. 박태보는 박세당의 아들이었으나 박세당의 형 박세후(朴世垕)의 후사로 들어갔다. 노강서원은 대원군이 전국에 있던 대부분의 서원을 철폐할 때에도 남아 있었으나, 6·25전쟁으로 소실되어 1968년 박태보의 무덤이 있는 이곳으로 옮겨 새로 지었다. 노강서원 위쪽에 석림사(石林寺)가 있는데, 그 옛날 박세당이 즐겨 찾던 절이다.

수락산으로 들어온 박세당

신선처럼 승려처럼 광인처럼 살던 김시습이 이생을 떠난 지 300여 년이 가까울 무렵, 수락산은 김시습만큼이나 뚜렷한 개성으로 조선 중기 학계를 흔들었던 박세당을 새로운 주인으로 맞았다. 박세당이 수락산으로 들어온 것은 마흔이 다 되었을 때의 일이지만, 젊을 때 호

노강서원 김시습을 제향하기 위해 세운 청절사 자리에, 박태보를 기리는 노강서원이 옮겨왔다. 노강은 노량진 일대의 한강을 가리키는 말이다.

를 잠수(潛叟)라 하였으니 이미 오래 전에 숨어살 뜻이 있었다 하겠다.

박세당은 부친이 남원부사를 지낼 때 남원에서 태어나 젊은 시절 여러 곳을 떠돌았다. 병자호란 때에는 원주와 청풍, 안동 등지를 전전 하며 피난을 다니다가 청주, 천안 등지에서 우거하였다. 그곳에서 결 성(結城)에 살던 의령남씨와 가약을 이루었다. 남구만(南九萬)이 처남 이 되어 평생의 사귐을 맺었다. 그 뒤 정릉동(貞陵洞) 처가의 경저에 살았는데, 모친이 양주(楊州) 사촌(沙村)에 머물고 있어 자주 양주땅을 밟았기에 오가는 길에 늘 수락산을 보았을 것이다. 부친 박정(朴炡)이 인조반정의 공훈을 인정받아 정사공신(靖社功臣)이 되면서 하사받은 사패지(賜牌地)도 이곳 수락산 일대다. 전하는 말에 의하면, 박정은 동대문 바깥이나 전라도의 비옥한 땅도 고를 수 있었으나, 수락산의 경개가 아름다워 이 일대를 택하였다고 한다. 수락산은 도성에서 30 리 떨어진 곳이니 지나치게 가깝거나 먼 곳을 피한 것이리라.

박세당은 일찍부터 수락산 기슭에 내려와 살 마음이 있었다. 옥당에 있던 시절 지은 시에서 "훗날 세 갈랫길 난 곳으로 나를 찾아오시게, 솔과 국화를 잘 심어 뜰에 가득하리니(他日問我三逕處 好栽松菊滿階庭)"라 하여 도연명(陶淵明)처럼 살 마음을 보였으니, 이미 젊은 시절부터 벼슬에서 물러날 뜻을 두었던 것으로 보인다. 1666년 5월 부인 의령남씨가 숨을 거두었다. 혼인한 지 21년 만에 부인을 잃은 것이다. 부인을 수락산에 묻은 박세당은 수락산으로 들어가 살 뜻을 굳힌

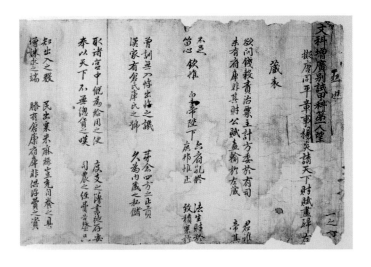

시권 박세당은 문과에 장원급제하였다. 갑과제일이라 한 것이 전체 수석을 차지하였다는 뜻이다.

듯하다. 1668년 40세의 젊은 나이에 은거를 결심하고 그해 정월에 있었던 문신월과(文臣月課)에 3차례나 글을 짓지 않아 파직되었다.

박세당은 이때부터 호를 서계초수(西溪樵叟)라 하고 장자동(長者洞)을 석천동(石泉洞)으로 이름을 바꾸었다. 이곳에서 박세당은 야인(野人)이 되어 몸소 농사를 짓고 살았다. 그가 저술한 『색경(穡經)』은 이때의 농사 체험을 바탕으로 한 것이다. 이곳은 땅이 메말라 농사짓기에 맞지 않았다. 그러나 그는 몸소 농사를 지으면서 농부들 틈에 섞여 살았다. 다음은 박세당이 수락산 기슭에 집을 정하고 지은 작품이다.

다섯 칸 새집을 짓고 나니
숲속의 제비와 산새도 낙성을 함께 하네.
집을 끼고 그림 같은 천 겹의 산이 서 있는데
책상 가득 거문고처럼 샘물 하나 울려퍼진다네.
문 앞의 못에서는 물고기를 키울 수 있고
울타리 아래 밭에는 송아지 빌려 밭갈 수 있다네.
세상사 풍족치 못해도 숨어사는 뜻에는 맞으니
남들이 내 성긴 삶을 비웃은들 어떠리?

五間新屋經時就 林燕山禽共落成
擁戶畵圖千嶂立 繞床琴筑一泉鳴
門前池可求魚養 籬下田堪借犢耕
世事不豊幽意足 從他人笑拙謀生

박세당, 「새로 지은 집(新屋)」, 『서계집』

이후에도 박세당은 여러 차례 벼슬에 임명되었지만 모두 나아가지 않았다. 그러나 1668년 겨울 서장관에 임명되자 먼 곳에 가는 일은 사양할 수 없다 하여 길을 떠나게 되었다. 그러나 연경(燕京)에서 정사, 부사와 함께 거리로 나가 관등(觀燈)을 하였다는 죄목으로 대간의 탄핵을 받았다. 이후 어쩔 수 없이 벼슬길에 나아간 적은 있으나 얼마 있지 않고 바로 수락산으로 돌아와 살았다.

「즉흥적으로 지은 시(卽事)」에 따르면 박세당은 이곳에서 흰옷을 입고 검은 오건(烏巾)을 썼다. 마음에 깨달음이 있으면 꽃과 함께 웃었고, 아무런 욕심이 없어 새들이 그의 곁에 날아들었다. 또 「한가하게 살면서(閑居)」에서는 사시사철 소나무가 온 숲에 어리비치고 춘삼월이면 복숭아꽃 만 그루가 피어났다고 하였다. 다음 시는 박세당의 시골살이를 그림처럼 보여준다.

남쪽마을 꽃은 북쪽마을 꽃에 이어지고
동쪽 밭의 오이는 서쪽 밭에 이어졌네.
시냇물 굽이도는 곳에 봉우리가 비치는데
흰 구름 깊은 곳에 신선의 집이 있다네.
南隣花接北隣花　東圃瓜連西圃瓜
峯影送人溪路轉　白雲深處有仙家

박세당, 「시골집(村居)」, 『서계집』

앞집과 뒷집의 꽃이 뒤섞이고 채마밭의 오이넝쿨이 서로 이어진 모습은 태평시대를 뜻한다. 내 것 네 것을 구분하지 않는 순박한 동네라는 말이다. 그 땅에 사는 사람이 바로 신선이라 하였다.

석천동과 취승대

박세당은 남다른 사상을 지녔을 뿐만 아니라 글솜씨도 남달라 여느 성리학자와는 달리 매우 서정적이고 아름다운 글이 많다. 수락산 석천동에서 지은 글이 더욱 그러하다. 다음은 박세당의 생활공간이었던 석천의 모습을 그린 명품이다.

석천동은 잠수(潛叟)가 사는 곳이다. 잠수가 조정에 벼슬하여 임금을 모신 지 10년이 되었다. 하루는 병을 얻어 선부봉(仙鳧峰) 아래 물러나게 되었다. 들어앉게 된 곳의 샘을 석천이라 하기에 석천동이라 이름하게 되었다. 석천동은 도성문 동쪽에 있는데 그곳의 봉우리를 동강(東岡)이라 하고 개울을 동계(東溪)라 하였다. 또 잠수가 살기에 물과 언덕을 잠수(潛水), 잠구(潛丘)라 하였다. 산의 뭇 샘물이 합쳐져 개울을 이루는데, 온 산과 바위로 개울물이 흘러 굽이치고 바위를 따라 오르락내리락하여 소도 되고 폭포도 되므로 석천이라 한 것이다. 샘물이 바위 때문에 맑게 흐르고 바위는 샘물 때문에 희게 양치질하여, 샘물은 더욱 맑아지고 바위는 더욱 희어진다. 아름답고 즐겁도다, 잠수가 사는 곳이. 잠수는 매일 지팡이를 짚고 신을 끌며 아침저녁 물과 바위 사이로 소요하였다. 질병과 우환이 있지 않으면 이곳에 있지 않은 적이 없다. 즐거워하여 늙음도 이르지 못한다는 말이 여기에 해당한다.

개울에서 북으로 8~9보 가면 가옥이 있는데 바로 잠수의 집이다. 집에서 동쪽으로 수백 보쯤 가면 언덕이 있는데 잠수가 죽어서 묻힐 유궁(幽宮)으로 이름을 낙구(樂丘)라 하였다. 집은 정사(精舍)라 하였다. 잠수는 살아서 이곳에 머물고 죽어서 이곳에 묻힐 것이다. 하인에게 삽을 둘러메고 따르게 하여 죽으면 파묻으라 한 유영(劉伶)과는 같지 않다 하더라도, 잠수와 같은 이는 스스로 꾀를 잘 내었다고 할 만하다.

회일봉(回日峯), 영월봉(迎月峯), 백학봉(白鶴峯), 채운봉(彩雲峯), 선유봉(仙遊峯) 등 기이한 봉우리와 선유곡(仙遊谷), 도장곡(道藏谷), 토운곡(吐雲谷), 서하곡(棲霞谷) 등 빼어난 골짜기, 취선대(聚仙臺), 초학대(招鶴臺), 수옥정(漱玉亭), 난가정(爛柯亭), 객성기(客星磯), 음우담(飮牛潭) 그리고 크고 작은 빼어나고 기이한 폭포와 샘물, 이들은 도성 가까이에 없는 것들이다.

잠수가 가려뽑아 이름한 것들은 이루 다 적을 수 없다. 이제 그 한둘을 기록하여 후인들로 하여금 잠수가 이곳을 좋아하였음을 알게 하노라.

박세당, 「석천동기(石泉洞記)」, 『서계집』

박세당의 집 근처로 흐르던 개울은 원래 동계(東溪)라 하였다. 그러나 그의 호가 서계(西溪)인지라 절로 서계로 바뀌었다. 은거의 뜻을 표방하여 잠수(潛水)라고도 하고, 개울가의 언덕은 잠구(潛丘)라 불렀다. 자신이 묻힐 곳은 즐거운 땅 낙구(樂丘)라 하였다. 그는 이곳에 살고 이곳에 묻힐 것이라 하였다. 봉우리 하나, 개울 하나, 바위 하나마다 이름을 붙여 정감을 불어넣었다. 박세당이 이름한 곳이 어딘지는 알 수 없다. 수옥정과 난가정 같은 정자는 흔적조차 남아 있지 않다.

박세당이 석천동에서 가장 사랑한 곳은 취승대(聚勝臺)였다. 취승대라는 이름을 붙인 근거와 그곳의 아름다움은 이러하다.

정사 남쪽에 있는 개울은 동쪽에서 서쪽으로 흐른다. 그 위에 네 곳의 석대가 있다. 개울을 끼고 물길을 나누며 각기 동서남북 한곳씩 차지하고 있지만, 멀고 가깝고 높고 낮은 것이 대략 비슷하다. 이를 모두 취승대라 이름하고 음대(吟臺)라고도 하였다. 이들 모두가 개울가의 바위다. 조물주가 공교한 솜씨를 부려, 저절로 높이 솟아올랐으니 따로 땅을 돋워 터를 만들 필요가 없다. 동대(東臺)와 남대(南臺)는 개울 남쪽에 있고 서대(西臺)와 북대(北臺)는 개울 북쪽에 있다. 남대와 북대는 가운데를 향해 서로 마주보고 동대는 남대의 왼편에, 서대는 북대의 오른편에 있어 형세가 어울려 지위가 다르지 않다. 바위가 물길을 막고 흐름을 돌려놓았으니, 바위를 피해 굽어 흐르게 된 것임을 알 수 있다.

주인은 각건(角巾)에 야복(野服)을 하고 지팡이를 짚고 신발을 끌면서 바위에 걸터앉아 발을 씻었다. 아침에 노닐고 저녁에도 노닐었다. 동대에서 놀지 않으면 서대에서 놀고 남대에 오르지 않으면 북대에 올랐다. 이 네 곳의 석대는 아침저녁 노니는 장소에 그치지

취 승 대

아름다운 풍광을 모은 대라는 뜻으로 수락산 기슭 박세당의 집 개울가에 있다.

뒤편에 보이는 정자는 계산정인데 한 삼태기의 흙을 쌓다 □ □□이 된다는 뜻이다.

않는다. 사시사철 즐거움이 모두 이곳에 있다. 봄에는 동대에서 꽃을 즐기고, 여름에는 남대에서 바람을 맞으며, 가을이면 서대에서 달맞이를 하고, 겨울이면 북대에서 눈을 구경하였다. 농염한 꽃이 눈에 띄면 그 고움에 마음이 기뻤고, 산들바람이 낯을 씻으면 그 맑음이 좋았다. 털끝처럼 작은 것이라도 다 드러나는 달밤이면 그 밝음이 사랑스러웠고, 한점 티끌도 붙지 않은 눈은 그 깨끗함이 좋았다. 저 바람과 꽃과 눈과 달이 사시사철 빼어나 맑고 밝고 곱고 깨끗한 것을 네 석대가 하나씩 갖추고 있거니, 내가 이를 모아 다 차지하고 있다. 그래서 취승대라 한 것이다. 이를 차지하고 나서 다시 좋아하고 예뻐하고 기뻐하고 즐거워하는 것을 늘 시로 지어내었다. 이 때문에 시를 읊조리는 음대라고도 이름한 것이다.

비록 그렇지만 어찌 동대에 달이 없겠으며, 서대에 꽃이 없겠으며, 남대에 눈이 없겠으며, 북대에 바람이 없겠는가? 내가 이렇게 말한 것은 방위를 따랐을 뿐이다. 저 땅은 사람이 이용하기에 달려 있다. 사람이 이를 이용함에 도리가 없을 수 없으니, 네 석대를 네 계절에 맞춘 것이 대략 이와 같을 뿐이다. 아침저녁 지팡이 짚고 신을 끌며 이르는 곳에서는 동서를 가리지 않고 남북을 따지지 않는다. 그러하니 마음과 눈으로 거두어들이고 입과 혀 사이로 읊조려 내어 하나의 석대를 가지고 사시사철 즐거움을 차지하게 되며, 한 계절을 가지고 네 석대의 볼거리를 합치게 되는 것이다. 요컨대 명실(名實)이 다르지 않을 뿐이다.

박세당, 「취승대기(聚勝臺記)」, 『서계집』

네 곳의 아름다운 석대에서 사계절의 경치를 즐기는 박세당의 모습이 완연하다. 17세기 사상계를 흔들었던 고집쟁이 선비의 모습이 아니라 갈건에 야복을 하고 신선처럼 살아간 모습으로 기억되기를 바란 것이리라.

매월당과 박세당

수락산은 도성에서 30리밖에 떨어지지 않은데다 물과 바위가 아름다워 사람들이 즐겨 찾았다. 조선 전기 수락산을 상징하는 인물은 단연 김시습이다. 윤춘년(尹春年)은 김시습의 전(傳)을 쓰면서, 김시습이 나이 21세 되던 해 삼각산 중흥사(重興寺)에서 독서를 하다가 세조의 즉위 소식을 듣고 문을 닫고 사흘 동안 나가지 않다가 어느 날 저녁 갑자기 통곡하고는 책을 다 불사르더니 미친 척하고 달아나 삭발하고 중이 된 후, 양주 수락산이나 경주 금오산(金鰲山)에 머물며 동서로 떠돌았다고 하였다. 김시습은 수락산에서도 야인으로 살았다.

수락산의 낡은 절을 찾아
지난해 왔던 곳 올해 다시 왔다네.
머리 위의 세월은 탄환처럼 빠른데
눈 아래 성상(星霜)도 새처럼 스쳐가네.
부서진 집인들 이 몸을 들이기에 부족하랴
거친 밥도 또한 내 본분을 즐길 만하다네.
흥이 일면 지팡이 짚고 이르는 곳에

바람 부는 나무에 매미가 풍악처럼 울어대네.

水落山中尋古寺　前年掛錫又今年

頭邊日月跳丸過　眼底星霜飛鳥遷

破屋何妨容此幻　淡餐且可樂吾天

興來支杖經行處　風樹鳴蜩咽似絃

김시습, 「벽에 쓰다(題壁)」, 『매월당집(梅月堂集)』

박세당이 수락산에 들어와 살 무렵, 수락산 동쪽에는 김시습의 자취가 얼마간 남아 있었다. 수락산 동쪽 봉우리 만장봉(萬丈峰)의 매월당이 바로 김시습이 살던 집이다. 그러나 매월당은 이미 폐허가 되어 있었다. 김시습은 동쪽에 있는 이 봉우리를 가장 사랑하여 자신의 호 동봉(東峯)으로 삼았는데, 박세당은 여기에 대를 맞추어 호를 서계라 하였다. 박세당은 매월당의 터를 찾아 다음과 같이 노래하였다.

칡넝쿨 섬돌을 덮고 풀은 길을 덮었는데
깊은 숲 가을이 늦어 다니는 사람 없구나.
바위틈에 지은 적막한 유적을 대하노라니
쓸쓸하여 부질없이 천고의 맑은 기상 그리워지네.

藤蔓籠階草覆逕　深林秋晚斷人行

巖栖寂寞對遺跡　怊悵空懷千古清

박세당, 「매월당의 옛터를 찾아(訪梅月堂舊跡)」, 『서계집』

박세당과 김시습을 연결하는 고리가 오늘날의 석림사(石林寺)다. 「석림암기(石林庵記)」에 따르면 김시습 당시 성대하였던 흥국사는 박세당이 찾아올 무렵 대웅전만 남아 있고 승려 몇 명뿐인 초라한 상태였다. 다행히 은선암(隱仙庵)이 온전하게 남아 있어 승려 열예닐곱 명이 머물고 있었다. 이 두 절은 모두 산의 동쪽에 있고, 서쪽 편에는 절이 하나도 없었다. 옛 절터가 하나 있기는 하지만 언제 창건되었는지, 언제 폐치되었는지도 알 수 없었다. 박세당은 이곳에 아름다운 절을 하나 지어 산의 경관을 더욱 아름답게 하고자 하였다. 이 말을 들은 은선암의 승려들이 재물을 모아 만든 절이 석림암(石林庵)이다.

김시습에 대한 염모의 정을 더하던 박세당은 1680년 겨울 김시습을

청풍정터 맑은 바람을 뜻하는 청풍은 김시습의 맑은 정신을 상징하는 말이다. 어설픈 복원보다 주춧돌을 그냥 두는 것이 나을 듯하다.

모시는 사우를 수락산 동봉 아래에 건립하고 홍산 무량사에 있는 영
정을 모사하여 봉안하였다. 박세당은 진작부터 김시습을 모시는 사
당을 만들고 싶었으나 재력이 없었다. 이에 석림암 승려들에게 구걸
하여 재원을 마련하였으니, 자신의 뜻으로 지은 석림암이 이제는 그
토록 존경해 마지않던 김시습의 사당을 마련해 준 것이다. 박세당은
조정으로부터 청절사(淸節祠)라는 사액을 받고 정성껏 김시습을 섬겼
다. 제자 이덕수(李德壽)가 1729년 그 곁에 김시습의 청절처럼 맑은

박세당 초상 학자의 옷인 심의를 입었다. 박세당이 살던 집의
사랑채에 살고 있는 늙은 종손이 박서당의 모습과 닮았다.

바람의 정자 청풍정(淸風亭)을 세웠다. 여기에는 윤순(尹淳)의 글씨로 편액을 쓰고 기문을 지어 처마에 붙였다.

도봉산 백옥봉을 마주보고 누운 박세당

박세당은 석천동에 살며 후학을 양성하였고, 1680년부터는 훗날 사문난적(斯文亂賊)의 빌미를 제공하게 되는『사변록(思辨錄)』을 저술 하였다. 1702년 이경석(李景奭)의 신도비명을 지었는데 이경석을 봉 황에 비유하고 송시열(宋時烈)을 올빼미에 비유하여 파란을 일으켜, 이듬해 유배될 위기에 처하였지만 노년인지라 수락산으로 돌아올 수 있었다. 석 달 후인 1703년 8월 석천동에 있던 박세당은 병세가 악화 되어 그 육체를 떠나보내었다. 박세당은 자찬 묘지명인「서계초수묘 표(西溪樵叟墓表)」에서 자신의 삶을 이렇게 돌아보았다.

서계초수는 네 살 때 아버지를 여의고 여덟 살에 오랑캐의 침략 을 받아 외롭고 가난하여 학문할 때를 놓쳤다. 10여 세가 되어 비로 소 중형에게 수업하였으나 스스로 힘쓰지 않았다. 현종이 등극한 해 서른둘의 나이로 과거에 올라 벼슬을 시작하였다. 8~9년을 해보 니, 재주와 힘이 모자라 세상에서 무슨 일을 하기에 부족하다는 것 을 알게 되었다. 세상사도 나날이 허물어져 바로잡을 수가 없게 되 었다. 이에 벼슬을 버리고 떠나 동대문 밖에 살게 되었다. 도성에서 30리 떨어진 수락산 서쪽 골짜기다. 그 골짜기 이름을 석천동이라 하고, 인하여 스스로 서계초수라 하였다. 개울 앞에 집을 짓고 울타리도 치지 않았다. 복숭아나무, 살구나무, 배나무, 밤나무를 심어 집을 빙 두르게 하였다. 오이를 심고 밭을 일구었으며 땔감을 팔아 생계를 꾸렸다. 농사철이 되면 직접 밭두둑에 나가 호미와 가래를 둘러멘 이들과 어울려 따라다녔다. 처음에는 조정에서 불러 나아갔으나 나중에는 여러 번 불러도 가지 않았다. 30여 년을 그렇게 살다가 죽었다. 수명은 일흔이다. 그 살던 집 뒤쪽 백몇 걸음쯤 떨어진 곳에 장사지냈다.

일찍이 통설(通說)을 지어 『시경(詩經)』과 『서경(書經)』, 사서(四書)의 뜻을 밝혔고, 『노자(老子)』와 『장자(莊子)』 두 책에 주석을 달아 뜻을 보였다. 특히 맹자(孟子)의 말을 좋아하여, 세상과 어울리지 않고 고단하고 쓸쓸하게 살아갈지언정, '이 세상에 태어났으니 이 세상 사람 하는 대로 하고 이 세상 사람들 좋은 대로 하겠노라' 하는 무리들에게 끝내 머리를 숙이고 마음을 낮추려 하지 않았다. 이는 그 뜻이 본디 그러한 것이다.

박세당, 「서계초수묘표」, 『서계집』

이처럼 한편으로는 과격하면서도 강직하게 살았지만 다른 한편으로는 한적하면서도 아름답게 살다가 떠났다. 그의 무덤은 도봉산 흰 이마를 마주할 수 있도록 놓여져 있다. 생전에 늘 바라보며 옥부용(玉芙蓉)이라 하던 곳을 죽어서도 즐길 수 있게 된 것이다. 먼저 떠나보낸 아들 박태보의 무덤은 옆쪽 산자락에 위치해 있다. 박세당의 무덤에 세워진 비석은 근래 새로이 만든 것이지만, 뒷면에는 박세당이 스

박세당 묘 수락산을 등지고 도봉산을 마주하고 있어 그 자리가 범상치 않다. 묘 옆에 누우면 도봉산 정상의 흰 바위를 바라볼 수 있다.

스로 쓴 비문을 새겨놓았다.

후대의 수많은 문인들이 박세당의 유허가 있는 수락산을 찾았다. 그러나 노론(老論)이 득세한 이후의 정치현실에서, 수락산 주인 박세당은 여러 차례 능욕을 당하였다. 노론의 적통인 홍직필(洪直弼)은 수락산을 찾아와 매월당을 칭송하면서도 아예 박세당의 이름조차 밝히지 않고 그를 비인(匪人)이라 지목하였다. 심지어 박세당이 수락산을 점유하는 바람에 운림천석(雲林泉石)이 더럽혀져 김시습의 유적이 인멸되었다고까지 하였다. 물론 대부분의 노론 인사들은 수락산을 다녀간 뒤 지은 글에서 박세당의 냄새조차 풍기려 하지 않았다. 📋

용인 비파담과
남구만

정사 몇 칸을 푸른 산에 붙여 두었더니

봄바람에 우는 새소리에 온 산이 조용하다

남구만의 고택
용인시 모현면 갈담리 파담마을에 있다.

남구만이 걸어간 길

경안천(慶安川)을 거슬러 용인시로 들어가면 모현면(慕賢面)이 나온다. 예전부터 모현촌이라 일컬어지던 곳이다. 어진 이를 사모한다는 모현이라는 이름은 정몽주(鄭夢周)의 무덤이 있기에 생긴 것이다. 충절로 이름 높은 삼학사의 한 사람인 오달제(吳達濟)의 무덤 역시 인근에 있다. 경안천 상류 물길이 제법 넓어지는 곳이 비파담(琵琶潭)이다. 오늘날 비파담은 비파라는 아름다운 악기의 이름을 무색하게 할 정도로 오염되었지만, 남구만(南九萬, 1629~1711)의 무덤과 사당이 남아 있어 이 땅이 유서 깊은 곳임을 헤아리게 한다.

남구만은 자가 운로(雲輅), 호가 약천(藥泉) 혹은 미재(美齋)다. 개국공신 남재(南在)의 후손으로, 부친은 남일성(南一星)이며, 남이성(南二星)은 그 숙부다. 오달제가 바로 남구만의 고모부이며 박세당(朴世堂)이 그의 매부이다. 이민서(李民敍)와는 사돈간이다. 이민서의 딸이 아들 남학명(南鶴鳴)과 혼인하였으나 자식을 낳지 못하자 이항복의 증손녀가 들어와 손자 남극관(南克寬)을 낳았다.

남구만은 태어날 때 오른손 손바닥에 북두칠성처럼 생긴 점이 있었다. 어려서는 충청도 홍성의 결성(結城)에 살다가 10여 세에 서울로 유학하여 김익희(金益熙)에게 배웠는데 김익희가 그를 사랑하여 자질(子姪)들과 함께 공부하도록 하였다. 이경여(李敬輿)의 문하에도 출입하여 그의 아들인 이민적(李敏迪) 형제와 절친하게 지냈으며, 송준길(宋浚吉)의 문하에 들어가 수학한 적도 있다.

남구만은 효종 2년(1651) 진사가 되고 효종 7년 문과에 급제하여 벼

남구만 신도비 용인시 모현면 초부리 하부곡 마을에 있다.
그 안쪽에 남구만의 묘가 있다.

슬길에 나아갔다. 주로 사헌부와 사간원에 근무하면서 강직하게 언론을 이끌었다. 승지, 대사성, 대사간, 이조참의 등의 직책을 역임하였으며, 현종 12년(1671) 함경도관찰사가 되었는데, 이때 북관(北關)의 지도를 제작하고 그곳의 풍물을 시로 장쾌하게 읊었다. 그후 이조전랑으로 종척(宗戚)을 탄핵하다가 4~5년 벼슬에서 물러나 있었다. 형조참의로 다시 조정에 들어갔으나 1674년 현종이 승하하고 숙종이 등극하면서 남인이 득세하자 향리(鄕里)로 물러났다.

숙종 5년(1679) 좌윤(左尹)에 올라 서울로 돌아왔으나 소나무를 사사로이 베어 집을 지은 윤휴(尹鑴)를 탄핵하고 허적(許積)의 서자 허견(許堅)의 비리를 탄핵하다가 도리어 거제도와 남해도(南海島)로 유배되었다. 이듬해 경신환국(庚申換局)으로 다시 조정에 들어와 두 번이나 대제학을 지내고, 병조판서·우의정·좌의정을 거쳐 영의정에 올랐다. 남구만은 소론의 영수로 조론(朝論)의 중심에 있었기에 굴절이 많았다. 지나친 상소로 숙종의 진노를 사서 경흥(慶興)에 유배된 적도 있고, 기사환국(己巳換局)에는 강릉으로 유배되기도 하였다.

숙종 20년(1694) 갑술환국(甲戌換局)에 다시 영의정에 올랐는데 노론에 맞서 장희빈을 두둔하여 자신의 뜻을 관철시키려 하였다. 그러나 숙종 27년(1701) 오히려 삭탈관작에 문외출송의 벌을 받고, 이듬해 아산(牙山)으로 유배되었다. 얼마 후 유배에서 풀려나 온양(溫陽)에 있는 동족의 집에 우거하다가 다시 조정으로 들어가 봉조하(奉朝賀)를 지내고 숙종 33년(1707) 벼슬에서 물러났다. 그리고 4년 후 광나루의 별서에서 숨을 거두었다.

남구만의 경저와 향저

남구만은 숙종조 당쟁의 소용돌이 속에서 60년을 살았다. 막중한 스트레스에도 불구하고 83세의 장수를 누릴 수 있었던 것은 도성 안팎에 아름다운 집을 꾸미고 그곳에서 재충전의 시간을 가졌기 때문인 듯하다. 남구만의 선대는 남재 이후 그리 현달하지 못하였다. 인조 17년(1639) 조부 남식(南烒)이 벼슬에서 물러나 결성의 구산(龜山)으로 내려와 있을 때 아들 남일성을 위하여 용와리(龍臥里) 하씨(河氏)의 집을 사서 절순헌(折笋軒)이라 하였는데, 그 뒤로 결성은 이 집안의 새로운 고향이 되었다. 숙부 남이성이 「용촌별서기(龍村別墅記)」를 지었다고 하나 지금은 전하지 않는다. 다만 남구만이 지은 「절순헌기(折笋軒記)」가 전하여 용촌 별서의 모습을 그려볼 수 있다. 뜰에 대나무를 심어두었기에 여름이면 죽순을 잘라 별미로 즐겼다. 겨울이면 창을 열어 햇살을 받아들이고 여름이면 북쪽 문을 열어 먼 곳을 조망하였다.

남구만의 경저는 원래 정릉(貞陵)에 있었다. 그는 이곳에 미재(美齋)라는 당호를 걸었다. 아들 남학명(南鶴鳴)과 누이의 아들 박태보(朴泰輔) 형제들이 함께 뛰어놀던 곳이기도 하다. 그후 저동(苧洞)으로 경저를 옮겼다가 만년에는 동대문 바깥 사인동(舍人洞)에 살았다. 상당한 경제력을 축적한 이후에는 남산 아래 저택도 마련하였다. 16세기 한양의 명원갑제(名園甲第)는 남산 기슭에 이어져 있었는데, 그 가운데 성담년(成聃年)과 그 아들 성제원(成悌元)의 집이 가장 빼어났다. 나중에 임석령(任碩齡)이 그 집의 주인이 되었는데, 다시 남구만이 이를 구입하여 공북정(拱北亭)을 지었다. 남구만은 공북정에 오래 거처하지 않았지만 그의 족제 남계하(南啓夏), 아들 남학명, 제자 최석정(崔錫鼎), 이세구(李世龜), 박태보 등이 자주 시회를 열던 곳이다.

남구만이 가장 자주 찾던 안식처는 아차산(峨嵯山) 약수암(藥水巖) 아래 광나루의 별서였다. 광나루의 별서는 현종 8년(1667) 장만한 것이다. 남구만은 필마로 도성을 나서 아차산 약수암 동북쪽 절벽 아래 4칸의 초당을 지었다. 당시 망우현(忘憂峴) 근처와 광진(廣津) 주변에

구만이산 산의 이름이 이곳에 남구만이 살았음을 말해 준다.

서 아차산에 이르기까지 한강에서 1마장 떨어져 있는 빈산에는 솔숲
이 무성하고 폭포가 흘러내렸는데, 주인 없는 땅이었다. 그의 호 약천
(藥泉)이 여기서 비롯되었다. 그가 죽음을 맞은 곳도 바로 이곳이다.
아들 남학명은 이곳의 풍광을 이렇게 묘사하였다.

> 멀리 물결 속에 둥실둥실 떠가는 배
> 가까이 바위 위로 졸졸 흐르는 물
> 정사 몇 칸을 푸른 산에 붙여 두었더니
> 봄바람에 우는 새소리에 온 산이 조용하다
> 遙看汎汎波中舟　近聽濛濛石上流

精舍數椽依碧嶂　春風啼鳥一山幽

남학명, 「광진별서의 반석에 쓰다(廣津別墅題磐石)」, 『회은집』

남구만은 아차산에서 발원한 물이 졸졸 바위틈으로 흘러내리는 그 곳에 작은 집을 지었다. 이곳에서는 한강에 배가 둥실둥실 떠가는 모습이 보였다. 봄바람이 불면 그저 새소리만 들려온다. 이렇게 산다면 무슨 욕심이 일겠는가?

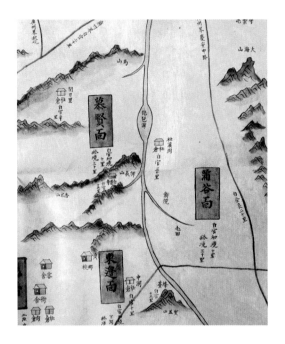

고지도의 비파담 규장각의 『해동지도』. 우천(경안천)이 비파처럼 볼록해진 곳이 비파담이다. 지금은 메워져 밭이 되었다. 당시 인근에서 가장 아름다운 곳으로 일컬어졌으나 지금은 글로 옛모습을 상상하여야 한다.

비파담의 우산정사

남구만은 고향땅 결성이 너무 멀다고 여겼는지 용인에 선영을 새로 조성하였다. 남구만의 선영은 본디 수락산 기슭에 있었다. 태조로부터 하사받은 개국공신 남재의 장지가 불암산 아래 별내면 화접리(花蝶里)의 주을동(注乙洞, 남학명은 이를 賜洞으로 바꾼 바 있다)에 있어 대대로 선영으로 삼았다. 그후 남재의 6대손인 남치욱(南致勗)과 그 아들 남언순(南彦純)이 화접에서 10리쯤 떨어진 수락산 기슭의 회곡(晦谷)을 차지하고 선영으로 삼았다. 회곡은 양주의 노원(蘆原), 수락산을 따라 서쪽으로 10여 리 떨어진 곳이라 하니, 수락산 서쪽에서 박세당이 살던 곳보다는 남쪽 어딘 듯하다. 훗날 홍현보(洪鉉輔)와 그 아들 홍봉한(洪鳳漢) 역시 회곡에 살았다. 홍현보가 만년에 회식재(晦息齋)를 짓자 홍봉한이 안중관(安重觀)과 정래교(鄭來僑)로부터 기문을 받아 건 일이 있다.

남구만은 양주의 회동을 제쳐두고 물러날 땅으로 용인을 선택하였다. 우선 1665년 부친 남식의 묘를 용인의 화곡(花谷, 花洞里)에 정하였다. 일가인 남선(南銑, 1582~1654) 역시 비파담에서 동쪽으로 3리 떨어진 용인 태화산(太華山) 부거곡(芙蕖谷)에 심안와(審安窩)라 편액한 집을 짓고 은거하며 후학을 양성하고 있었다. 이 때문에 남구만은 자주 용인을 출입하였고, 벼슬에서 쫓겨나거나 자신의 주장을 관철시키기 위하여 출근을 거부할 때면 비파담의 집으로 내려왔다. 남구만의 집은 우산정사(愚山精舍)라 하였다. 그 곁에 함벽루(涵碧樓), 청은재(淸隱齋), 관란헌(觀瀾軒) 등 여러 건물이 있었다. 벗 임상원(任相

元)으로부터 기문을 받아 걸었는데, 우산정사라는 이름은 유종원(柳
宗元)의 "어리석은 사람이 스스로를 비웃는다(愚者而自嘲)"는 말에서
취한 것이라 한다.

그러나 남구만은 비파담의 아름다움을 누릴 여유를 갖지 못하였
다. 오히려 비파담은 정치색에 물들지 않은 그의 아들 남학명의 붓끝
에 올라 후세에 전하게 되었으니, 비파담의 주인은 남학명이라 할 만
하다. 숙종 13년(1687) 2월 남학명이 최규서(崔奎瑞) 등의 벗들과 비파
담을 유람하고 지은 글에 이 무렵 비파담의 모습이 자세하다.

저물녘에 비로소 비파담에 투숙하였다. 정수만(鄭壽萬)이 갑자기
찾아왔다. 꿩을 잡아 구워먹으니 굶주린 장이 위로가 되었다. 창을
열고 앉았다. 달빛이 강에 가득하지는 않지만 또한 물이 있어 누각
을 비추어주었다. 가슴을 펴고 맑은 공기를 마셨다. 산보를 하면서
다리힘을 조절하였다. 동지 세 사람이 넓고 텅 빈 물가에서 웃고 떠
들며 유유자적하였다. 갑자기 반짝반짝하는 고기잡는 불빛이 보였
다. 수런거리는 말소리가 들리더니 다시 삐거덕 노 젓는 소리와 주
고받는 뱃노래 소리가 들렸다. 아마 어린 종이 상류에 그물을 던지
고서 배를 타고 돌아오는 것이리라. 한밤에 옷을 벗고 누웠더니 잠
이 달고 꿈이 맑았다.

다음날 일찍 일어나니 기분이 상쾌하였다. 배에 올라 하인에게
그물을 걷어올리게 하였더니 몇 마리 물고기 비늘이 반짝반짝하였
다. 아침 회거리로 삼기에는 충분하였다. 조금 있자니 가랑비가 부

슬부슬 강에 가득 뿌렸다. 술잔을 들어 권하니 매우 운치가 있었다. 강물을 따라 오르내리노라니 절로 돌아갈 생각을 잊었다.

점심때 밥이 되었다는 기별을 받고 물가의 바위에서 내려왔다. 가운데 있는 누각을 가리키며 문숙(文叔, 崔奎瑞)을 돌아보고 "함벽루일세. 옆으로 지어진 세 칸의 집은 청운재고, 서북쪽 귀퉁이에 있는 작은 집은 관란헌일세. 다 합쳐 우신정사라 한다네"라고 말하니, 문숙이 매우 기뻐하면서 "하류에 집을 지을 수 있다면 좋겠네. 여기서 조각배로 함께 놀고 싶구려" 하였다.

비가 그치지 않는데 내일 한식 제사가 있어 지체할 수가 없었다. 도롱이를 쓰고 길에 올랐다. 말 위에서 나누는 이야기는 모두 속세를 벗어난 한담이었다. 거듭 수창을 하느라 여정이 고달픈 것도 잊었다. 어느새 화곡(花谷)의 송추(松秋) 아래에 이르렀다.

남학명, 「영절유력기(冷節遊歷記)」, 『회은집』

남구만의 비파담 별서는 5월이면 철쭉꽃과 석류꽃이 피어나는 아름다운 곳이었다. 제자 이인엽(李寅燁)은 남구만의 별서가 인근에서 가장 아름답다 하고 "선생의 버들은 문 앞에 서 있는데, 은자의 꽃은 언덕에 많이 심어져 있구나"라 노래한 바 있다. 도연명은 버드나무 다섯 그루를 심고 오류선생(五柳先生)이라 자처하였고, 주돈이(周敦頤)는 「애련설(愛蓮說)」에서 도연명이 은일의 상징인 국화를 사랑했다고 말한 바 있으니, 남구만을 도연명에 비긴 것이다.

그러나 남구만에게 비파담은 실의에 빠졌을 때만 찾는 곳이었다.

때문에 이곳에서 지은 시는 굴원(屈原)의 비애가 서려 있다. 마음이 조정에 있지 않았던 남학명이 그려낸 비파담은 편편이 아름다웠지만, 마음이 조정에 있던 남구만의 붓에 비파담이 아름답게 그려질 리 없었다. 다음은 남구만이 숙종 16년(1690) 강릉 유배에서 풀려나 지은 작품으로, 방축된 신하의 우울한 서정이 투영되어 있을 뿐이다.

물속과 언덕길로 두 사람이 걸어가는데
어느 것이 나이고 어느 것이 그림자인가?
맑은 물결 위의 외로운 새에게 물으려 하니
짝을 이루어 일시에 날아올라 깜짝 놀랐네.
水中岸上兩人歸　果孰爲吾果孰非
欲向淸波問獨鳥　更驚雙點一時飛

남구만, 「비파담에서 장난삼아 짓다(潭上戲吟)」, 『약천집』

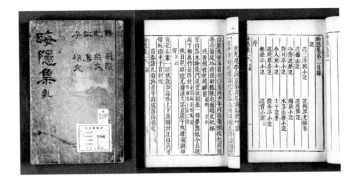

회은집 남학명의 문집으로 목차에 사인동, 비파담 등 그가 살던 땅에 대한 기문이 보인다.

평소 비파담에는 매부이자 평생의 동지였던 박세당과 그 아들 박태보, 제자 최석정이 찾아와 시를 주고받았으며, 정치적인 견해를 함께하였던 오도일(吳道一) 역시 비파담을 자주 찾았다. 숙종 17년(1691)에는 이곳에서 성대한 시회가 열렸다. 이때 지은 남구만의 시는 전하지 않지만 이 시에 차운한 박세당, 오도일, 남용익, 최석정, 최석항(崔錫恒) 등 명가의 한시가 두루 전한다. 그중 박세당의 시를 보인다.

비파담이 북으로 우천으로 드는데
새로 차지한 원림 그 위에 있다네
맑으면 깊은 물에서 노니는 물고기 보이고
비 오면 옅은 안개 뚫고 나는 해오라기 있다네.
늘그막에 시서로 공을 이루시고
애초부터 목숨이란 천명을 기다리시게.
듬성한 머리칼로 아침에 어부를 대하면
어찌 그 사람만 초연할 리 있겠소.

琵潭北注入牛川　新占園林據上邊
晴後遊魚出深水　雨中飛鷺破輕烟
詩書晩有收功地　殀壽初還俟命天
晞髮朝來對漁父　豈渠今日獨超然

박세당, 「남운로의 비파담 별서에 여러 공들이 지어 보낸 시가 있기에 차운하다
(南雲路琵潭別墅諸公有寄詠者次其韻)」, 『서계집』

남구만은 숙종 33년(1707) 벼슬에서 물러난 후 비파담에 정착하였다. 그러나 박세당이 당부한 대로 시서(詩書)로 자적하면서 천명을 기다리지는 못한 듯하다. 노년에 남구만은 비파담을 서자에게 물려주려고 욕심을 부렸다. 그 때문에 송사에 휘말렸으니, 이곳에 상당한 땅을 마련하려 한 것이 화근이었다. 그 여파로 그는 비파담 인근의 선영에 묻히지 못하였다. 결국 남재가 사패지로 받은 불암산 화접동에 임시로 장사를 지내야 했고, 19년이 지난 1720년이 되어서야 비파담 선영으로 돌아올 수 있었다.

남학명과 남극관의 집

피비린내 나는 정쟁을 목도한 남구만의 아들 남학명과 손자 남극관은 아예 벼슬길에 나가지 않았다. 남학명은 자가 자문(子聞), 호가 회은(晦隱)이다. 그의 자는 송준길(宋浚吉)이 지어준 것이다. 남학명은 비파담에서 40여 년을 살았다. 물론 비파담에만 머물러 있었던 것은 아니다. 서울 저동(苧洞)의 경저로 올라가 있기도 하고 가끔 조부가 경영하던 결성 구산에 내려가 살기도 했다. 결성의 절순헌은 조부가 돌아가시고 부친 남구만이 벼슬살러 다니느라 비어 황량해졌다. 그 사이 벼슬을 하지 않은 남학명이 가끔 집을 돌보러 갔다. 1670년에 북쪽 창 너머 대숲을 만들었고, 1675년 봄에는 절순헌에 가서 죽순을 맛보기도 했다. 1693년에는 요양차 이곳에 머물렀는데 이름이 따로 없던 정자에 대월정(對月亭)이라는 이름을 붙이고 한동안 머물러 살았다. 1700년 다시 그곳으로 내려가 절순헌을 수리하였다. 그리고 부친

남구만 초상 국립도서관에 소장된 남구만의 초상화로 관복을 입고 있다. 문중에서도 영정을 소장하고 있는데 영의정으로 있을 때 그린 것으로 심의를 입고 있다.

에게 「절순헌기」를 받아 걸었다. 이로써 결성은 16세기 후반부터 17세기 초반 남구만과 그의 아들, 손자, 그리고 박세당과 그의 아들 박태보 등이 시를 생산하는 중요한 무대가 되었다.

경저와 향저를 오가던 남학명은 1686년경 세사를 뒤로하고 수락산 회동으로 들어갔다. 2~3년 후 그는 작은 서재를 꾸몄다. 「회은옹자서묘지(晦隱翁自敍墓誌)」에서 그는 이렇게 적었다.

주부(主簿)에 추천되었으나 나아가지 않았는데 감히 고고함을 자처한 것은 아니다. 중년에 수락산 서쪽 회운동(晦雲洞)에 꽃나무와 과일나무 수천 그루를 심었다. 몇 칸의 집을 지으니 골짜기의 아름다움을 차지하게 되었다. 재상 최석정이 억지로 회은재(晦隱齋)라 이름을 붙였지만 감히 호로 여기지 않았다. 책을 쌓아두고 보기를 좋아하여 금석문이 만 축에 이르렀다.

남학명, 「회은옹자서묘지」, 『회은집』

회운동(晦雲洞)은 수락산의 회곡(晦谷)으로, 부친이 살고자 했던 바로 그 땅이다. 그리고 회곡에 숨었다 하여 호를 회은(晦隱)이라 하였다. 남학명은 뜻을 이루지 못한 부친을 대신해 이곳에 재사(齋舍)를 짓고 1691년 박세채(朴世采)로부터 기문을 받아 걸었다. 남학명은 이곳에 집을 정한 기념으로 이의춘(李宜春), 최석정 등과 어울려 시를 주고받았다. 물가에 나란히 앉아 술잔을 돌리기도 하였다. 정자 옆의 소나무 뿌리 아래에 작은 항아리를 묻고 술에 푸른 솔잎을 담가두었다가 단풍과 국화가 아름다운 8월 그믐날 최석정과 그 아들 최창대(崔昌大), 족제(族弟) 남학증(南鶴增) 등과 어울려 항아리를 열고 술자리를 벌인 일도 있다.

1715년 남학명은 수원 갈등촌(葛藤村)에 별서를 마련하고 그곳에 살고자 하였다. "사람들은 송곳 꽂을 땅조차 없네(人無立錐地)"라 한 권필(權韠)의 시구(현재 권필의 이 시는 전하지 않는다)를 따서 무추정(無錐亭)을 세우고 소동파(蘇東坡)의 "청산과 약속이 있어 늘 문에 마주하는데, 물은 무정하게 절로 못으로 흘러드네(青山有約長當戶 流水無情

自入池)"라는 시구를 외우며 살았다. 최석정, 박태보, 임영(林泳), 김만중(金萬重) 등 이름난 선비들이 그의 주위로 몰려들었다.

남학명은 만년인 1716년경에는 사인동(舍人洞) 경저로 올라와 살았다. 사인동 경저는 집안의 종회(宗會)가 열리던 곳이기도 하다. 이곳에서 남학명은 임숙영(任叔英)의 「장졸와상량문(藏拙窩上樑文)」에서 "깊은 가을 국화향기가 옷에 스미고 저물녘 솔바람 소리가 침상으로 파고드네(深秋菊氣 香襲衣裳 薄暮松聲 寒侵几枕)"라 한 구절을 외우면서 한적하게 살았다.

40여 년 비파담을 지킨 이는 남학명이지만, 비파담에 먼저 묻힌 사람은 그의 아들 남극관(南克寬, 1689~1714)이다. 남극관은 자가 백거(伯居), 호가 사시자(謝施子) 혹은 몽예(夢囈)다. 벼슬길에는 나아가지 않았으며, 젊은 시절 6년을 병치레를 하다가 26세의 나이에 할아버지와 아버지보다 먼저 저승으로 갔다. 그러나 그 짧은 기간에도 책과 시를 좋아하였고 죽기 전에 직접 『몽예집(夢囈集)』을 엮었다. 그 안에 「속동도악부(續東都樂府)」, 「사시자(謝施子)」 등 주목할 만한 글이 실려 있다. 스스로를 광백(狂伯)이라 하고 찬(贊)을 짓기도 하였다. 비파담에 대한 글은 남아 있지 않지만, 아버지와 할아버지보다 먼저 비파담 곁 태화산 기슭을 영원히 차지하였다. 후손조차 두지 않고. 🈷

새로 단장한 남구만 고택

남구만이 살던 집인데 후에 영정을 모시는 사당의 구실을 하였다.

최근 문중에서 거창하게 복원하였다.

참고문헌

- 權尙夏, 『寒水齋集』, 민족문화추진회 한국문집총간
- 權韠, 『石洲集』, 민족문화추진회 한국문집총간
- 金得臣, 『柏谷集』, 민족문화추진회 한국문집총간
- 金尙容, 『仙源遺稿』, 민족문화추진회 한국문집총간
- 金尙憲, 『淸陰集』, 민족문화추진회 한국문집총간
- 金錫胄, 『息庵遺稿』, 민족문화추진회 한국문집총간
- 金守溫, 『拭疣集』, 민족문화추진회 한국문집총간
- 金壽增, 『谷雲集』, 민족문화추진회 한국문집총간
- 金壽恒, 『文谷集』, 민족문화추진회 한국문집총간
- 金時習, 『梅月堂集』, 민족문화추진회 한국문집총간
- 金堉, 『潛谷遺稿』, 민족문화추진회 한국문집총간
- 金長生, 『沙溪集』, 민족문화추진회 한국문집총간
- 金昌翕, 『三淵集』, 민족문화추진회 한국문집총간
- 金昌協, 『農巖集』, 민족문화추진회 한국문집총간
- 南九萬, 『藥泉集』, 민족문화추진회 한국문집총간
- 南龍翼, 『壺谷集』, 민족문화추진회 한국문집총간
- 南有容, 『雷淵集』, 민족문화추진회 한국문집총간
- 柳世鳴, 『寓軒集』, 민족문화추진회 한국문집총간
- 朴祥, 『訥齋集』, 민족문화추진회 한국문집총간
- 朴世堂, 『西溪集』, 민족문화추진회 한국문집총간
- 朴長遠, 『久堂集』, 민족문화추진회 한국문집총간
- 徐命膺, 『保晚齋集』, 민족문화추진회 한국문집총간
- 宋時烈, 『宋子大全』, 민족문화추진회 한국문집총간

- 宋浚吉, 『同春堂集』, 민족문화추진회 한국문집총간
- 申維翰, 『青泉集』, 민족문화추진회 한국문집총간
- 申翊聖, 『樂全堂集』, 민족문화추진회 한국문집총간
- 申欽, 『象村集』, 민족문화추진회 한국문집총간
- 沈喜壽, 『一松集』, 민족문화추진회 한국문집총간
- 劉希慶, 『村隱集』, 민족문화추진회 한국문집총간
- 李德懋, 『青莊館全書』, 민족문화추진회 한국문집총간
- 李世龜, 『養窩集』, 민족문화추진회 한국문집총간
- 李植, 『澤堂集』, 민족문화추진회 한국문집총간
- 李安訥, 『東岳集』, 민족문화추진회 한국문집총간
- 李裕元, 『嘉梧藁略』, 민족문화추진회 한국문집총간
- 李瀷, 『星湖全書』, 민족문화추진회 한국문집총간
- 李廷龜, 『月沙集』, 민족문화추진회 한국문집총간
- 李埈, 『蒼石集』, 민족문화추진회 한국문집총간
- 李恒福, 『白沙集』, 민족문화추진회 한국문집총간
- 李喜朝, 『芝村集』, 민족문화추진회 한국문집총간
- 任堕, 『水村集』, 민족문화추진회 한국문집총간
- 張維, 『谿谷集』, 민족문화추진회 한국문집총간
- 鄭經世, 『愚伏集』, 민족문화추진회 한국문집총간
- 鄭斗卿, 『東溟集』, 민족문화추진회 한국문집총간
- 丁若鏞, 『與猶堂全書』, 민족문화추진회 한국문집총간
- 趙文命, 『鶴巖集』, 민족문화추진회 한국문집총간
- 趙緯韓, 『玄谷集』, 민족문화추진회 한국문집총간
- 趙翼, 『浦渚集』, 민족문화추진회 한국문집총간
- 趙顯命, 『歸鹿集』, 민족문화추진회 한국문집총간
- 趙希逸, 『竹陰集』, 민족문화추진회 한국문집총간
- 蔡之洪, 『鳳巖集』, 민족문화추진회 한국문집총간

- 崔錫鼎,『明谷集』, 민족문화추진회 한국문집총간
- 許筠,『惺所覆瓿稿』, 민족문화추진회 한국문집총간
- 許穆,『記言』, 민족문화추진회 한국문집총간
- 許磧,『水色集』, 민족문화추진회 한국문집총간
- 金養根,『東埜集』, 규장각본
- 南鶴鳴,『晦隱集』, 규장각본
- 徐慶淳,『夢經堂日史』, 민족문화추진회 국역본
- 安鼎福,『木川縣誌』, 규장각본
- 李肯翊,『燃藜室記述』, 민족문화추진회 국역본
- 李梜,『桐江遺稿』, 규장각본
- 蔡得沂,『雩潭集』, 규장각본
- 許筠,『國朝詩刪』, 아세아문화사 영인본
- 『국역조선왕조실록』, CD-Rom
- 『大東詩選』, 아세아문화사 영인본
- 『東國輿志備考』, 규장각본
- 『東文選』, 규장각본
- 『新增東國輿地勝覽』, 민족문화추진회 국역본
- 『輿地圖書』, 영인본
- 『列聖御製』, 규장각본
- 『臥遊錄』, 장서각본
- 『臥遊錄』, 규장각본
- 『靑楓稧帖』, 개인소장
- 『華陽洞誌』, 규장각본
- 『江原道邑誌』, 규장각 영인본
- 『京畿道邑誌』, 규장각 영인본
- 『慶尙道邑誌』, 규장각 영인본
- 『全羅道邑誌』, 규장각 영인본

- 『忠淸道邑誌』, 규장각 영인본
- 고영진, 「16세기 후반~17세기 전반 서울 침류대 학사의 활동과 그 의의」, 『서울학연구』 제3호, 서울학연구소 1994
- 구본현, 「이안눌의 동원과 시단에 대하여」, 『한국한시작가연구』 9, 태학사 2005
- 김덕수, 「여강의 청사, 수상칠인」, 『문헌과해석』 20호, 문헌과해석사 2002
- 김용국, 「유희경과 침류대」, 『향토서울』 37, 1979
- 김학수, 『끝내 세상에 고개를 숙이지 않는다-17세기 명가의 내력과 가풍』, 삼우반 2005
- 박철상, 「화양동에 새긴 숭정어필」, 『문헌과해석』 17호, 문헌과해석사 2001
- 봉은사 편, 『月刊奉恩』 통권 제38호, 1996. 6
- 서울특별시, 『서울육백년』, 인터넷
- 서울특별시 편, 『漢江史』, 서울특별시 1985
- 심경호, 「조선후기 시사와 동호인 집단의 문화활동」, 『민족문화연구』 31호, 1998
- 안대회, 「1억 1만 3천 번의 독서 - 김득신의 독수기」, 『문헌과해석』 15호, 문헌과해석사 2001
- 윤진영, 「17세기 청풍계 그림」, 『문헌과해석』 12호, 문헌과해석사 2000
- 이종묵, 「조선초중기 인왕산에서의 문학활동」, 『인문과학』 9집, 서울시립대 인문과학연구소 2002
- 이종묵, 「이항복의 삶과 시」, 『韓國漢詩硏究』 7, 韓國漢詩學會 2002
- 전경목, 『우반동과 우반동 김씨의 역사』, 신아출판사 2001
- 정민, 「산자고새의 노래」, 『문헌과해석』 26호, 문헌과해석사 2004
- 정민, 『韓國歷代詩話類編』, 아세아문화사 1988
- 정민, 『한국역대산수유기취편』, 민창문화사 1996
- 정민, 「허균의 東國名山洞天註解記와 도교문화사적 의미」, 『한국도교문화의 초점』, 태학사 2000
- 최완수, 『겸재 정선 진경산수도』, 범우사 1993

사람이름

땅이름

ㄱ

조선의 문화공간 3책

지은이 | 이종묵

1판 1쇄 발행일 2006년 8월 7일
1판 2쇄 발행일 2006년 8월 21일
1판 2쇄 발행부수 3,000부 총 6,000부 발행

발행인 | 김학원
편집인 | 한필훈 이재민 선완규 한상준
크리에이티브 디렉터 | 김영철
기획 | 황서현 유은경 박태근 유소연
마케팅 | 이상용 하석진
저자 · 독자 서비스 | 조다영(humanist@hmcv.com)
스캔 · 표지 출력 | 이희수 com.
조판 | 새일기획
용지 | 화인페이퍼
인쇄 | 청아문화사
제본 | 정민제본

발행처 | 휴머니스트
출판등록 제10-2135호(2001년 4월 18일)
주소 | 서울시 마포구 연남동 564-40 121-869
전화 | 02-335-4422 팩스 | 02-334-3427
홈페이지 | www.hmcv.com

ⓒ 이종묵 2006
ISBN 89-5862-119-2 03900

만든 사람들

편집 주간 | 이재민(ljm2001@hmcv.com)
책임 편집 | 이명애
사진 | 권태균
표지 디자인 | AGI 황일선
본문 디자인 | AGI 황일선 최지섭
그외 도움을 주신 분들 | 장유승 최은정 이원혜